Werner Freund · DER WOLFSMENSCH

Werner Freund

DER WOLFSMENSCH

78 Farbfotos
34 Schwarzweißfotos

NEUMANN - NEUDAMM

BILDNACHWEIS:

Åkesson, Cajsa, Seite 52;
Becker, Lorenz, Seite 55;
Becker, Peter, Signet Seite 161;
v. Boch, Ute, Seite 49;
Flammersfeld, Jürgen, Seite 23;
Freund, Erika, Seiten 25, 34, 35, 38, 43, 45, 46, 100 oben, 103, 105, 108;
Hussinger, Alexander, Seiten 40, 127, 130, 131, 132, 133;
Jörger, Rainer, Seiten 20, 28, 31, 59, 66, 75, 77, 79, 83, 97, 99, 121, 122, 123, 172, 178;
Kersting, Felix, Seite 61;
v. Maydell, Eva, Seiten 88 links oben/Mitte, 125 oben;
Oefele, Rainhard, Seite 48 oben, 51;
Rakow, Frank, Seiten 9, 92, 153, 175;
Scharnberg, Manfred, Seiten 72, 88 links unten u. rechts, 124, 125 unten;
Scherzinger, Peter, Seite 60;
Wagner, Bernhard, Seite 82;
Zehnder, Franco, Seiten 19, 81, 96.
Alle übrigen Aufnahmen: Archiv des Verfassers.

CIP-Titelaufnahme der Deutschen Bibliothek

Freund, Werner:
Der Wolfsmensch / Werner Freund. – Melsungen : Neumann-Neudamm, 1988
ISBN 3-7888-0548-X

© 1988 Verlag J. Neumann-Neudamm GmbH & Co. KG
Mühlenstraße 9, 3508 Melsungen.
Printed in Germany.
Titelgestaltung: Philipp Schneider unter Verwendung eines Dias von Iff Bennet.
Reprotechnik: MonoLith Repro GmbH, 4430 Steinfurt.
Satz und Druck: Silber Druck, 3501 Niestetal.
Buchbinderische Verarbeitung: Großbuchbinderei Freitag & Co., 3500 Kassel.

Inhalt

Vorwort

Die Verhaltensforschung wird seit einigen Jahrzehnten durch eine kleine Gruppe von Forschern entscheidend gefördert, die es erreichten, in engstem Kontakt mit Wildtieren zu leben und in den Sozialverband als „Artgenosse" aufgenommen zu werden oder sogar als Leittier innerhalb der Gruppe einen hohen Rang zu bekleiden.

Den Dokumenten im internationalen Schrifttum über das Zusammenleben mit Wildgänsen, Otter, Löwen, Hyänen und Affen folgt nun mit diesem Buch ein erregender Bericht von Werner Freund, dessen faszinierende Forschungsarbeit mit Wölfen den meisten Lesern bereits

durch Fernsehsendungen und aus anderen Publikationen bekannt sein dürfte.

Ich, der vor fast 20 Jahren selbst einen Sozialkontakt in einer intakten Schwarzwildpopulation hergestellt hat, der noch heute besteht, kann aus eigener Erfahrung beurteilen, wie ein Forscher auf diesem Wege Einblicke in die interne Struktur solcher Tierarten erhalten kann: Die Akzeptanz des Menschen als Rudelmitglied ist die Voraussetzung dafür, ungestört und ohne zu stören Verhaltensabläufe, Umweltbeziehungen, Fortpflanzung oder Jungenaufzucht mitzuerleben, also Beobachtungen zu machen, die erheblich über das hinausgehen, was nur von außen, ohne Mitglied der Sozietät zu sein, möglich ist.

Die Leser sollten aber auch wissen, daß ein Mensch, der mit so wehrhaften Wildtieren, wie Wölfen, Löwen oder Wildschweinen, arbeitet, sich nur mit unvorstellbarer Hingabe, Geduld und unter vielen persönlichen Opfern in die Lebensart dieser Wildtiere einfügen kann. 20 Jahre lang zum Beispiel richtet sich mein täglicher Rhythmus und auch der meiner Familie nun schon weitgehend nach den Aktivitäten der Wildschweine. Nicht anders ist es bei Werner Freund, und nur so sind derartig enge Sozialkontakte zu solchen intelligenten Säugetierarten über einen so langen Zeitraum aufrechtzuerhalten.

Ich kann den Autor zu dieser Arbeit nur beglückwünschen. Bringen die gewonnenen Ergebnisse doch eine Fülle neuer Erkenntnisse, und es ist zweifelsfrei, daß es ihm möglich war, Einzelheiten zu beobachten, die bisher in dieser Form noch nicht bekannt waren.

Ich bin sicher, daß dieses Buch einen breiten Leserkreis findet und von Biologen, Jägern, Lehrern, Schülern und dem großen Kreis, der sich für Tiere interessiert, mit Begeisterung gelesen wird.

Das ist Werner Freund

Von Expeditionsteilnehmer Walter Wolter, Journalist

Einem Mann wie Werner Freund begegnet man nicht oft im Leben. Als junger Journalist lernte ich ihn kennen. Damals, 1974, hatte er mit Wölfen noch nichts im Sinn. Er trug das Eichenlaub der Einzelkämpfer an seiner Bundeswehr-Uniform und war von Kiel bis Konstanz als „Mister Abenteuer" bekannt. Der zähe Haudegen scheute kein Risiko, wenn er sich in wegloser Wildnis, in tropischen Regenwäldern oder ausgedörrten Savannen auf die Spuren der letzten Naturvölker heftete.

Vieles im Leben des Werner Freund ist außergewöhnlich. Der wuchtige Mittfünfziger, der heute als Wolfsforscher alle Welt in Erstaunen versetzt, hat von jeher Auge in Auge mit Tieren gelebt. Mit großen Raubtieren kam er schon als blutjunger Tierpfleger in der Stuttgarter „Wilhelma" in Kontakt. Später ging er zum Bundesgrenzschutz, wechselte dann zu einer Fallschirmjägereinheit der Bundeswehr, wo er Einzelkämpfer in Nahkampf und Überlebenstraining drillte. Die Fertigkeiten, nur mit einem Messer bewaffnet in Wäldern zu überleben, sich von Baumrinde und Regenwürmern zu ernähren, kamen ihm bei seinen insgesamt fünfzehn Expeditionen zu unerforschten Naturvölkern zugute.

Mit wenigen, ausgesuchten Begleitern durchstreifte Freund monatelang Steppen und Urwälder in Afrika, Südamerika und

Die Expedition auf dem Marsch durch den Urwald von Kolumbien.

Asien. Er lebte bei Kannibalen auf Papua-Neu-Guinea, verspeiste im Amazonas-Dschungel zusammen mit Indianern einen widerlichen Bananenbrei, in dem die zerstampften Knochen eines alten Häuptlings verrührt waren, und filmte seelenruhig die im Blutrausch außer Rand und Band geratenen Boya-Krieger im Süden des Sudan.

Warum er das alles auf sich nahm? Gewiß, die Lust am Abenteuer war eine der Triebfedern dieses Mannes, der nie mit der Thermosflasche in der Aktentasche einem Büro zustrebte. Doch andererseits war da der Drang, der unaufhaltsam sich ausbreitenden Zivilisation, den Missionaren, Landnehmern und Ölsuchern zuvorzukommen, um der Nachwelt Szenen vom urtümlichen Leben auf der Erde zu erhalten.

Auf vier Expeditionen begleitete ich Werner Freund, erlebte ihn aus der Nähe, echter und deutlicher, als es an einer Kneipentheke oder in journalistischem Frage- und Antwortspiel möglich ist. Werner Freund war ein Rudelführer, schon bevor er unter die Wölfe ging. Umsichtig führte er seine kleinen Expeditionstrupps über Piranha-Flüsse, schätzte auf langen Märschen durch wasserlose Steppen sorgsam die Entfernungen ab, beeindruckte zum Angriff entschlossene Eingeborene mit souveräner Ruhe. Manchmal machte er seinen Weg auch ohne die Begleitung anderer. Ein „einsamer Wolf", der sich von seinen Kameraden verabschiedete, um heikle Missionen im Alleingang zu Ende zu bringen.

Um das Wesen Werner Freunds zu beschreiben, will ich eine kurze Episode der Papua-Expedition (1975) schildern: Wir lagerten in einem kleinen Kopfjägerdorf in Papua-Neu-Guinea. Ringsum zerklüftetes, mit Dschungel überzogenes Bergland, durch das wir uns in wochenlangen Gewaltmärschen gequält hatten. Wir waren zu viert. Vier Männer, die ausgepumpt und mit eiternden Blutegel-Bissen an den Beinen in einer Hütte am Rand der Kopfjägersiedlung ruhten.

Um die Mittagszeit riß mich gutturales Stimmengewirr aus dem Halbschlaf. Zwei Dutzend Dorfbewohner hatten sich vor unserer Hütte versammelt. Sie umringten drei Krieger, die mit Beutetieren aus dem Urwald zurückgekehrt waren. An einem langen Stekken, der an der Hüttenwand lehnte, war ein Kuskus-Beuteltier festgebunden. Im brau-

Oben: Ein Ajore-Indianer im Gran Chaco von Paraguay führt uns vor, wie er einen Jaguar getötet hat.
Unten: Horst Gruber und Jochen Mähr – zwei erfahrene Expeditionsteilnehmer – zusammen mit unseren Trägern und mir im Hochland von Neu-Guinea.

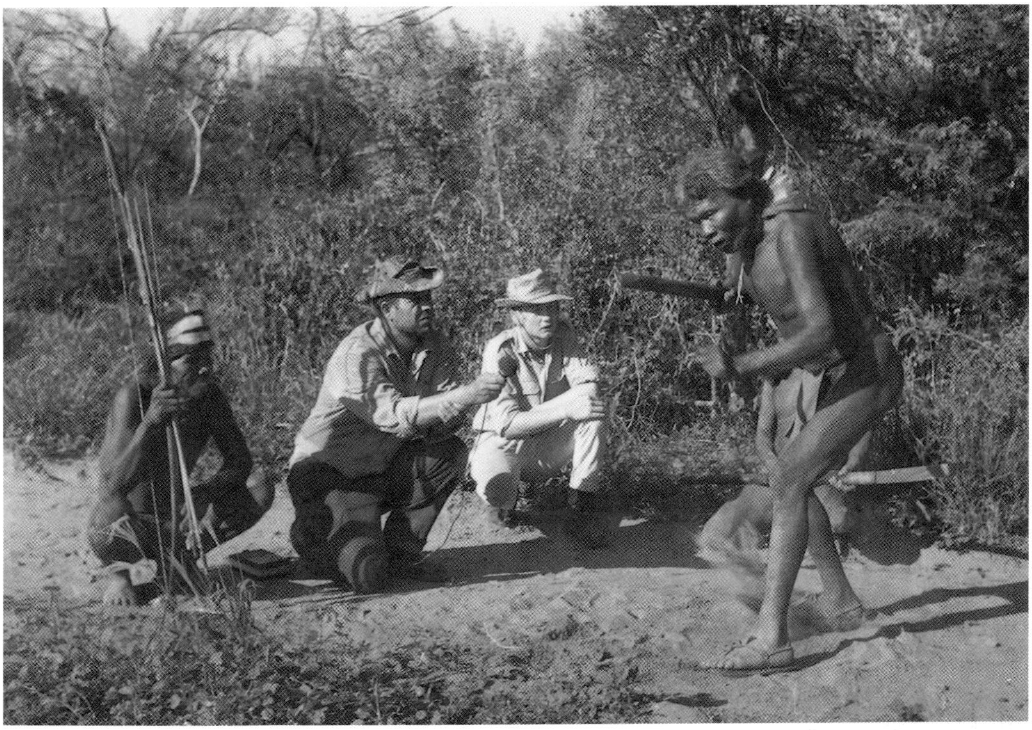

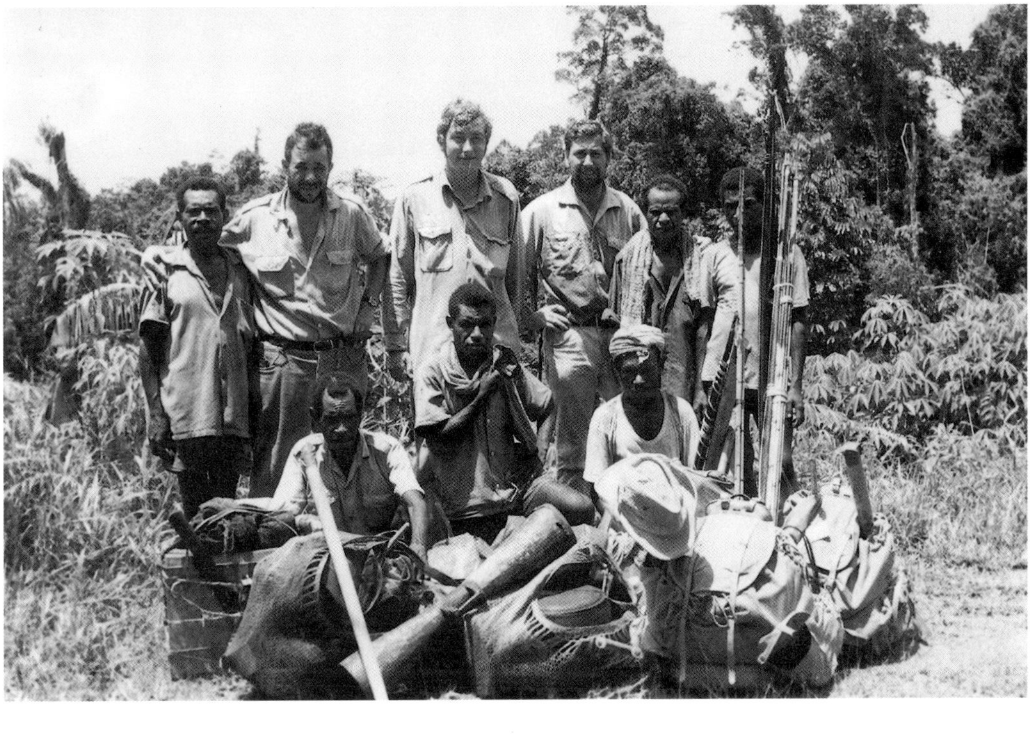

Unter den Bedingungen des Urwaldes wird ein Mittagessen vorbereitet.

nen Fell des putzigen Baumbewohners, dessen Augen jetzt so verloren blickten, klammerte sich ein Junges fest. Die Pfötchen des Muttertieres waren frei, nur ihr Kletterschwanz war mit dem Stab zusammengebunden.

Die Dorfbewohner machten sich einen grausamen Spaß daraus, mit zugespitzten Stöcken auf das Kleine einzustechen. Das

Jungtier schrie wie am sprichwörtlichen Spieß, die Mutter versuchte, ihr Kleines zu verteidigen, und sprang mit Todesmut gegen die Angreifer. Allein, es nutzte nichts, hilflos baumelte sie nach jedem Sprung dicht über dem Erdboden, kletterte mühsam den Stekken wieder hinauf – und die von viel Gelächter begleitete Quälerei begann von vorne.

Mir kochte die Galle über. Ohne zu überlegen, stürmte ich hinaus und versetzte dem erstbesten Krieger, der mir im Weg stand, einen Tritt. Im nächsten Augenblick herrschte Friedhofsruhe auf dem Platz. Eine gefährliche Ruhe. Die Eingeborenen bildeten einen Halbkreis um mich herum. Blicke voller Haß. Mir wurde klar, was ich getan hatte. Die bringen uns um, schoß es mir durch den Kopf.

Plötzlich stand Werner Freund neben mir. Er hatte ein Buschhuhn in der Hand, das wir dem Stamm zuvor abgehandelt hatten. Wortlos hob er das Huhn an den Mund, grub seine Zähne in die Halsfedern und riß dem Vogel mit einem Ruck die Kehle heraus. Dann warf er das hysterisch flatternde Huhn vor die Füße der grimmig blickenden Kopfjäger. Gegen ihre Beine spritzte Blut. Freund lachte. Rückwärts gehend, zogen die Eingeborenen sich zurück.

„Donnerwetter!" entfuhr es mir. „Wie bist du bloß auf diese Idee gekommen?"

„Was hättest du denn getan?" fragte Freund unbeeindruckt zurück. „Gequatsche hätte uns in dieser Situation nicht geholfen. Die Burschen hätten uns sowieso nicht verstanden. Aber so haben sie auf Anhieb erkannt, daß wir notfalls noch brutaler sein können als sie selbst. Zu diesem Verhalten hast du mich gezwungen und die Expedition gefährdet. In Zukunft hältst du dich an die Gesetze der Eingeborenen, die seit Jahrtausenden gelten. Entweder man akzeptiert sie oder bleibt zu Hause." Das Verlassen des Stammesgebietes war die Folge.

Er hatte recht. Irgendwann gab ich es auf, über seine unorthodoxen Methoden zu staunen, mit denen er Probleme löste. Jedenfalls war es beruhigend, ihn in der Nähe zu wissen, wenn der Teufel dreizehn kegelte.

Fast täglich wurden wir auf unseren Urwaldexpeditionen mit Tieren konfrontiert. Feunds Sachverstand war dabei von unschätzbarem Wert – nicht zuletzt, wenn es ums Überleben ging. Von der Puffotter bis zur Königskobra fing er alle Giftschlangen mit der bloßen Hand, um sie anschließend in den Kochtopf wandern zu lassen.

Und doch zeigt dieser Werner Freund eine äußerst behutsame Hand, wenn es um das Aufpäppeln von Jungtieren geht. So gelang es ihm, zwei Kasuarküken, deren Mutter von unseren Trägern mit Pfeil und Bogen zur Strecke gebracht worden war, mit einer Engelsgeduld über die Runden zu bringen. Mit Hingabe pflegte und fütterte er die piepsigen Laufvögelchen, die in ihm eine neue Mutter sahen und ihm schilpsend auf Schritt und Tritt folgten.

Fasziniert verfolgte Freund die Pirschgänge der Nunusaku-Kopfjäger auf der Molukkeninsel Ceram, die sich ganz auf den Feuereifer ihrer halbwilden dingoartigen Hunde verließen. Kein Nunusaku ging auf die Jagd, ohne vier oder fünf Hunde mitzunehmen. Die grimmigen Wildlinge waren auf Hirsche, Wildschweine und Kasuare spezialisiert. An keine Disziplin und an keine Befehle gewöhnt, streiften die Hunde zusammen mit den Jägern durch den Bergdschungel.

Sobald ein Stück Wild aufgestöbert war, begann die gnadenlose Jagd. Die Hunde hetzten das Tier bis zur totalen Erschöpfung. Oft war die Beute schon halb oder ganz aufgefressen, wenn der Jäger an der Rißstelle ankam. In solchen Fällen ging die Jagd eben weiter. Der nächste Hirsch oder das nächste Schwein gehörte dem Jäger (Die Abenteuer der Freund-Expeditionen habe ich in dem Buch „Unternehmen Kopfjäger", erschienen im Pietsch-Verlag, Stuttgart, zusammengefaßt).

Seit Werner Freund unter die Wölfe gegangen ist, hat er für nichts anderes mehr Zeit. Seit fünfzehn Jahren heult, schläft und lebt er mit seinen Wölfen. Fünf Rudel sind es mittlerweile, insgesamt vierundzwanzig. An Freunds Wölfen ist nichts Zutrauliches. Sie sind wild wie in freier Natur. Weil Freund nicht will, daß seine Raubtiere sich dem Menschen anpassen, er aber dennoch mit ihnen leben und ihr Verhalten so hautnah wie niemand vor ihm studieren möchte, hat er den umgekehrten Weg beschritten – und ist zum Artgenossen der Wölfe geworden.

Werner Freund heult mit den Wölfen. Täglich. Den Kopf hochgereckt, schwillt der Heulton in seiner Kehle, als hätte er sich sein Lebtag nicht anders artikuliert. Freund gibt den Ton an. Hauptsächlich ist das Heulen ein Zusammenrufen und die Bestätigung dafür, daß alle Rudelmitglieder in der Nähe sind.

Alle erkennen sich untereinander an ihren Stimmen. Wenn Werner Freund heult und seine Wölfe ihm Antwort geben, erkennen sie ihn damit als den Führer des Rudels an.

Seine Art von Verhaltensforschung unterscheidet sich in einem wesentlichen Punkt von der anderer. Dies sieht er so: „Die meisten Wissenschaftler stehen am Zaun und sezieren die Wölfe mit dem Kugelschreiber. Ich hingegen lebe und arbeite mit ihnen, auch während der Rangkämpfe. Und nur so ist es mir möglich, das ganze Wesen des Wolfes zu erkennen. Voraussetzungen, um in einer Wolfsgemeinschaft zu leben, sind Sensibilität, hautnaher Kontakt, wölfisches Gebaren, absolute Konsequenz und Durchsetzungskraft."

Eine Szene, wie sie sich täglich beobachten läßt: Werner Freund betritt durch eine Gitterschleuse den mit starkem Maschendraht eingezäunten Fichten- und Kiefernwald des Merziger Kammerforstes. Die Dämmerung hat eingesetzt. Im Zwielicht zwischen den Baumstämmen steht ein starker Grauwolf und beginnt, mit emporgerecktem Kopf zu heulen. Es ist ein hoher, klagender Ton, der langsam absinkt. Da fällt von weiter hinten eine zweite Stimme ein, und die erste wird wieder höher. Ein dritter Wolf, dann ein vierter, immer mehr Wölfe stimmen ein in das eindringliche Crescendo, das weithin hörbar durch den Wald hallt. Aus dem langgezogenen Geheul wird allmählich ein belferndes Winseln, bis es abrupt abbricht. Die Wölfe heften ihre bernsteingelben Augen starr auf den bärtigen Mann, der sich dem Rudel nähert.

Igor, der Leitwolf, läuft ihm als erster entgegen. Die anderen Tiere folgen in respektvollem Abstand. Der mächtige Grauwolf würde es niemals dulden, daß ein anderes Rudelmitglied den Chef zuerst begrüßt. Igor springt hoch an dem Mann, stößt die Schnauze in sein Gesicht, zwickt ihn mit den Dolchzähnen vorsichtig in Bart und Lippen.

„Igor, gudde Wolf", brummt Freunds tiefe Stimme. Erst nach der Begrüßung durch den Leitwolf dürfen die anderen Rudelmitglieder auf die gleiche Art – der Rangordnung nach – zu ihrem Oberwolf.

Wenn Werner Freund mit Beute, zum Beispiel mit einem toten Schaf oder Kalb, auf der Schulter ins Gehege kommt, ändert sich von einer Sekunde auf die andere der Gesichtsausdruck der Wölfe – er wird zu einer erschreckenden Grimasse der Raubgier, besteht nur noch aus blanken Zähnen, gefälteter Nase und gefährlich blitzenden Augen.

Igor reißt das Beutetier von seiner Schulter. Kein Wolf des Rudels wagt sich in seine Nähe, während er knurrend die Beute anschneidet und mit gesträubten Rückenhaaren zu fressen beginnt. Nur Natascha, die Gefährtin Igors und damit Nr. 2 in der Rudelrangfolge, pirscht sich vorsichtig heran. Igor toleriert, daß sich die Wölfin an seiner Seite über die Beute hermacht.

Vierundzwanzig ausgewachsene Wölfe mit Fleisch zu versorgen, ist ein hartes Stück Arbeit. Die Bauern und Jäger rund um Merzig unterstützen den Wolfsforscher nach Kräften. Wenn eine Kuh erkrankt, ein Kalb auf der Weide verendet ist oder ein Reh überfahren wurde, wird Werner Freund gerufen. In seinem klapprigen Vehikel karrt er Futtertiere aller Art nach Hause.

Bevor Werner Freund auf den Wolf kam, arbeitete er mit Bären. Ob Lippen-, Braun- oder Kodiak-Bären – Freund kam mit den pelzigen Kolossen auf seine Weise zurecht. Er doubelte in Filmen und schlief mit „Alfred", einem ausgewachsenen Lippenbären, drei Wochen lang Haut an Pelz in einem Zirkuswagen. Mit zunehmendem Interesse an der Wolfsforschung mußte er der Bärenfreundschaft entsagen. Denn Bär und Wolf können sich buchstäblich nicht riechen.

Werner Freund entschied sich für Wölfe. Ihrer Faszination kann er sich nicht mehr entziehen, für sie opfert er Freizeit und Geld. Zwar unterstützen ihn die Stadt Merzig und ein Wolfsförderverein, doch reicht dies bei weitem nicht aus. Freund arbeitet ohne Netz und doppelten Boden, ist nicht einmal versichert. „Was nützt mir eine Versicherung?", fragt er. „Wenn ich gebissen werde, beiße ich zurück. Das wissen meine Wölfe."

Nachdenklich zieht er an seinem Fünfzig-Pfennig-Stumpen und vergleicht das Sozialverhalten der Wölfe mit der menschlichen Gesellschaft: „Auch bei den Menschen gibt es Wesensstarke und Wesensschwache – solche, die sich durchsetzen, und solche, die immer gebissen werden.

Der Unterschied dabei ist, daß es dem wesensstarken Wolf allein um das Überleben seines Rudels geht."

Die Viererbande

Kleine, Riese, Knurrhans und Strolch

Im Laufe vieler Jahre haben meine Frau Erika und ich mehrere Wolfsrudel aufgezogen, denen wir je nach Charakteristik und Herkunft bezeichnende Namen gaben. Es sind die „Viererbande", das „Siebengestirn", die „Wilden Fünf", die „Arktiswölfe" und die kanadischen Timberwölfe, die „Schwarzen Teufel". Alle diese Rudel leben in getrennten, von Maschendraht umzäunten Revieren im Gehege Kammerforst. Es liegt in der waldreichen Umgebung unseres Wohnortes Merzig im Saarland, etwa 50 Kilometer nordwestlich von Saarbrücken.

Obwohl wir uns schon seit 1972 mit der Verbindung Mensch – Wolf beschäftigten und die Stadt Merzig auf mein Anraten 1977 das erste 1,2 Hektar große Freigehege errichtete, fingen wir mit intensiven Forschungen bei der Viererbande an.

Mitte Mai 1980 erwarteten die Wolfseltern, Natascha und Ivan, Nachwuchs im Gehege Kammerforst. Nach eingehender Beratung und Ortsbesichtigung mit Dr. Erik Zimen, dem schwedischen Wolfsforscher, entschloß ich mich, die zwölf Tage alten Wolfswelpen aus der Erdhöhle zu nehmen, um sie mit der Flasche aufzuziehen. Der Grund hierfür war folgender: Wolfswelpen, die von der Mutter großgezogen werden, haben eine angeborene Scheu vor dem Menschen. Es kommt auch später zu keinem rechten Kontakt zwischen Mensch und Wolf. Und gerade diese Beziehung brauchte ich, um die einzelnen Verhaltensphasen zu studieren.

Wir gaben den im Gehege befindlichen Wölfen ein Mittel unter das Futter, das sie in Halbschlaf versetzte. Dr. Zimen, ein Mitarbeiter der Universität Saarbrücken und ich gingen zur Höhle. Die Wölfin hielt sich zu dieser Zeit am anderen Ende des Geheges auf. Während ich sie im Auge behielt, gruben Erik Zimen und sein Mitarbeiter mit dem Spaten einen Gang zur Höhle. Nach zehnminütigem Graben gelangten sie an den Wurfkessel, in dem sechs Welpen schlummerten. Wir packten sie in eine mitgebrachte Tasche. Die Wolfsmutter nahm die Aktion aufgrund der ihr verabreichten leichten Pharmaka nur in Trance wahr.

Erik Zimen, der zu dieser Zeit einen Auftrag zur Fuchsforschung an der Universität

Erika hat alle Wölfe mit mir aufgezogen.

17

des Saarlandes hatte und diese Arbeit im „Freihäuserhof" in der Nähe von Blieskastel im Saarland vollzog, wollte Wolfswelpen von mir haben, um diese zusammen mit jungen Füchsen großzuziehen. Anfangs war ich nicht so recht mit dem Vorhaben einverstanden, überließ ihm aber dennoch zwei Welpen zu diesem Zweck. Er hat über mehrere Jahre mit Wölfen gearbeitet und das Fachbuch „Der Wolf – Mythos und Verhalten" geschrieben. Sein Wissen über die Aufzucht von Wolfswelpen war uns eine große Hilfe, da meine Frau Erika und ich wenig Erfahrung auf diesem Gebiet aufzuweisen hatten.

Ein Gehege mußte für die Welpen gebaut werden. Das Gelände, etwa 600 Quadratmeter groß, unmittelbar vor unserem Wohnhaus gelegen, stellte mir mein Freund Klaus Kranz zur Verfügung. Im Herbst mußte das Gehege fertiggestellt sein, denn bis dahin würden die Wölfe so alt sein, daß sie ihre endgültige Unterkunft brauchten. Mit der Unterstützung vieler freiwilliger Helfer und Freunde war das Gehege dann im November bezugsbereit.

Bei diesem Wolfsnachwuchs wurde mir erstmals klar, daß Welpen im Alter von drei bis vier Wochen den Sammelruf auch von einem Menschen erlernen können. Während die Welpen nach erfolgter Milchfütterung überall in unserer Küche herumkrochen, legte ich mich auf den Küchenboden und sprach immer die gleichen Worte: „Wo sind denn meine Jungelchen und Mädeken?". Daraufhin hielten sie in ihren Erkundungsgängen inne und kamen aus allen Richtungen zu mir. Diese weichen, gefühlvollen Laute – in hoher Tonlage gesprochen – habe ich von einer mit mir befreundeten holländischen Raubtierdompteuse übernommen, die so mit ihren Tigern sprach.

Wichtig ist, welche Töne Wolfswelpen in diesem Alter hören. Hätte ich etwas anderes gesprochen, wären sie genauso gekommen. Bei der mehrmaligen späteren Eingliederung von Jungwölfen in ein Rudel beobachtete ich, daß es einige Zeit dauerte, bis die Jungwölfe auf den wolfseigenen Sammelruf der Alphawölfe reagierten. Solche Töne gehen nur vom Alpha-Wolf aus, werden von den anderen Wölfen erwidert, und alle sammeln sich in der Nähe des Rudelführers. Eine Befehlsübermittlung von oben nach unten, ähnlich wie bei uns Menschen.

Alpha-Wolf ist immer derjenige, der sich in den Rangordnungskämpfen innerhalb des Rudels an die Spitze gesetzt hat und als Leitwolf darüber dominiert. Als seine Gefährtin nimmt die Alpha-Wölfin die zweite, ebenfalls beherrschende Rangposition im Rudel ein.

Bei allen Rudeln, die ich großzog, habe ich den Sammelruf angewandt, und er zeitigte immer die gleiche Reaktion. Obwohl die Wölfe sich später durch ihren ureigenen Ruf verständigen, reagierten sie trotzdem auf meinen Sammelruf, den sie im Alter von drei bis vier Wochen erlernt haben. Sobald ich das Gehege betrete und sie mit meinem Ruf anspreche, antwortet zuerst der Alpha-Wolf, dann erst melden sich die anderen Wölfe, immer gemäß ihrer Rangordnung. Bin ich längere Zeit im Gehege und lasse dann diesen Ruf ertönen, kommen die Wölfe in der Reihenfolge ihrer Stellung im Rudel zu mir.

Ich habe noch nie erlebt, daß untere Wölfe auf diesen Ruf als erste reagierten. Dies wäre auch gegen die Hierarchie, in der ein Wolfsrudel lebt und überlebt. Schon bei den kleinsten Ansätzen eines unteren Wolfes, die Ordnung im Rudel zu durchbrechen, erfolgt ein sorfortiges Einschreiten des Alpha-Wolfes.

Auch das Heulen mit den Wölfen leite ich mit dem gleichen Ruf ein. Sie sammeln sich dann um mich herum, ich beginne zu heulen, der Alpha-Wolf stimmt mit ein, und dann heult das ganze Rudel. Man könnte sagen, daß die von mir großgezogenen Wölfe „zweisprachig" sind: Einmal reagieren sie auf den von mir erlernten Sammelruf und dann später auf ihre ureigene Verständigung. Hervorzuheben ist, daß Wolfswelpen Töne, die sie im Alter von drei bis vier Wochen von einem Menschen erlernen, für immer im Gedächtnis behalten.

Das Heulen habe ich von den Wölfen gelernt.

Die Welpen entwickelten sich prächtig. Um sie besser unterscheiden zu können, gaben wir ihnen Eigennamen. Den stärksten Welpen nannten wir Riese. Denjenigen, der bei jeder Gelegenheit seine Geschwister anknurrte, nannten wir Knurrhans. Die anderen beiden waren charakterlich schlecht zu unterscheiden, da sie auch dieselbe Größe hatten und sich in Kopf- und Körperform ähnelten. Weil sie wesentlich kleiner als ihre Brüder waren, bekamen sie die Namen Strolch und Kleine. Diese Namen, die eigentlich gar nicht zu Wölfen passen, waren für uns sehr nützlich, denn so konnten wir die vier kleinen Wollknäule ohne Schwierigkeiten auseinanderhalten.

Als wir die Wölfe aussuchten, die Erik Zimen für sein Forschungsvorhaben benötigte, sagte ich zu ihm, daß er einen starken und einen etwas schwächeren Welpen bekommen könne. Aufgrund seiner Erfahrungen gab er mir zur Antwort: „Das ist mir ganz gleich, ein kleiner, schwacher Welpe kann später ein starker Wolf werden." Die Bestätigung hierfür habe ich bei Strolch erhalten.

In der vierten Woche bekamen unsere Welpen das erste Rehfleisch. Ich nahm ein Stück davon in meinen Mund und hielt es ihnen hin. Es entstand dabei eine Gier, die man diesen kleinen Tieren überhaupt nicht zugetraut hätte. Völlig aus der Ruhe heraus entwickelten sich die kleinen Wollknäule zu temperamentvollen Raubtieren. Jeder kämpft für sich rücksichtslos gegen den anderen, begehrt die ureigene Nahrung, das Fleisch.

Dieser Moment offenbart für mich das eigentliche Wolfsein; der Lebenskampf hat begonnen. Als ich mich bei der ersten Fütterung nicht ähnlich schnell wie ein Wolf verhielt, biß mir einer der Welpen in die Lippen. Die kleinen Zähnchen sind nadelspitz und verursachen einen beißenden Schmerz. Hier wie auch bei anderen Gelegenheiten ist in den nächsten Wochen schon deutlich zu erken-

19

nen, welche Welpen dominierend sind und sich im späteren Rudelleben durchsetzen.

Das hautnahe Zusammenleben, das Ablegen menschlicher Gewohnheiten, ständiges Beobachten und Einfühlen sind wichtige Voraussetzungen meiner Forschung und ermöglichen mir inzwischen, die Wölfe in allen Lebenslagen kennenzulernen. Dazu gehört auch, daß ich den Welpen, ebenso wie die Wolfsmutter, das Fleisch aus meinem Munde reiche.

In der ersten Woche, nachdem wir die Welpen aus der Erdhöhle geholt hatten, wurden diese mittels einer Magensonde mit Spezialmilch ernährt. Danach bekamen sie die Milch aus der Babyflasche. Diese Nahrungszufuhr erfolgte in den ersten Tagen alle zwei Stunden, später in größeren Zeitabständen.

In der fünften Lebenswoche zog ich aus unserer Küche mit den Welpen aus und brachte sie in das für sie vorgesehene 6 m x 6 m große Aufzuchtgehege. Neugierig liefen sie in alle Richtungen und zeigten dabei trotzdem große Vorsicht. Die Kiste, die ihnen in unserer Küche als Behausung diente, nahm ich mit in das Gehege. Sofort nahmen sie Witterung auf, und einer nach dem anderen kroch hinein. So verbrachte ich nun jede freie Minute bei meinen heranwachsenden Welpen, die längst nicht mehr nur in der Kiste blieben und ihre neue Umgebung inzwischen gut kannten. Sobald ich mich dem Gehege näherte und meinen Ruf ertönen ließ, sammelten sie sich am Tor, und ich mußte aufpassen, daß ich beim Öffnen der Pforte nicht auf sie trat, da sie sofort an meinen Hosenbeinen und Schuhen hingen.

Es war eigentlich jedesmal das gleiche Ritual. Nach Betreten des Geheges und nach der ersten stürmischen Begrüßung legte ich

Ausgelassenes Gerangel mit der temperamentvollen Kathrin und Alpha-Wolf Riese.

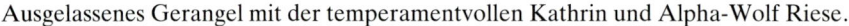

Der tägliche Ausmarsch mit der Viererbande zusammen mit Erika und Roland.

mich auf den Boden, und alle kamen zu mir und turnten auf meinem Körper herum, zerrten an meinem Kombianzug, bissen in meine Stiefel und zogen an meinen Haaren. Mit zunehmendem Alter wurden die Welpen immer frecher und grober, was ich mir jedoch gefallen ließ, denn in dieser Phase haben sie auch bei den Wolfseltern ziemliche Narrenfreiheit.

Ein neuer Abschnitt fing für sie an, als Erika und ich mit ihnen das Gehege verließen. Sie liefen uns anfangs unbekümmert nach, und wir hofften, daß wir uns mit ihnen in der ersten Zeit in der Nähe des Zwingers und später in der weiteren Umgebung bewegen konnten. Doch wir wurden bald eines Anderen belehrt. Sowie sich uns fremde Menschen näherten oder sie Geräusche eines Autos oder eines Flugzeuges vernahmen, suchten unsere Welpen allesamt Deckung in dem nahegelegenen Buschgelände. Wenn die Luft wieder rein war, ließ ich meinen Sammelruf ertönen, und die Welpen kamen wieder zu uns.

Durch diese Umweltgeräusche wurden die Tiere ängstlich und zeigten Fluchtverhalten. Daher entschloß ich mich, den Welpen kleine Halsbänder anzulegen und sie an der Leine zu führen. Anfangs sträubten sie sich gegen das Anlegen der Halsbänder, aber mit der Zeit gewöhnten sie sich daran und ließen es ohne weiteres zu.

Bei den immer wiederkehrenden Umweltgeräuschen suchten sie jetzt Schutz bei uns. Mir wurde bald klar, daß sie später nicht mehr von uns alleine geführt werden konnten, zumal noch im unwegsamen Gelände. Die Probleme zeigten sich bald. Wir hatten jeder zwei Wölfe an der Leine. Der eine wollte nach Mäusen graben, der andere drängte nach vorn. Es war eine ewige Zieherei, was nicht nur uns lästig wurde, sondern auch den kleinen Wölfen. Dieses „An-der-Leine-Gehen" widerspricht ihrem Wesen. Es wurde immer deutlicher, daß hier gegen die Natur verstoßen wurde, aber es gibt leider keinen Flecken Erde in unserem Landkreis, den die Zivilisation nicht schon eingeholt hätte. So mußten wir überlegen, wen wir für unsere täglichen Spaziergänge aus unserem Bekanntenkreis gewinnen konnten.

Uns fielen schließlich Roland und Markus ein, zwei tierliebende und naturverbundene Burschen, die sich auch spontan bereit erklär-

21

ten, bei den allabendlichen Ausläufen einen Wolf an der Leine zu führen. Es ist wichtig, daß die Wölfe von jung auf ihre Begleiter kennenlernen, denn vom dritten Lebensmonat an läuft nicht jeder Jungwolf mit einem fremden Begleiter. Die Jungwölfe werden widerspenstig und aufsässig. Jeden Abend marschierten wir in der gleichen Besetzung ins Gelände. Die Viererbande freute sich auf unser Kommen, und wenn ich das Wolfsgeheul von weitem anstimmte, antworteten sie sogleich.

Je älter die Jungwölfe wurden, um so weitere Ausflüge veranstalteten wir mit ihnen. So waren wir bei den täglichen Ausmärschen ein regelrechtes Rudel, bestehend aus Menschen und Wölfen. Oft marschierte auch Holger, der jüngere Bruder von Roland, mit uns. Voran lief ich mit Riese, gefolgt von Erika mit der Kleinen, Roland mit Knurrhans und Markus mit Strolch. Wir ließen den Wölfen an der langen Leine den weitestmöglichen Auslauf. Sowie sie eine Spur aufgenommen hatten, folgten wir ihnen. Maschierten wir durch unbekanntes Gelände und bemerkten die Wölfe dabei Gegenstände, die nicht in die Natur gehörten, z. B. einen Schäferwagen oder eine Hütte, so blieben sie schon auf weite Entfernung stehen und rührten sich nicht von der Stelle. Wir stellten uns auf die Wölfe ein und liefen mit ihnen im großen Bogen um die „unheimlichen" Gegenstände herum, wobei die Wölfe diese keine Sekunde aus den Augen ließen. Alles, was sich um uns her bewegte, selbst den kleinsten Vogel in der Hecke, entdeckten sie vor uns.

Da ich als Junge in meiner oberhessischen Heimat viel mit Jagdhunden draußen unterwegs gewesen war, stellte ich im Vergleich eine Überlegenheit der Wölfe gegenüber den Hunden fest. Die Wölfe kann man mit Indianern vergleichen, während die Hunde von diesem Naturinstinkt weiter entfernt sind, nachdem sie sich, wie wir Menschen, im Laufe von Jahrtausenden immer mehr zur Zivilisation hin entwickelt und spezialisiert haben;

deshalb sind in freier Natur nur noch Teilreaktionen festzustellen. So interessieren sich z. B. Jagdhunde in erster Linie für jagdbare Tiere. Das wurde ihnen vom Menschen anerzogen. Auf diesem Gebiet sind sie Spezialisten; dagegen könnte man Wölfe als „Zehnkämpfer" bezeichnen.

Wolfswelpen und Jungwölfe spielen am liebsten mit Kindern, das beobachtete ich bei der Viererbande und bei allen später von mir aufgezogenen Wölfen. So dachte ich anfangs, daß tatsächlich etwas an den Geschichten daran sein könnte, die darüber berichten, daß Wölfinnen Kinder großgezogen haben oder Kinder bei Wölfen lebten. Aber durch meine Langzeitbeobachtung und die Aufzucht mehrerer Rudel, im Kontakt mit Kindern, bin ich mir heute sicher, daß dies wirklich nur Märchen sind.

Dieses Spielen und Zusammenleben mit Kindern ist alters- und entwicklungsmäßig begrenzt. Spielende Welpen zeigen Kindern gegnüber sogar eine Unterwerfung, was sich aber bei Jungwölfen ändert, wenn sie drei bis vier Monate alt sind; denn dann kommt der Zeitpunkt, zu dem die Kinder von den Jungwölfen mit in die Rangkämpfe einbezogen werden. Die Jungwölfe versuchen nun, die Kinder herauszufordern, indem sie ihnen gegenüber immer grober werden. Wenn die Jungwölfe fünf bis sechs Monate alt sind, artet dieses Verhalten sogar in Aggressionen gegenüber Kindern aus. Die Wölfe beginnen, die Kinder „abzubeißen", d. h. durch Bißandrohung und unter Körpereinsatz wegzudrücken.

Damit ist die Zeit gekommen, in der die Wolte durch ihr schnelles Heranwachsen merken, daß sie stärker sind als die Kinder, und konsequenterweise wird der Schwächere auf Wolfsart zurück- oder abgedrängt. Es besteht nun Gefahr für die Kinder, da zwangsläufig auch Angst bei ihnen entsteht, was natürlich erkannt und entsprechend ausgenutzt wird.

Da ich dieses Verhalten bei der Viererbande noch nicht einzuschätzen vermochte, hatte ich viel Glück, daß sich solch ein Zwischenfall nach mehrstündigem Durchstreifen des Geländes mit den Wölfen und den erwähnten drei Jungen unmittelbar vor dem Eingang zum Gehege abspielte. Vorweg ist zu sagen: Die Jungwölfe waren jetzt neun Monate alt, und bereits im Alter von fünf bis sechs Monaten zeichnete es sich ab, daß sie den Jungen gegenüber eine immer grobere Gangart entwickelten. In meiner rauhen Art redete ich den Jungen jedoch immer wieder Mut zu, und obwohl sie ein paar kleine Kratzwunden und Schrammen davontrugen, zeigten die Jungen (Alter 13, 14 und 15 Jahre) doch keine Angst vor den Wölfen.

Riese, den ich führte, leitete den Angriff auf Holger ein. Ich konnte ihn jedoch mit aller Kraft an der Leine zurückreißen. In diesem Augenblick kam sogleich das gefürchtete Rudelverhalten zum Vorschein, denn die anderen drei Wölfe setzten ebenfalls sofort zum Angriff an. Zum Glück befanden wir uns so nahe vor dem Eingangstor zum Gehege.

Blitzschnell zerrte ich alle vier Wölfe in das Gehege. Nur die Kleine war an Holger herangekommen, doch er wurde zum Glück nur leicht verletzt. Ich war von dieser überfallartigen Verhaltensweise der Wölfe überrascht worden, da ich noch zuwenig Praxis im Umgang mit ihrer Wesensart hatte. Nach dem Sprichwort „Aus Erfahrung wird man klug" zog ich die Konsequenzen und ließ das Rudel von nun an im Gehege. Inzwischen kann mir so etwas nicht mehr passieren, denn ich breche den Kontakt zwischen Kindern und Wölfen vorsorglich ab, wenn die Wölfe ein Alter von fünf bis sechs Monaten erreicht haben.

Um mich in die Psyche des Wolfes hineinversetzen zu können, verbrachte ich jede freie Minute beim Rudel, selbst nachts. Um meine Studien wirklich voranzubringen, hielt ich dieses hautnahe Zusammenleben mit den Wölfen für äußerst wichtig und aufschlußreich. Es war nicht auszuschließen, daß die Wölfe mit zunehmendem Alter versuchen würden, mich abzubeißen. Im Wolfsrudel

Meine Viererbande – das Rudel mit dem ich den ersten engen Sozialkontakt hatte.

setzt sich nur der Starke durch, der dann als Rudelführer Führungsaufgaben übernimmt. Sein Durchsetzungsvermögen muß sich im richtigen Moment unter harten, für menschliche Empfindungen oft brutalen Bedingungen bewähren.

Im Welpenalter von fünfzehn Monaten wollte ich wissen, ob mich die Viererbande auch in einer Hungerphase als Oberwolf akzeptiert. Wölfe müssen auch in freier Natur unter Umständen mehrere Tage ohne Nahrung auskommen, da das Beuteangebot großen Schwankungen unterworfen ist. Eine Woche lang gab ich den Wölfen kein Futter, nur Wasser. Ich muß hinzufügen, daß sich alle Wölfe in einem guten Ernährungszustand befanden. Als ich am vierten Tag ohne Futter das Gehege betrat und kaum die Eingangspforte hinter mir verschlossen hatte, liefen alle Wölfe wie auf ein Kommando auf mich zu, sprangen an mir hoch und zwickten mir in die Mundwinkel, eine Verhaltensweise, die ich bisher noch nicht erfahren hatte.

In der Wolfssprache gibt es Zeichensetzungen, die bestimmte Hinweise zum Ausdruck bringen sollen. So z. B. das Berühren, Lekken und Fordern am Fang. Dieses Zwicken in die Mundwinkel bedeutet:

● Von Welpen und Jungwölfen gegenüber den Eltern: Aufforderung zum Beschaffen von Futter;
● von Jungwölfen gegenüber älteren Wölfen: Anzeigen der Unterttänigkeit (in erster Linie dem Leitwolf gegenüber);
● von ausgewachsenen Rudelmitgliedern gegenüber dem Leitwolf: Aufforderung zur Jagd.

In letzterem Falle galt es mir gegenüber, Futter zu besorgen, d. h. in der Spache der Wölfe: Aufbruch zur Jagd.

Bei all meinen Überlegungen hinsichtlich der sozialen Verhaltensweise im Rudel fragte ich mich immer wieder, ob ich als Oberwolf anerkannt sei und suchte unbedingt die Be-

stätigung. Der Begriff „Oberwolf" findet hier nur Anwendung, weil ich als Mensch unter Wölfen lebe und eine exklusive Rangposition *über* dem Alpha-Wolf behaupte – was mir die Gewähr gibt, nicht vom Rudel angegriffen oder abgebissen zu werden.

Deshalb unternahm ich auch diesen riskanten Versuch des Futterentzuges, denn ich wollte wissen, ob es gelingt, mich als Oberwolf über dem Alpha-Wolf zu behaupten. Würde ich in dieser Hungerphase angegriffen und abgebissen? Dies wäre das Ende vom Anfang meiner hautnahen Wolfsforschung gewesen.

Am Ende der Fastenperiode brachte ich ein notgeschlachtetes Kalb ins Gehege und befestigte es mittels eines großen Eisenhakens an einem direkt an der Eingangstür auf dem Boden liegenden Baumstamm. Die hungrigen Wölfe stürmten herbei und zerrten an der Beute. Als ich mich vor das Kalb kniete, preschte Riese, der Stärkste seines Rudels, knurrend und zähnefletschend auf mich zu. Bis auf einen halben Meter ließ ich ihn an mein Gesicht herankommen. Ich sah seine gelben, funkelnden Augen mit den geweiteten Pupillen, die gesträubten Nackenhaare, die nach oben gehaltene Rute – alles Signale, die auf einen Angriff hindeuteten. Aus einer vollen Drehung heraus verpaßte ich ihm plötzlich einen kräftigen Kinnhaken. Sichtlich überrascht von meinem Schlag zog er die Rute ein und wich zurück.

Eine halbe Stunde verweilte ich noch kniend am Kalb, um meine Stärke zu demonstrieren. In dieser Zeit rissen die Wölfe Fleischstücke aus dem Hinterteil der Beute ohne mich dabei aus den Augen zu lassen. Anschließend überließ ich ihnen das ganze Kalb. Dieses Experiment mußte ohne Wenn

Oben: In meiner Gegenwart werden sehr oft die Rangpositionen im Rudel ausgefochten und dargestellt.
Unten: Diese Auseinandersetzungen finden häufig direkt vor meinem Gesicht statt.

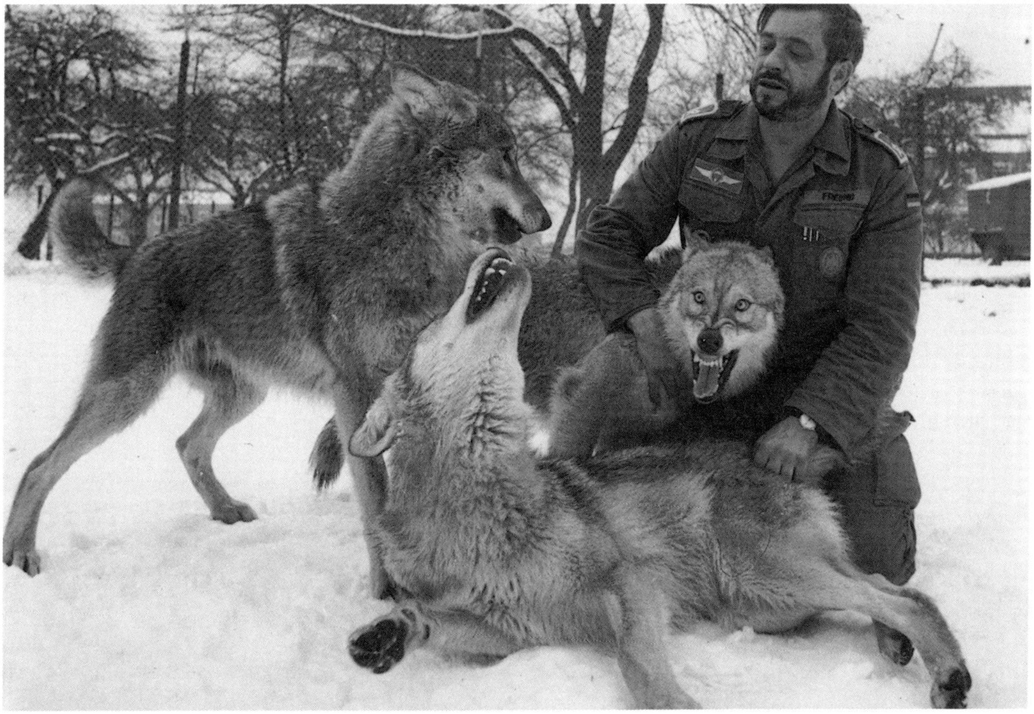

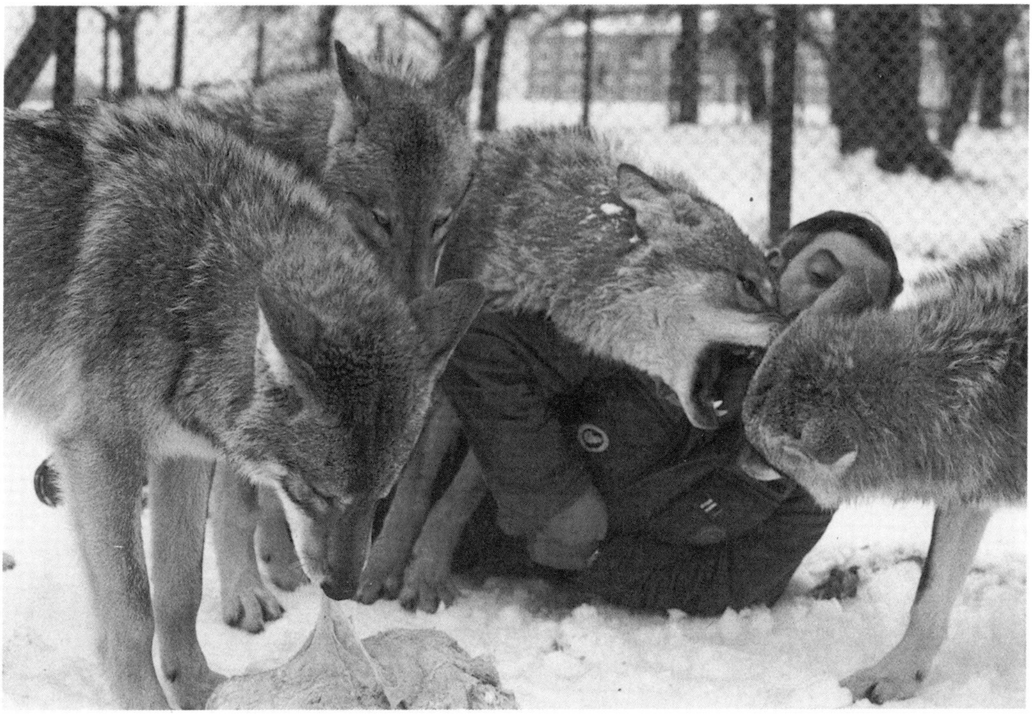

und Aber durchgeführt werden. Nur so konnte ich in Erfahrung bringen, wie die Wölfe sich in einer solchen Aggressionsphase mir gegenüber verhalten würden. Fazit: Nur der Stärkere setzt sich durch.

Ende Oktober 1980 besuchten meine Frau und ich Erik Zimen im „Freihäuserhof" in Blieskastel/Saar. Unser Interesse galt den beiden Wölfen, die er als Welpen im Mai von uns bekommen hatte und die aus Forschungszwecken mit Füchsen zusammen in einem Gehege lebten. Meine Bekleidung war die gleiche, die ich auch bei der Viererbande trage, also intensiv durchsetzt mit dem Geruch der Geschwister. Nach dem Betreten des Geheges kniete ich nieder und sprach sie an. Sofort kamen die Jungwölfe zu mir, leckten an meinem Mund, berochen meine Kleidung und spielten ausgelassen mit mir.

Als ich mich mit den Wölfen auf dem Boden rangelte, kam eine sehr zahme Füchsin, die von einer Studentin zu Forschungszwecken aufgezogen wurde, spielte mit mir, sprang mir auf den Rücken und ließ vor lauter Freude Urin herunterlaufen. Es war ein Gefühl, als würde man mir warmes Wasser auf den Rücken gießen.

Erika, die einige Meter abseits stand und die ganze Zeremonie beobachtete, schüttelte nur noch den Kopf. Das Verhalten dieser Füchsin kann wohl unterschiedlich gedeutet werden. Vielleicht weiß ein Fuchsforscher mehr? Bei Wölfen habe ich so etwas jedenfalls noch nicht erlebt.

Im Nebengehege lebte Alexander, ein wesensschwacher, alter europäischer Wolf, von Menschen aufgezogen und zahm. Ich ging auch in sein Gehege, kniete mich nieder und sprach mit ihm, wie ich mit meinen Wölfen spreche, den Kopf hochhebend, die Lippen bewegend, wodurch Aufforderungszeichen gegeben werden. Nach kurzer Zeit kam Alexander auf mich zu und leckte mir den Mund.

Diese Untertänigkeitsbezeugung kenne ich von meinen Wölfen. Meist bietet sich ein unterer Wolf dem Leitwolf durch einen hohen Summton und leichtes Bewegen der Lefzen an. Wenn dieser reagiert, kommt es zu einer Schnauzenberührung. Nicht immer gibt der Leitwolf das Gegenzeichen, dann kommt auch der untere Wolf nicht zu ihm. Wird die Aufforderung vom Leitwolf nur kurz ausgeführt, so reagiert der Wolf, der gerade in seiner Nähe ist und den er anschaut. Besonders ist dies während der Ranzzeit zu beobachten als eine laufende Kommunikation zwischen Alpha-Wolf und Alpha-Wölfin. Führt der Leitwolf dieses Zeichen mehrmals hintereinander aus, so kommt das ganze Rudel zu ihm.

Besonders temperamentvoll geht es zu, wenn Jungwölfe dieses Zeichen vom Leitwolf bekommen. Erika und ich haben uns schon oft über die Begegnung mit diesen drei mir fremden Wölfen unterhalten, um ihr Verhalten zu deuten. Waren dies auch von Menschen großgezogene Wölfe, fragte ich mich, was sie dazu bewegte, mir als Fremdem ihre sofortige Untertänigkeit zu bezeugen, indem sie auf mein Ansprechen und auf meine Mundzeichen hin mit wedelnder Rute auf mich zukamen und mir sofort den Mund leckten. Wahrscheinlich habe ich doch schon einiges wölfisches Verhalten angenommen.

Bei unseren Wölfen stellten wir immer wieder fest, daß sie fremden Menschen gegenüber sehr vorsichtig und mißtrauisch sind. Diese Erkenntnis gab mir weiteren Anlaß, die Wölfe bei der Begrüßungs- und Verständigungsphase weiterhin jahrelang zu beobachten. Begrüßung ist bei Wölfen zugleich Untertänigkeitsbezeugung.

Etwa zwei Monate nach meinem Besuch bei Dr. Zimen hatte sich das Zweite Deutsche Fernsehen bei uns angesagt, um einen Kurzfilm über die Viererbande für die Sendung „Drehscheibe" zu machen. Erik Zimen war vom Fernsehen ebenfalls eingeladen worden, um einige Fragen aus wissenschaftlicher Sicht zu beantworten. Es wurde gefilmt, wie ich unter den Wölfen lebe, und gefragt, wie ich mir die weitere Zukunft vorstelle. Mir war zu dem damaligen Zeitpunkt noch nicht klar, wie es weitergehen sollte, wenn die Wölfe geschlechtsreif würden und die Ranzzeit begänne. Wissenschaftler hatten mich davor so gewarnt, daß mir der Mut sank.

Aber inzwischen habe ich auch diese Zeit bei den Wölfen erlebt und gelernt, wie ich mich zu verhalten habe. Ich kannte die Paarungszeit schon bei Raubkatzen, Hyänen und Bären, also ließ ich dies durch laufende Beobachtungen im Zusammenleben mit der Viererbande auf mich zukommen.

Erik Zimen, der vor der Kamera über mein Leben mit den Wölfen befragt wurde, gab folgende Antwort: „Diese Wölfe betrachten Herrn Freund wohl als ein etwas seltsam sich verhaltendes Rudelmitglied, wohl als Wolf und jetzt noch als Alpha-Wolf, aber es wird bestimmt der Tag kommen, wo vor allem die jüngeren Rüden sich auflehnen werden gegen diese Überposition gegenüber dem Rudel – und dann heißt es aufpassen!"

Als ich mich während der Fernsehaufnahmen im Gehege aufhielt, spazierte Dr. Zimen mit seinem Hund am Zaun entlang. Ich bemerkte, daß sich Spannungen zwischen ihm und seinem Hund und den Wölfen aufbauten. Nach Beendigung der Dreharbeiten sagte Erik: „Ich gehe mal zu den Wölfen rein." Mit seinem Vorhaben war ich nicht einverstanden, gab ihm das auch zu verstehen und prophezeite, daß ihn die Wölfe beim Betreten des Geheges angreifen würden. Aber er ließ sich nicht von seiner Absicht abhalten.

Ich ging voran in das Gehege, er folgte mir. Und es geschah genau das, was ich vorhergesagt hatte: Er war etwa einen Meter hinter der Tür im Gehege, da griff ihn Riese sofort frontal an. Da er sich mit Wölfen auskannte, gelang es ihm, Riese mit Fußtritten abzuwehren. Zu gleicher Zeit griffen die anderen drei Wölfe von hinten in das Geschehen ein. Diesen Angriff konnte ich durch mein Dazwischentreten für einige Sekunden unterbrechen. Meine Frau, die am Tor stand, erkannte die Gefahr, packte Erik an der Jacke und zog ihn aus dem Gehege.

Nachdem sich die Gemüter beruhigt hatten, meinte Erik, ich sollte doch keine Wölfe mehr großziehen, weil ich schon selbst ein halber Wolf geworden sei. Gerade dies brauchte er mir nicht zu sagen, denn spätestens als seine eigenen Wölfe mich acht Wochen zuvor auf Wolfsart begrüßt und somit mir gegenüber Untertänigkeit bezeugt hatten, war mir klar geworden, daß meine Forschung weitergehen mußte. Es gab für mich jetzt kein Halten mehr, ich wollte mehr über die Wölfe wissen.

Dazu mußte ich weitere Rudel großziehen, um durch das enge Zusammenleben mit ihnen mehr über sie zu erfahren. Damit war der Startschuß für eine Langzeitforschung gegeben – ich hatte mich den Wölfen endgültig verschrieben, und daran hat sich bis heute nichts geändert.

Mir wurde damit auch schmerzlich bewußt, daß ich wohl nie mehr eine Expedition zu den von mir geliebten Naturvölkern in fernen Weltgegenden unternehmen kann. Aber alles kann man im Leben nicht haben; die Wölfe haben mich so in ihren Bann geschlagen, daß mir keine Arbeit für sie zuviel ist. Sie leben nicht für mich, sondern ich für sie und mit ihnen. Für das Zusammenleben mit diesen schlauen, sensiblen, intelligenten und während der Rangkämpfe primär kampfbetonten Raubtieren wurden von mir täglich folgende Voraussetzungen gefordert:

Instinkt, Einfühlungsvermögen, Ablegen menschlicher Angewohnheiten, Annehmen von wölfischem Verhalten, Mut zum Risiko, animalische Intelligenz, sekundenschnelles Reaktionsvermögen.

Der Grund für meinen Entschluß, mehrere Rudel großzuziehen, hängt mit meinem Forschungsziel zusammen: Denn erst, wenn ich bei dem einen Rudel vom Welpen bis zum Altwolf Beobachtungen mache, etwas erkannt zu haben glaube und sich dies in einem anderen Rudel unter gleichen Lebensbedingungen wiederholt, kann ich mit Gewißheit sagen: „So ist es; das läßt sich jederzeit repro-

Kathrin sucht spielerischen Kontakt, wobei sie oft grob wird.

duzieren." Deshalb beschloß ich später, auch mit Arktis- und Timberwölfen zusammenzuleben, weil ich wissen wollte, ob und welche Abweichungen es im Sozialverhalten und in der Lebensweise zwischen diesen und den europäischen Wölfen gibt.

Europäische Wölfe, die von mir großgezogen wurden und denen gegenüber ich mich als Oberwolf behauptet habe, könnte man sinngemäß als Wachhunde bezeichnen. Sie verteidigen ihr Revier, nicht mich. So muß es auch vor Tausenden von Jahren gewesen sein. Wölfe, die beim Menschen blieben, haben ihre Reviere gegen andere Wölfe und fremde Menschen verteidigt. Gefahren zeigten sie durch ihr Wuffen an, aus dem sich später das Bellen der Hunde entwickelt hat. Die Steinzeitmenschen sahen darin einen Vorteil für sich selbst, deshalb war das Zusammenleben

von Mensch und Wolf der Beginn des Hauswolf-Typus. Daraus entstanden durch jahrtausendelanges Züchten die verschiedenen Hunderassen.

Mein kompromißloses Leben mit Canis lupus hat bei diesen Vertrauen geschaffen und dazu geführt, daß ich meinen Wölfen die anerworbene Scheu vor dem Menschen genommen habe. Diese ist vor Jahrtausenden entstanden, als der Mensch sich vom Jäger und Sammler zum Pflanzer und Viehzüchter entwickelte. Für die Wölfe war es nun ein Leichtes, die Weide- und Haustiere der Bauern zu reißen. Mensch und Wolf wurden zu erbitterten Nahrungskonkurrenten. Mit allen ihm zur Verfügung stehenden Mitteln versuchte der Mensch, den Wolf zu vernichten.

Das geschah in verstärktem Maße mit der Einführung der Handfeuerwaffen. Durch generationenlange Erfahrung haben die Wölfe erkannt und dies ihrem Nachwuchs weitergegeben, daß der Mensch in der Lage ist, sie auf Entfernung zu töten. So wurde die Scheu und das Mißtrauen dem Menschen gegenüber immer größer. Seitdem spricht man vom scheuen und feigen Wolf, dabei ist dies ererbte Vorsicht, Schlauheit und Selbsterhaltungstrieb.

Um auf die Revierverteidigung zurückzukommen: Ich habe dieses Verhalten auch schon bei einer mit mir eng zusammenlebenden Lippenbärin (Heimat Indien) festgestellt. Sie war das Maskottchen unseres Bataillons und wurde von mir aufgezogen und betreut. Während meiner 30jährigen Bundeswehrzeit (1956 bis 1986) bei den Fallschirmjägern war ich unter anderem mit der Einzelkämpferausbildung betraut.

So war ich mehrere Wochen im Pfälzer Wald; die ausgewachsene Bärin schlief mit mir in Sandsteinhöhlen oder im Zelt und hatte sonst freien Lauf, blieb aber immer in meiner Nähe. Sie akzeptierte auch die mir unterstellten Soldaten. Kam jedoch eine fremde Person in das Waldlager, die zudem noch andere Kleidung trug als wir Soldaten, so mußten wir aufpassen, denn sie griff sofort an. Dabei wurde in einem Fall ein Waldarbeiter leicht verletzt.

Bis August 1982 war die Rangordnung im Rudel der Viererbande folgende: 1. Riese, 2. Knurrhans, 3. Kleine, 4. Strolch. Dazu möchte ich bemerken, daß bei meinen anderen Rudeln die wesensstärkste Wölfin nach dem Alpha-Wolf immer den zweiten Rang einnimmt. Die Kleine aber hatte nie große Sympathien für Riese gezeigt. Meist knurrte sie ihn an, wenn dieser in ihre Nähe kam. Knurrhans hielt sich immer an ihrer Seite. Ende August, als ich ein totes Reh in das Gehege brachte und Riese als erster die Beute für sich beanspruchen wollte, griff die Kleine an und wurde dabei von Knurrhans und Strolch unterstützt. Riese wurde bei dieser Attacke verletzt und war somit vom Rudel abgebissen.

Der Angriff kam für mich überraschend. Ich mußte gegen die angreifenden Wölfe mit Fußtritten vorgehen, denn sie ließen nicht von Riese ab. Nach meinen heutigen Erfahrungen ist ein solcher Angriff vorhersehbar. Riese hielt sich von nun an abseits vom Rudel auf. Er bekam von mir sein Futter, nachdem sich die anderen sattgefressen hatten. Anders war dies nicht möglich, da die Kleine ihm jeden Fleischbrocken wegschnappte, den er ergattert hatte.

Diese neue Rangordnung, Kleine, Knurrhans, Strolch, Riese, bestand bis zum Tod von der Kleinen. Daß eine Wölfin Leittier in einem Rudel wird, habe ich dann später nochmals bei den „Wilden Fünf" erlebt, obwohl hier die Umstände anders gelagert waren. In der Regel ist der Leitwolf ein starkes männliches Tier.

Der Tod der Kleinen

Im Rudel nahm die Kleine die Spitzenposition ein, gefolgt von Knurrhans, Strolch und Riese. Mit ihrem Tod am 24. Februar 1983 änderte sich die Rangordnung zwangsläufig.

Mitte Januar 1983 bekam die Kleine einen epileptischen Anfall, der mit den gleichen Begleitsymptomen einhergeht wie bei uns Menschen. Sie fiel plötzlich um und krampfte. Nur ich durfte bei ihr sein. Durch Knurren und Zähnefletschen gab sie zu verstehen, daß sie die anderen Wölfe nicht in ihrer Nähe haben wollte. Ich befragte den Tierarzt nach dem Krankheitsbild. Er sagte mir, daß auch bei Hunden solche Anfälle vorkommen, die sich in gewissen Zeitabständen wiederholen. Eine Tablette, die ich ihr täglich in einem Fleischstückchen unterbrachte, bewirkte leider nur einen Aufschub bis zum 23. Februar 1983.

Als ich in der Mittagsstunde nach Hause kam, lag meine Kleine auf dem Boden und strampelte mit den Läufen. Ich sprach auf sie ein, und es gelang mir, ihr eine Tablette in den Fang zu schieben. Sie wollte am Wasserbecken trinken, war jedoch zu schwach, und es gelang ihr nicht, über den Rand des Beckens zu kommen. Daraufhin brachte ich ihr einen Eimer mit Wasser – sie trank sehr viel. Nach einiger Zeit rappelte sie sich wieder hoch und kam auf die Läufe.

Gegen Abend wurde sie erneut von Krämpfen geschüttelt. Um in ihrer Nähe zu sein, blieb ich nachts bei ihr im Gehege und schlief nicht, wie sonst in dieser Zeit üblich, bei dem 1981 im Kammerforst hinzugekommenen „Siebengestirn". Die Nacht war kalt, ich sprach unaufhörlich mit ihr. Die Kleine rappelte sich immer wieder mit letzter Kraft hoch, fiel aber vor Schwäche stets wieder um. Die anderen Wölfe kümmerten sich nicht um ihre Rudelführerin. Ich hatte das Gefühl, daß ihre Geschwister instinktiv merkten, wie schwach und hilflos sie war.

Während meiner Zeit als Raubtierpfleger in der Stuttgarter Wilhelma assistierte ich bei einem Zootierarzt. In dieser Zeit habe ich einige Tiere sterben sehen. So erkannte ich auch, daß meine Kleine vom Tode gezeichnet war. Am nächsten Vormittag um 10 Uhr hatten Jungens trockenes Gras an einem Abhang in der Nähe des Geheges angezündet. Die Feuerwehr rückte mit eingeschaltetem Martinshorn an. Durch diese Unruhe liefen die Wölfe aufgeregt im Gehege umher.

Die Gelegenheit nahm ich wahr, um die Kleine, die zusehends schwächer wurde, aus dem Gehege zu tragen und sie in die auf unserem Gelände stehende Schäferhütte zu bringen, die ein Andenken eines einst mit mir befreundeten verstorbenen Schäfers ist. Das Atmen fiel ihr von Minute zu Minute schwerer, ein Zittern überlief ihren Körper. Sie streckte die Läufe von sich und röchelte nur noch. Ihr Leben ging zu Ende. Einen letzten Dienst konnte ich ihr noch erweisen, indem ich durch einen Kopfschuß dem qualvollen Sterben ein Ende bereitete.

Ich habe um die Kleine geweint, so als wenn ein guter Mensch aus unserer Mitte abberufen wird. Alle meine Wölfe sind für mich wie Brüder und Schwestern. Nur aus diesem persönlichen Verhältnis heraus, verbunden mit hohem Einfühlungsvermögen, kann sich eine erfolgversprechende tierpsychologische Forschungsarbeit ergeben. Die drei Brüder verhielten sich nach dem Tod der Kleinen unruhig und nervös. Zwei Tage hatten sie nicht gefressen. Eine neue Rangordnung bahnte sich an.

Riese, der Rangniedrigste, griff am 1. März 1983 Knurrhans an und erhielt Unterstützung von Strolch. Also war nur er in der Lage, wieder Alpha-Wolf zu werden, die Position zurückzuerlangen, aus der ihn die Kleine verdrängt hatte. Diese ursprüngliche Rangordnung besteht bis zum heutigen Tag.

Nach dem Tod der Kleinen überlegte ich, ob es vielleicht gelingen würde, wieder eine Wölfin zu den drei Rüden ins Gehege zu bringen. Die Erfahrungen hierzu fehlten mir, und um mein heutiges Wissen zu erlangen, bedurfte es noch eines jahrelangen Zusammenlebens mit den Wölfen. Einen Rückschlag erlitt ich 1983, als ich feststellen wollte, wie das „Siebengestirn" auf einen rudelfremden, vier Wochen alten Wolfsrüden reagieren würde, den ich mit in das Gehege brachte. Sie ließen mich sofort wissen, daß sie ihn ablehnten. Die erste Eingliederung ist mir jedoch 1985 gelungen. Zu zwei achtzehn Monate alten Timberwölfen brachte ich einen fünf Monate alten Timberwolf, und das klappte. Deshalb hoffte ich, daß dies bei meinen drei älteren Wölfen zum richtigen Zeitpunkt auch gelingen würde.

Dazu bot sich die im Mai 1986 im Gehege der „Wilden Fünf" geborene Kathrin an. Die erste Begegnung im Alter von fünf Wochen am Zaun verlief zwischen den drei Junggesellen und Kathrin reserviert-neugierig. Bei weiteren Treffen an der gleichen Stelle beobachtete ich eine gegenseitige Kontaktfreude. Mein Entschluß stand fest: Kathrin würde im September zu den Dreien ins Gehege kommen. Bis dahin aber ließ ich sie mit den zwei jungen Timberwölfen aufwachsen, so daß sie mit den gleichaltrigen Welpen ihren Spieltrieb austoben konnte.

Anfang September 1984 holte ich Kathrin aus dem Aufzuchtgehege und marschierte mit ihr angeleint an den Zaun der Junggesellen. Die drei sahen uns schon von weitem, standen bei unserer Ankunft am Zaun und wedelten mit den Ruten. Diese Verhaltensweise war für mich ein deutliches Zeichen, daß Kathrin in das bestehende Rudel aufgenommen werden würde. Ich betrat mit ihr das Gehege der Viererbande. Nach der Rangordnung wurde sie zuerst von Riese, Strolch und Knurrhans nach wölfischer Art begrüßt und von allen Seiten beschnuppert. Nach etwa zehn Minuten begannen die Wölfe mit ihr zu spielen. Jetzt ließ ich sie von der Leine und Kathrin lief mit den drei Wölfen durch das Gehege. Am Verhalten des Alpha-Wolfes ließ

Auch die Alpha-Wölfin Kathrin bringt mir Fleisch ohne Aufforderung.

sich erkennen, daß die Eingliederung geglückt war.

Als ich Fleisch in das Gehege brachte, schnappte sich Riese einen Brocken, lief damit weg und lockte Kathrin mit seinem Ruf, die aber nicht darauf reagierte. Alle Wolfswelpen, die ich bisher aufgezogen habe, erlernen meinen Sammelruf, auf den sie auch im späteren Leben reagieren. Sind die Wölfe unter sich, so verständigen sie sich durch ihre natürlichen Sammel- oder Lockrufe. Das ist eine feine, hohe Tonübermittlung, die zuerst vom Leitwolf ausgeht und entsprechend der Rangordnung nach unten weitergegeben wird. Die Alpha-Wölfin setzt diesen Ruf zunächst bei ihren Welpen ein, später folgen der Alpha-Wolf und in der Reihenfolge der Rangordnung die restlichen Rudelmitglieder gegenüber Welpen und Jungwölfen. Im jagenden Rudel geht diese Tonübermittlung nur noch vom Alpha-Wolf aus. Dieser Ton wird bei geschlossenem Fang und leichtem Bewegen der Lefzen auf nahe und weite Entfernungen gegeben und aufgenommen. Lang gezogen bedeutet dieser Ton Sammeln, der gleiche Ton mit kurzen Unterbrechungen signalisiert Aufbruch zur Flucht. Sobald ich bei den Wölfen bin, hat mein Sammelruf Vorrang.

Ein totes Huhn, das ich einige Tage später ins Gehege brachte, schnappte sich sofort Riese, aber auch Kathrin biß sich in dem Huhn fest, und beide liefen zusammen mit ihrer Beute durchs Gehege. Nach einigen Metern mußte Kathrin jedoch vom Huhn ablassen, da der Alpha-Wolf doch der Stärkere war. Riese lief mit seiner Beute in das Buschwerk. Dann lockte er mit seinem Ruf Kathrin zu sich, riß das Huhn auseinander und ließ Kathrin mitfressen. Mittlerweile hatte Kathrin erkannt, was dieser Lockruf bedeutete.

Innerhalb kürzester Zeit fing Kathrin an, grob mit den Wölfen zu spielen. Sie zerrte ihnen am Fell und packte sie am Hals. Dies waren die älteren Wölfe nicht gewöhnt, sie knurrten sie an und liefen davon. Doch Kathrin gab nicht auf, und Riese ließ sich dann immer wieder auf ihr Spiel ein, bis es ihm nach einiger Zeit doch zu bunt wurde und er weglief. Auf Kathrins Herausforderungen begann indessen das Spiel von neuem.

Beim Betreten des Geheges hing Kathrin sofort an meinen Hosenbeinen, sprang an mir hoch und begrüßte mich nach wölfischer Art von Mund zu Mund. Durch meine enge Beziehung zu ihr hat sich Riese in seinem Verhalten mir gegenüber geändert und wieder Körperkontakt mit mir aufgenommen. Daß dieser unterbrochen war, hatte folgenden Grund:

Während der Ranzzeit im Februar 1984 war ich vom Rudel der „Wilden Fünf" gekommen und ging mit dem gleichen Anzug in das Gehege von Riese, Strolch und Knurrhans. Anstatt mich durch Schnauzenkontakt zu begrüßen, sprang mich Riese knurrend an. Da gab ich ihm einen Kinnhaken. Er war überrascht, nahm die Rute zwischen die Läufe und verkrümelte sich. Seit diesem Tag hatte er keinen

Körperkontakt mehr zu mir gesucht, obwohl er sich immer ganz in meiner Nähe aufhielt. Meine harte Reaktion bedeutete Abdrücken des anderen Wolfes (Konkurrenten) und ist die Vorstufe für den direkten Angriff. Hervorgerufen wurde das in diesem Fall durch den Geruch des anderen Rudels. In der Eile hatte ich nämlich den Grundsatz mißachtet, von Rudel zu Rudel immer die Kleidung zu wechseln. Das hatte die drohende Haltung von Riese ausgelöst.

Bei den Wölfen spielt nicht nur der Geruch eine Rolle, sondern auch die äußere Erscheinung, also das, was man anhat. Deshalb ist es wichtig für mich, immer die gleiche Kleidung zu tragen, die das Rudel von jung an gewöhnt ist. Auch hier habe ich anfangs einen Fehler begangen, indem ich das Gehege der Viererbande, die Wölfe waren neun Monate alt, mit einer Jacke, die sie nicht kannten, betrat. Sie rissen Teile heraus. Ein zweites Mal kam ich im Sommer mit einem zerfetzten Hemd aus dem Gehege, das meinen „Vier" offensichtlich fremd war. Somit hatte ich endgültig begriffen, welche Kleidung ich stets zu tragen hatte – egal ob Sommer oder Winter, nämlich einen einteiligen Kombianzug (im Winter mit Futter, im Sommer ohne), dazu hohe, feste Stiefel mit Reißverschluß (da ich mich ja laufend umziehen muß und das Wechseln der Stiefel somit etwas schneller vonstatten geht).

Damit die Bekleidung nicht verwechselt wird, muß ich sie an verschiedenen Kleiderhaken aufhängen; darunter stehen die jeweils dazugehörenden Stiefel. Diese Trennung der Kleidung ist ein lebenswichtiger Faktor, denn der falsche Geruch könnte mir zum Verhängnis werden.

Ein weiteres Beispiel: Bei einem plötzlich aufkommenden Sturm im November 1986 fuhr ich eiligst zu den Waldgehegen, ohne in der Hast zu merken, daß ich gar keine „Wolfskleidung" trug, weil ich nicht vorhatte, in die Gehege zu gehen, sondern nach eventuell aufgetretenen Schäden durch umgefallene

Bäume zu sehen. Als ich mich dem Gehege des „Siebengestirns" näherte, wurde ich von Igor, dem Leitwolf, am Zaun angeknurrt. Ich konnte sein Verhalten sofort deuten, denn als ich eine halbe Stunde später in der gewohnten Wolfskleidung zu dem Rudel kam, wurde ich von Igor freudig begrüßt.

Natürlich werden die Anzüge, wenn sie zu sehr verschmutzt sind, gewaschen, ein neutraler Geruch der Kleidung spielt keine Rolle. Besonders in der Vorranzzeit und Ranzzeit (Dezember bis März) wäre ein Betreten der Wolfsgehege im falschen Anzug für mich gefährlich, da es ein Abdrücken bzw. Abbeißen vom Rudel – eingeleitet durch den Alpha-Wolf – zur Folge haben würde.

Erst durch die Kommunikation von Kathrin im Rudel der älteren Wölfe veränderte sich die Atmosphäre. Im Oktober beobachtete ich mehrmals, wie Kathrin Riese gegenüber das gleiche Imponiergehabe zeigte, wie es dominierende Jungwölfe und auch Wölfe mir gegenüber gezeigt haben. Kathrin nahm, wenn sie keinen Hunger mehr hatte, einen Fleischbrocken in den Fang und stellte sich damit vor Riese. Die hinzukommenden anderen Rüden knurrte sie an. Seit Dezember 1986 kam Kathrin in der Rangfolge schon nach Riese, gefolgt von Strolch und Knurrhans. Sie hatte Bewegung in das Rudel gebracht, drängte vor allem Knurrhans zurück, wobei sie Unterstützung von Riese erhielt.

Das Siebengestirn

Das Siebengestirn wurde am 7. Mai 1981 geboren. Die Wolfseltern waren wieder Ivan und Natascha. Wir gaben allen sieben Welpen dieses Wurfs russische Namen: Igor, Tamara, Sascha, Anuschka, Micha, Starek und Puschkin. Wie schon im Vorjahr bei der Viererbande entnahm ich die Welpen aus den wohlbekannten Gründen der Höhle, um sie mit meiner Frau in unserer Küche aufzuziehen.

Die wesensstärkeren Welpen sind als erste an der Milchquelle – gleichgültig ob an der natürlichen oder in Flaschen gereicht.

Auch bei diesem drei bis vier Wochen alten Rudel ließ ich meinen schon mit Erfolg praktizierten Sammelruf „Wo sind denn meine Jungelchen und Mädeken?" ertönen, und wie auf ein Kommando krochen sie alle auf mich zu. Mit Beginn der vierten Lebenswoche siedelte ich mit ihnen ins Aufzuchtgehege über. Erstmals versuchte ich, die „Wolfsmutter" auf allen Ebenen durchzuspielen. Aus diesem Grunde blieb ich auch nachts bei ihnen. Interessant war zu beobachten, daß die vier Wochen alten Welpen, als ich sie das erste Mal mit Fleischstückchen aus meinem Mund ver-

Wie bei den Wolfseltern: Fütterübergabe von „Fang zu Fang".

sorgte, förmlich danach gierten. Bei den kleinen, so drollig aussehenden Welpen ging ein Zucken durch die Leiber, ihre Muskeln spannten sich sofort, wenn sie das Fleisch mit ihrem Geruchssinn wahrnahmen.

Bei der Aufzucht durch die Wolfseltern hatte ich festgestellt, daß die Welpen in den ersten Tagen des Fleischbringens die Nahrung direkt aus dem Fang nahmen. Später wurde dann das vorverdaute Fleisch den Welpen ausgebrochen. Schon ab der sechsten Woche rissen die Welpen kleinere Fleischbrocken vom Gerippe eines Kalbes, wobei es auch zu den ersten Kämpfen an der Beute kam. Dabei waren es immer wieder die Wesensstarken, die sich durch Abdrängen mit ihren Körpern gegenüber den Schwachen durchsetzen konnten, so daß die wesensschwachen Welpen kaum etwas abbekamen. Deshalb ver-

teilte ich das Fleisch im Gehege, denn alle Tiere sollten von mir gleichmäßig versorgt werden. In freier Natur bleibt von einem Wurf nur etwa ein Drittel übrig – die Wesensstarken drängen die Schwachen ab.

Den Jungwölfen im Alter zwischen drei und vier Monaten gab ich, indem ich auf dem Boden lag, größere Brocken Fleisch, um zu demonstrieren, daß ich als Oberwolf den ersten Anspruch auf Fressen habe. Zum anderen wollte ich herausfinden, welche Welpen im Rudel dominierend sind. Igor, Tamara und Sascha setzten sich gegenüber den anderen Welpen durch.

Zu meiner Überraschung brachten mir Igor und Tamara, beides Alpha-Tiere (in der derzeitigen Rangordnung Nr. 1 und 2) Fleisch, das sie im Fang trugen und hielten es mir vors Gesicht. Die anderen Jungwölfe, die sich in unserer Nähe aufhielten, wurden angeknurrt. Bis zu diesem Zeitpunkt waren mir die Handlungsweisen dieser wesensstarken Jungwölfe nicht bekannt.

Ich unterhielt mich mit drei Wissenschaftlern, die sich mit Wölfen beschäftigt oder eine Zeitlang mit ihnen gearbeitet hatten, aber keiner von ihnen konnte mir dieses Verhalten deuten. Das Fleischbringen wiederholte sich bei allen von mir großgezogenen Rudeln. Dank meiner Langzeitbeobachtung ist es mir gelungen, zu erforschen, welche Bedeutung dieses Fleischzutragen hat. Es ist immer Imponieren vor dem Stärkeren, Dominieren gegenüber dem Schwächeren: also mir gegenüber ein Imponiergehabe, hinzukommenden Wölfen wird durch Anknurren und Einnahme der Kampfhaltung das Dominieren gezeigt. Ein in der Rangordnung niederer Wolf zeigt dieses Verhalten nicht, es wird nur von den oberen praktiziert.

Das läßt sich am deutlichsten bei einem Geschwisterrudel ablesen. Bei meinem sechsjährigen Rudel sah ich einige Tage nach der Eingliederung der Jungwölfin Kathrin, wie sie mit einem toten Huhn im Fang dieses Imponiergehabe gegenüber Riese, dem Alpha-Wolf, zeigte. Auch direkt unter mir stehende ältere Wölfe haben das gleiche Verhalten von Zeit zu Zeit mir gegenüber kundgetan. Es kommt bei Jungwölfen auch nicht täglich vor; wenn, dann immer aus der augenblicklichen Stimmung heraus und nachdem sie sich vorher sattgefressen haben.

Bei Jagdhunden nennt man dies Apportieren. So haben die Hunde diese Erbanlage noch von ihren Urvorfahren. Die Hunde bringen genauso stolz ihre Beute, wie es auch die Wölfe tun. Der Unterschied ist, daß der Jäger dem Hund die Beute abnimmt, ich sie den Wölfen jedoch überlasse.

Je größer ein Rudel ist, desto mehr Gerangel, Auseinandersetzungen und temperamentvolle Spiele sind zu beobachten. Der Lebenskampf zwischen den Welpen und später den Jungwölfen ist dann untereinander rücksichtsloser und ausgeprägter. Der Grund ist von Natur aus gegeben, die Auslese nach dem Prinzip „Leben oder Sterben" beginnt hier früher. Selten wird es in freier Wildbahn möglich sein, daß für alle Welpen von der Wölfin, dem Alpha-Wolf und den älteren Rudelmitgliedern genügend Fleisch herangebracht wird.

Da Welpen und Jungwölfe schnell heranwachsen, benötigen sie für ihren Körperaufbau viel Fleisch. Nach meiner Schätzung braucht ein Wolf bis zum neunten Monat 300 Kilogramm Fleisch. Das entspricht etwa acht ausgewachsenen Schafen oder fünfzehn Rehen. Daraus ist zu entnehmen, daß es in freier Natur nicht immer möglich ist, alle geborenen Welpen bis zu einem Alter von neun Monaten zu versorgen, bis sie dann als vollwertiges Mitglied im Rudel auf Beutejagd gehen können.

Die negativen Erfahrungen, die ich bei der Aufzucht der „Viererbande" gemacht hatte, kamen mir dieses Mal zugute. Deshalb führten wir die Welpen ab der fünften Lebenswoche an der Leine, denn Umweltfaktoren (wie z. B. Autogeräusche oder Sirengeheul) lösen Fluchttriebe aus, die sie zu scheuen Wölfen werden lassen. Die dominierenden, Igor

und Tamara, wurden von mir geführt, die anderen Welpen (Sascha, Anuschka, Micha, Starek und Puschkin) von Erika, Roland, Markus und Holger.

Nachdem das „Großrudel" aus fünf Menschen und sieben Wölfen zusammengestellt war, bewegten wir uns anfangs unmittelbar in der Nähe des Geheges, da sich die Welpen während dieser Phase in freier Natur auch nur vor der Höhle aufhalten. Mit zunehmendem Alter gingen wir immer weiter vom Aufzuchtgehege fort. Während des täglichen Ausmarsches gab es viel Stimmung und Tollerei, wenn die Jungwölfe unter sich oder mit uns spielten. Von der achten Woche an bekamen sie ihr Fleisch erst nach dem Auslauf, deshalb liefen sie nach längeren Märschen wieder gerne ins Gehege zurück. Unterwegs befand sich ein seichtes Wasserloch, und besonders an warmen Tagen konnten sie es kaum erwarten, hier hineinzuspringen und sich darin zu wälzen. Ihrem Instinkt gehorchend, versuchten sie auch, jeder Wildspur zu folgen. Leider konnte ich mit einem solch großen Rudel nicht auf dieses Verhalten eingehen, da die Jungen alle Hände voll zu tun hatten, die Jungwölfe an den Leinen zu halten.

Im August/September marschierten wir mit den Wölfen täglich drei Viertel der Strecke in Richtung des späteren Waldgeheges. Somit war der Weg für sie nicht unbekannt, denn in fremdem Gelände verhalten sich Wölfe sehr vorsichtig. Jede freie Minute am Tag und auch nachts hielt ich mich bei ihnen im Gehege auf, sie spielten ausgelassen mit mir, zogen mit ihren Fängen an meinen Haaren und meiner Kleidung. Das alles ließ ich über mich ergehen.

Ich legte mich auf den Boden des Geheges, und alle sieben hingen an mir, drängten zu meinem Kopf, um das Gesicht zu belecken, wobei die Schwächeren von den Stärkeren unter lautem Geknurre weggedrängt wurden. Duckte ich mich mit dem Gesicht zwischen den Armen zu Boden, zogen sie solange an meinen Haaren und zwickten mir in die

Nach wölfischer Art läßt der Oberwolf im Aufzuchtgehege die Zuneigung der Jungwölfe des Siebengestirns über sich ergehen.

Ohren, bis ich wieder hochschaute. Es spielte sich stets ein stürmisches Gerangel ab, wobei ich manche Schramme einstecken mußte.

Sobald wir uns abends dem Gehege näherten, liefen die Wölfe schon aufgeregt hin und her und gaben sogleich Antwort, wenn ich zu heulen begann. Wir benutzten nun immer die gleiche Strecke in Richtung Waldgehege. Diese Gegend wurde ihnen dadurch absolut vertraut, und so konnten wir sie auch ein paar Monate später ohne weiteres in das Gehege führen. Wären die Wölfe in eine Kiste verfrachtet worden, so hätten wir gegen ihre Art verstoßen, was gerade bei diesen feinfühligen und vorsichtigen Tieren zu Entwicklungsstörungen und Vertrauensverlust geführt hätte.

Dem Siebengestirn hatten wir ein 10.000 Quadratmeter großes Gehege im Kammerforst zugedacht, das sich drei Kilometer entfernt vom Aufzuchtgehege befindet. Am 24. September zog unser Rudel zum neuen Revier, das wir nach einstündigem Marsch über Weiden und durch Wald erreichten. Dort an-

gekommen, folgten mir Igor und Tamara vorsichtig durch die Türschleuse. Die anderen zogen nach. Nachdem wir ihnen die Halsbänder abgenommen hatten, liefen sie, immer wieder zu uns zurückkommend, ihr neues Zuhause ab.

Im Nebengehege lockten ihre Eltern, Ivan und Natascha, mit langgezogenem hellen Ton. Die Jungwölfe, die immer noch damit beschäftigt waren, ihre neue Umgebung zu erkunden, verharrten wie bei jedem Tierlaut einen Moment, aber es tat sich nichts. Daraufhin ließ ich meine Laute ertönen. Sie stutzten, hielten in ihren Bewegungen inne, rannten auf mich zu und sprangen an mir hoch.

In diesem Gehege stand ein Kistenquartier von 4 m Länge, 1,50 m Breite und 1 m Höhe, das mir als Wetterschutz diente. Zwei Tage wollte ich im Gehege bleiben, um die Tiere in der Eingewöhnungsphase zu beobachten. Gesagt, getan. Ich blieb gleich bei den Jungwölfen, spielte mit ihnen nach alter Wolfsmanier, und mit Einbruch der Dunkelheit kroch

Die Jungwölfe des Siebengestirns mit mir im Nachtlager.

ich in die Kiste. Zu meiner Verwunderung folgten mir die Wölfe, rangelten noch eine Weile mit mir, und als sie müde waren, legten sie sich zum Schlafen um mich herum nieder.

Für mich war das eine neue Erkenntnis. Grundlagen hierfür sind die engen Bindungen. Die Jungwölfe schliefen nicht auf dem Waldboden, weil sie die Nähe zum älteren Wolf suchten, und dieser ältere Wolf – in diesem Falle ich – schlief in der Kiste. Von nun an war mir klar, daß ich jede Nacht bei den Wölfen verbringen würde. Es blieb mir auch keine andere Wahl.

Tagsüber mußte ich meinen Dienst bei der Bundeswehr verrichten, aber um den Kontakt zu vertiefen, wollte ich wenigstens nachts bei meinen Wölfen sein. Dieses Unterfangen wurde immer schwieriger, denn die Wölfe hatten inzwischen eine Größe erreicht, die das Zusammensein in der Kiste sehr problematisch werden ließ.

Obwohl sich die Wölfe draußen sattgefressen hatten, brachten die Ranghöheren aus reinem Imponiergehabe mir gegenüber Fleisch, Knochen und Gerippe vom Kalb mit in die Kiste. Dabei knurrten die Stärksten die Schwächeren an und drängten sie mit ihren Körpern ab, sobald sie nur in die Nähe kamen. Es war ein ständiges Geschiebe, Gedränge und Geknurre, was schließlich zu einer Massenkeilerei ausartete. Die Kämpfe wurden im Dunkeln auf engstem Raum und mit aller Verbissenheit schonungslos ausgetragen. Auch ich habe bei diesem Getümmel blaue Flecken davongetragen.

Das Zusammengepferchtsein auf engstem Raum löst bekanntlich nicht nur bei Tieren, sondern auch bei Menschen ein ähnlich aggressives Verhalten aus. Prof. Konrad Lorenz schreibt in einem seiner Bücher, daß es bei Ratten, wenn zu viele auf engem Raum leben, sogar zu Kannibalismus kommen kann. Diese Tatsache kann ich aufgrund meiner tierpflegerischen Tätigkeit in der Stuttgarter Wilhelma bestätigen, denn in jedem Zoo werden Ratten zur Fütterung von Schlangen gezüchtet.

Igor, der spätere Alpha-Wolf des Siebengestirns, bringt mir im Alter von vier Monaten Fleisch.

Die wesensstarken Wölfe drängten immer als erste hinter mir in die Kiste. Nach zwei Monaten wurden die Schwachen nicht mehr hineingelassen – sie mußten draußen schlafen. Die Rangordnung forderte ihren Tribut. Die Presse war an Fotos interessiert, die zeigen, wie junge Wölfe mit mir schlafen. Ich ließ mich überreden und schoß einige Aufnahmen, die bei den Journalisten Resonanz fanden; doch auf den Fotos waren zuerst nur einige Wölfe und meine Beine zu erkennen.

Daraufhin gab man mir eine automatische Kamera. Auch das fruchtete nicht. Wölfe haben einen sehr leichten Schlaf, die Ohren werden ständig gespitzt und herabgelassen. Als der Selbstauslöser zu summen begann, sprangen alle Wölfe aus der Kiste. Daraufhin habe ich das Fotografieren sofort eingestellt. Das Zusammenleben mit Wölfen in der Schlaf-

phase ist mir wichtiger als ein noch so schönes Foto für die Presse.

Obwohl ich die Problematik des Zusammenlebens in der Kiste erkannt hatte, schlief ich auch den Winter über darin, da ich die Bindung unbedingt beibehalten wollte. Vor der Bodenkälte war ich geschützt, denn die Kiste stand auf zwei 40 cm hohen Betonsockeln und war mit Stroh ausgelegt. Durch unsere Körperwärme hatten wir trotz erheblich kalter Nächte optimale Schlaftemperaturen.

Schon als Welpen und Jungwölfe spielten Igor und Tamara die dominierenden Rollen in diesem Rudel, in der Rangordnung gefolgt von Sascha, Anuschka, Micha, Starek und Puschkin. Beim Betreten des Geheges in meiner Eigenschaft als Oberwolf begrüßten mich die Wölfe ausgelassen in dieser Rangordnungsfolge. Nur Puschkin wurde grob am

Mund, empfing mich ständig mit offenem Fang; folglich trug ich des öfteren Schrammen an den Lippen davon. Eines Tages biß ich zurück, und siehe da, er begrüßte mich von dem Zeitpunkt an genauso wie seine Geschwister.

Am 10. Februar 1982 geschah folgendes: Sascha schlief auf mir ein. Nachts mußte ich mal raus. Um mich bemerkbar zu machen, stieß ich ihn an. Sofort knurrte er mich an und biß mir im gleichen Moment in die Stirn, und als ich mich blitzschnell umdrehte, in den Hinterkopf. Dann sprang er aus der Kiste, die ja nur einen schmalen Einstieg hat. Ich folgte ihm. Mit diesem Umstand hatte ich nicht gerechnet, mit seinen Reißzähnen hätte er auch meine Schlagader treffen können. Bis zu diesem Zeitpunkt hatte ich versucht, mich in das wölfische Leben hineinzuversetzen, aber nun konnte ich mir einen Vorwurf nicht ersparen: Du hast gegen die Art der Wölfe verstoßen!

Zugegeben, hätte ich zu diesem Zeitpunkt über Wölfe wenig gewußt, so wäre aus Unkenntnis mein hautnahes Leben mit ihnen beendet gewesen. Denn trotz meines Mutes zum Risiko kann ich sofort eine wirkliche Gefahr erkennen. Das ist mir auch häufig auf meinen Expeditionen so ergangen, wo in riskanten Situationen Ruhe und Besonnenheit gefordert sind. Sascha hatte mich erheblich an der Stirn verletzt, Blut lief mir über den Mund. Ich wischte es mit dem Taschentuch ab und kroch wieder in die Kiste. Sascha folgte mir. Zu meinem Erstaunen leckte er mir Mund und Gesicht, die immer noch blutig waren, ab.

Wenn ich nachts in der Kiste meine Taschenlampe anknipste, fiel mir auf, daß sich Wölfe während des Schlafens nicht gegenseitig stören. Wenn einer aus der Kiste wollte, stieg er über die Schlafenden hinweg. Auch gegenüber mir, ihrem Oberwolf, zeigten sie das gleiche Verhalten. Diesen Vorfall nahm ich zum Anlaß, keinen Wolf mehr auf mir einschlafen zu lassen, denn so etwas durfte sich

auf keinen Fall wiederholen. Eigentlich hätte ich dies wissen sollen, da schlafende Hunde in solch einem Fall genauso reagieren.

Bei zunehmendem Mond und bei Vollmond ändert sich das Verhalten der Wölfe. Fast könnte man sagen, die Nacht wird für sie zum Tag. Von einigen Ruhepausen abgesehen, laufen sie unruhig im Gehege herum – im Gegensatz zu ihrer sonstigen Gewohnheit, bis zum frühen Morgen durchzuschlafen. Mir blieb nichts anderes übrig, als mich ihnen während dieser Mondphasen anzupassen. Natürlich konnte ich nicht die ganze Nacht im Gehege zubringen, da ich ja nachts auch meine Ruhe benötige; die Wölfe gleichen das in dieser Zeit durch vermehrten Schlaf am Tage aus.

Ich mußte an Parallelen zum Menschen denken. Auf meinen Expeditionen habe ich in Vollmondnächten ungewöhnliche Aktivitäten bei den Eingeborenen beobachtet: Rituelle Kämpfe, Geisteraustreibung der Medizinmänner. In Ecuador, nahe der peruanischen Grenze, habe ich bei den Jivaro-Indianern zugesehen, wie sich ein Medizinmann über den am Boden liegenden nackten Körper eines Eingeborenen beugte, an ihm sukkelte, um wahrscheinlich eine Krankheit aus ihm auszusaugen; dabei standen die anderen Stammesangehörigen wie in Trance ringsumher.

Naturvölker erleben die Einflüsse des Mondes intensiver. Das ist heute nicht anders als vor 12.000 Jahren, als ihn Steinzeitmenschen auf eine Höhlenwand malten. Als sichelförmiges Zeichen auf dem Kopf eines Mannes, der von Tieren umgeben war, stand der Mond als Sinnbild der Fruchtbarkeit. Bis heute hat der Mond in allen Kulturkreisen der Erde seine magische Bedeutung behalten.

Meine Frau, die ja mit mir das Rudel aufgezogen hatte und sich täglich für einige Zeit unter den Wölfen aufhielt, überredete ich, eine Nacht mit uns in der Kiste zu verbringen. Sie kroch hinter mir in das Nachtlager. Kaum hatte sie sich hingelegt, kamen die Wölfe nacheinander zu ihr, zerrten an ihren Haaren und versuchten, das mitgebrachte kleine Kopfkissen zu zerreißen. Ich schlief bald ein, aber Erika redete mit den Wölfen, und wie sie mir am nächsten Morgen erzählte, hatte sie kaum ein Auge zugemacht, weil sie die ganze Nacht über damit beschäftigt gewesen war, das Kopfkissen zu verteidigen. Jedenfalls mußte sie gegen Morgen doch etwas eingeschlafen sein, denn als sie wach wurde, war natürlich das Kopfkissen weg. Sie sagte mir, daß sie diesen nächtlichen Zirkus nicht wieder mitmachen werde; außerdem war ihr unser Lager zu hart.

Welche Rolle spielt nun meine Frau Erika bei den einzelnen Wolfsrudeln? Alle Wölfe wurden von ihr mit großgezogen, besonders im Welpenalter war sie ihnen sehr zugetan. Während meiner Abwesenheit hat sie die Tiere auch mit Fleisch versorgt, und so hat sich im Laufe der Zeit ein Abhängigkeitsverhältnis ergeben: Futter bringen = Futterwölfin. Während der Aggressionsphase aber geht Erika aus berechtigten Gründen nicht ins Gehege, somit erübrigt sich ein Eingreifen ins Rudelgeschehen.

Am 6. Mai morgens gegen 5 Uhr wufften die außerhalb der Kiste liegenden Wölfe. Diejenigen, die mit mir in der Kiste lagen, verließen sofort die Behausung – ich setzte schleunigst hinterher. Irgendetwas stimmte nicht. Dann entdeckte ich am Zaun des Geheges einen Bekannten, der einen Hühnerhof bewirtschaftete und dem über Nacht der Strom ausgefallen war. Dadurch waren 2000 Hühner erstickt. Er fragte mich, ob ich die Hühner für meine Wölfe haben wolle. Wie sagt der Volksmund: „Was dem einen sin Uhl, ist dem andern sin Nachtigall." Die Hühner kamen mir natürlich wie gerufen, einen Teil verfütterte ich sofort, die restlichen legte ich in die Gefriertruhen.

Bei Gefahr und Erschrecken gegenüber Menschen, z. B. wenn Jogger durch den Wald laufen oder in der ersten Zeit, wenn Besucher ans Gehege kamen, wufften die Wölfe. Bei Nahen von Wildtieren wie Rehen, Wildschweinen, Füchsen habe ich dieses Wuffen nie gehört. Beim Vorbeilaufen von Wildtieren verharren sie in Lauerstellung. Nachts erwachen sie, sobald sie diese wahrnehmen. Als Jäger reagiert der Wolf so, indem er instinktiv den Kopf emporreckt, die Ohren spitzt und in die betreffende Richtung späht.

Im Mai 1983 ging ein Gewitter mit Blitz, Donner und von Sturm begleitet über dem Kammerforst nieder. Die Wölfe liefen unruhig hin und her. Als die Sirenen der Feuerwehr ertönten, begannen die Wölfe zu heulen. Ein Blitz schlug unmittelbar am Gehege ein. Es krachte, als sei eine Granate eingeschlagen. Die Wölfe sprangen Hals über Kopf zu mir in die Kiste; auch die rangniederen. Die Rangordnung war aufgelöst. Sie drängten ihre Körper an mich, um bei ihrem Oberwolf Schutz zu suchen. So verängstigt und hilfesuchend habe ich meine Kameraden noch nie erlebt.

Da die Nächte im Mai wärmer wurden, ließ ich mir eine Holzpritsche aus zwei Gabelstaplerpaletten zimmern und schlief darauf mitten im Gehege unter freiem Himmel. Zwischen Pritsche und dem Erdboden bildete sich ein Luftpolster, wodurch die Bodenkälte meinem Körper nichts anhaben konnte. Das Lager war noch härter, weil die Wölfe das auf die Pritsche gelegte Reisig immer wieder herunterzerrten. Die in der Rangordnung direkt unter mir stehenden Wölfe legten sich ganz in meiner Nähe auf dem Waldboden, die rangniederen lagen etwas weiter weg.

Igor lag oft bei mir auf der Pritsche. Artgemäß suchen oder graben sich Wölfe eine Mulde und schlafen in dieser halb zusammengerollt. Im Winter dreht sich der Wolf, ehe er sich hinlegt, lange im Kreise, bis er den Schnee so fest gedrückt hat, daß sich daraus eine Mulde bildet. Die Nasenkuppe, ein empfindliches Organ, bedeckt er mit seiner Rute.

Schnarchende Wölfe: Es gibt sie tatsächlich. Bei allen von mir großgezogenen Wölfen

Gemeinsamer Mittagsschlaf.

habe ich dieses Gebaren nur bei Puschkin und Starek bemerkt, eben aufgrund des nächtlichen Zusammenseins in der Kiste. Es widerspricht dem natürlichen Verhalten; aber auch in der Tierwelt gilt das Prinzip: keine Regel ohne Ausnahme.

Als ich eines Tages im Sommer ins Gehege kam, sprang das Rudel an mir hoch, dabei biß mir Starek in den Rücken. Blitzschnell reagierte ich auf diesen schmerzhaften Biß und trat Starek mit meinem Stiefel gegen die Rippen. Dadurch erschreckt, entfernte er sich mit hängender Rute vom Rudel. Diesen Vorgang hatte ich falsch beurteilt, denn Starek wollte sich mir nur auf seine Art ankündigen. Geschlagene zwei Stunden habe ich bei dem Rudel in strömendem Regen zubringen müssen, ehe Starek wieder zurückfand. Ein wesensstarker Wolf hätte engen Kontakt zu mir nicht so schnell wieder aufgenommen; er wäre mißtrauisch geblieben. Hinterher wurde mir bewußt, daß ich wieder mal gegen die Art der Wölfe verstoßen hatte. Inzwischen habe

ich mich daran gewöhnt, daß mich Wölfe wie ihresgleichen behandeln.

Wölfe sind sehr sensibel, und eine Grobheit zu einem der Tiere im falschen Moment kann meine enge Bindung mit diesem für immer beenden. Wenn sie untereinander grob werden und sich mit lautem Geknurre verbeißen, gehe ich dazwischen und verteile Fußtritte. Sofort zeigen sie Untertänigkeit. Bisher wurde ich von keinem Wolf in dieser Aggressionsphase angegriffen.

Bei oberen Rangkämpfen sind sie rücksichtslos, und ihre Wutanfälle vergleiche ich oft mit einem ausbrechenden Vulkan. In all ihren Verhaltensweisen erkennen sie mich als ihren Oberwolf an. Die Angriffe beginnen oft aus völliger Ruhe heraus, scheinbar ohne jegliche Vorankündigung, die Spannung spüre ich jedoch im voraus. Auch für mich gilt dann das sekundenschnelle Umstellen vom ruhigen Wolf zum rücksichtslosen Kampfwolf.

Wölfe sind gute Schwimmer und baden gerne. Im Gehege steht ein Wasserbecken von

Im Spiel stellen sich befreundete Wölfe auf die Hinterläufe. Igor und Natascha zu Beginn der Ranzzeit.

4 m × 3 m Größe, von dem sie im Sommer, aber auch im Winter regen Gebrauch machen. Sobald ich ins Wasserbecken gehe, springen sie mir nach. Des öfteren werfen sie Fleisch hinein und holen die Brocken mit den Pfoten wieder heraus. Anuschka hat als einzige die Fähigkeit, mit dem Kopf unterzutauchen und die Fleischbrocken mit dem Fang nach oben zu bringen. Die beiden Suhlen werden häufig benutzt, allein für den Fellwechsel eine natürliche Gegebenheit.

Ohne mein „wölfisches Leben" würde sich eine Kommunikation nie und nimmer ergeben. Beim Betreten des Geheges läuft Igor auf mich zu, springt mir an den Hals und leckt meinen Mund. Zur gleichen Zeit setzt er mit dem Heulen ein. Die anderen Wölfe bleiben dann wie angewurzelt stehen. Nicht immer stimmen sie mit ein. Diese Eigenart, mit mir alleine zu heulen, habe ich nur bei Igor erlebt. Dies geschieht in letzter Zeit häufiger. Ein sonderbares Imponiergehabe, was sich tierpsychologisch schwer einordnen läßt.

Starek, der Körperstärkste im Rudel, spielte eine besondere Rolle. Allerdings wurde er von keinem seiner Artgenossen sonderlich beachtet und ist schon gar nicht als Konkurrent von Igor zu sehen. Am Begrüßungsplatz, einem alten Baumstamm, heißt mich Igor nach alter Wolfsmanier am Mund willkommen. Zur gleichen Zeit hängt häufig auch Starek an mir, doch Igor läßt dann kein Knurren vernehmen. Im Rudel genießt Starek eine Art Narrenfreiheit. Wenn alle Wölfe mich begrüßt haben und jeder wieder seines Weges geht, bleibt Starek noch manchmal bei mir am Baumstamm, wobei er seinen Kopf auf meinen Schoß legt.

Bis Anfang Dezember 1982 konnte sich Tamara als Wölfin Nr. 1 im Rudel behaupten. Ihre Schwester Anuschka, die an zweiter Position rangierte, hielt sich zurück, ließ aber ihre Schwester nicht aus den Augen. Plötzlich und für mich unerwartet versuchte Anuschka, Tamara durch Anknurren und Wegdrücken abzudrängen, was ihr aber nicht gelang. Wutentbrannt stürzte sich Tamara auf Anuschka und erhielt sofortige Unterstützung vom ganzen Rudel. Durch mein konsequentes Dazwischentreten erreichte ich, daß Anuschka mit kleineren Bißwunden aus dem Rangkampf hervorging. Anuschka war jetzt ins Abseits gedrängt, und es hatte den Anschein, als müßte sie in dieser Position verbleiben.

Mitte Januar 1983 ereignete sich ein folgenschwerer Zwischenfall, mit dem ich nicht gerechnet hatte. Die Wölfe begrüßten mich der Rangordnung nach, als letzte Anuschka, die sich abseits vom Rudel hielt. Plötzlich, wie aus der Pistole geschossen, griff Anuschka mit aller Verbissenheit Tamara an, mit der Absicht, den Tötungsbiß, der allen Wölfen charakteristisch ist, anzubringen, indem die Kehle durchbissen wird. Das Ansetzen zum Tötungsbiß bei ihrer Schwester verblüffte mich. Dieses Vorgehen hatte ich zuvor nur beim Reißen von Beutetieren beobachtet. Sofort war ich zwischen den Wölfen, trat auf Anuschka und die anderen Wölfe ein, die auf Tamara ansetzten. Von einem Augenblick zum anderen wechselten die Wölfe auf die Seite

Innige Begrüßung beim täglichen Zusammentreffen mit dem Rudel des Siebengestirns.

von Anuschka, die auf ihre Chance gewartet und sie wahrgenommen hatte und somit Alpha-Wölfin im Rudel wurde.

Anuschka besitzt ein ausgeprägtes Selbstbewußtsein, verbunden mit einer hervorragenden Beobachtungsgabe. Diese Gelegenheit hatte sie lange gesucht und Schwächeperioden ihrer Schwester Tamara zum eigenen Vorteil genutzt. Im großen und ganzen sind Wölfe und Wölfinnen, die im Welpen- und Jungwolf-Alter dominieren, auch später an der Spitze des Rudels zu finden. Diese Rangpositionen werden von ihnen mit aller Entschlossenheit verteidigt. Anuschka gehörte zu den Ausnahmen.

Bei den oberen Rangkämpfen schlägt sich das Rudel auf die Seite des Angreifers. Innerhalb von sechs Wochen ereignete sich dieser Vorgang zweimal im Rudel Siebengestirn. Anuschka ist bis heute die Nr. 1 im Rudel geblieben.

Als Alpha-Wölfin ließ sie Tamara nicht mehr zum Rudel kommen, diktierte ihr durch Markierung einen Bezirk im Gehege zu, den sie nicht verlassen durfte. Versuchte sie es dennoch, wurde sie von Anuschka zurückgedrängt. Dieses Reglement wurde nur dann aufgehoben, wenn ich als Oberwolf dem Rudel Fleisch brachte und mich bei ihnen aufhielt. Während dieser Zeit war sie „geduldet". Das ist bis heute so geblieben, jedoch in etwas lockerer Form, denn Anuschka sieht in Tamara keine Konkurrenz mehr.

Die anderen Wölfe kümmerten sich nicht mehr um Tamara, ließen sie links liegen. An die Wasserstelle wurde sie von Anuschka auch nicht mehr gelassen, so daß ich ihr einen Extrawassertrog hinstellen mußte. Das hatte zur Folge, daß Anuschka Tamara ins Wasser urinierte. So war ich gezwungen, ihr täglich Wasser im Eimer zu bringen.

Dies ist in freier Natur anders; denn ein vom Rudel abgebissener Wolf kommt nicht mehr in diese Gemeinschaft zurück und hält sich auch nicht in der Nähe auf. Es gibt für ihn drei Möglichkeiten:

1. Er trifft auf einen Wolf oder eine Wölfin – ein neues Rudel wird gegründet.

2. Es gibt genügend kleine Beutetiere, die er alleine erbeuten kann.

3. Er muß verhungern, da er nicht alleine größere Beutetiere jagen kann.

Mein Einschreiten als Oberwolf für den Schwächeren verstößt eigentlich gegen die Art der Wölfe, wird aber von ihnen aufgrund meiner Rangstellung akzeptiert. Einzeln auftretende Wölfe, die in den letzten Jahrzehnten in der Bundesrepublik geschossen wurden, sind ursprünglich keine Einzeljäger gewesen, wie immer wieder behauptet wird, sondern von einem Rudel abgebissene Wölfe, die aus Osteuropa kommen.

Im Februar 1983 zog ich einer Kragenbärin, die im Merziger Tiergehege an einer Krankheit verstarb, das Fell ab. Anschließend fuhr ich nach Hause, duschte mich, wechselte meinen Anzug und Schuhe, behielt aber das Innenfutter der einteiligen Kombination an. Abends betrat ich das Gehege, um mein nächtliches Lager bei den Wölfen einzunehmen. Die Wölfe rochen an mir, zeigten Unruhe und wichen mir aus.

In dieser Nacht kamen die Wölfe auch nicht zu mir in die Kiste. Am nächsten Tag wurde mir mein fehlerhaftes Verhalten bewußt. Kaum erkennbare Blutspritzer, die sich am Innenfutter der Kombination befanden, brachten die Wölfe auf Distanz, und das, obwohl sie noch nie in ihrem Leben einen Bären gesehen, geschweige von ihm Wittrung aufgenommen hatten.

In der freien Natur leben Wölfe und Bären nebeneinander. Es kann schon vorkommen, daß Bären eine Wolfshöhle aufgraben und die Welpen fressen, wenn die Wölfin auf Futtersuche ist. Es passiert auch umgekehrt, daß Wölfe einen jungen Bären reißen. Beide Handlungsweisen dürften allerdings selten sein. Obwohl sie häufig Nahrungskonkurrenten sind (zum Beispiel am Luder eines Elches oder eines gerissenen anderen Beutetieres) gehen sie sich doch zumeist aus dem Weg.

Diese Abneigung zwischen Wolf und Bär hatte ich früher schon erlebt, als wir zu gleicher Zeit eine russische Braunbärin und unseren ersten Wolf aus Jugoslawien hielten, der vor kurzem im Alter von 14½ Jahren gestor-

Das Siebengestirn in winterlicher Stimmung.

Im Schnee balgen sich Wölfe besonders gern.

ben ist (Wölfe haben übrigens die gleiche Lebenserwartung wie Hunde). Mit der Bärin hatte ich eine gute Beziehung, bis wir den Wolf bekamen. Die Bärin schlug nach mir, und der Wolf ging auf Abstand, als er ein halbes Jahr alt war und wendete sich nur noch meiner Frau zu. So hatte ich die Bärin und Erika den Wolf. Damals wußte ich noch nicht, daß schon der geringste fremde Geruch an der Kleidung eine so große Rolle spielt.

Ende März 1983 begrüßte mich Igor in seiner Eigenschaft als Alpha-Wolf. Sobald Sascha hinzukam, knurrten sie beide, fletschten die Zähne und versuchten, sich gegenseitig wegzudrücken. Das wiederholte sich mehrmals. Bei Igor war eine Unsicherheit festzustellen, er traute sich nicht mehr, alleine mit mir zu heulen. Zudem liefen die anderen Wölfe nicht ihm, sondern Sascha hinterher.

Am 2. April 1983 betrat ich das Gehege. Anstelle von Igor lief Sascha auf mich zu, sprang mich an und begrüßte mich mit seiner Schnauze. Im gleichen Augenblick, so schnell konnte ich gar nicht reagieren, griff Sascha Igor mit aller Verbissenheit und sofortiger Unterstützung des ganzen Rudels an. Durch mein grobes „Dazwischentreten" ließen die Wölfe von Igor ab. Von den Spuren des Kampfes sichtbar gezeichnet, flüchtete er zur Wasserstelle, die sich am anderen Ende des Geheges befindet. Anuschka, bisherige Partnerin von Igor, wechselte zu Sascha, dem jetzigen Alpha-Wolf. Ein Wolfsgesetz: Die Alpha-Wölfin akzeptiert nur den ranghöchsten Wolf im Rudel.

Der für mich lebenswichtigste Wolf ist immer der, der direkt unter mir steht, also der Ranghöchste im Rudel. Mit ihm muß ich notgedrungen den engsten Kontakt halten und festigen, um nicht das ganze Gefüge durcheinanderzubringen. Denn nur er kann mir im Falle einer Ablösung gefährlich werden, nämlich durch das Einleiten eines Angriffes auf mich. Meine Langzeitbeobachtungen haben gezeigt, daß für das Sozialverhalten in meinen Rudeln uneingeschränkt der Oberwolf

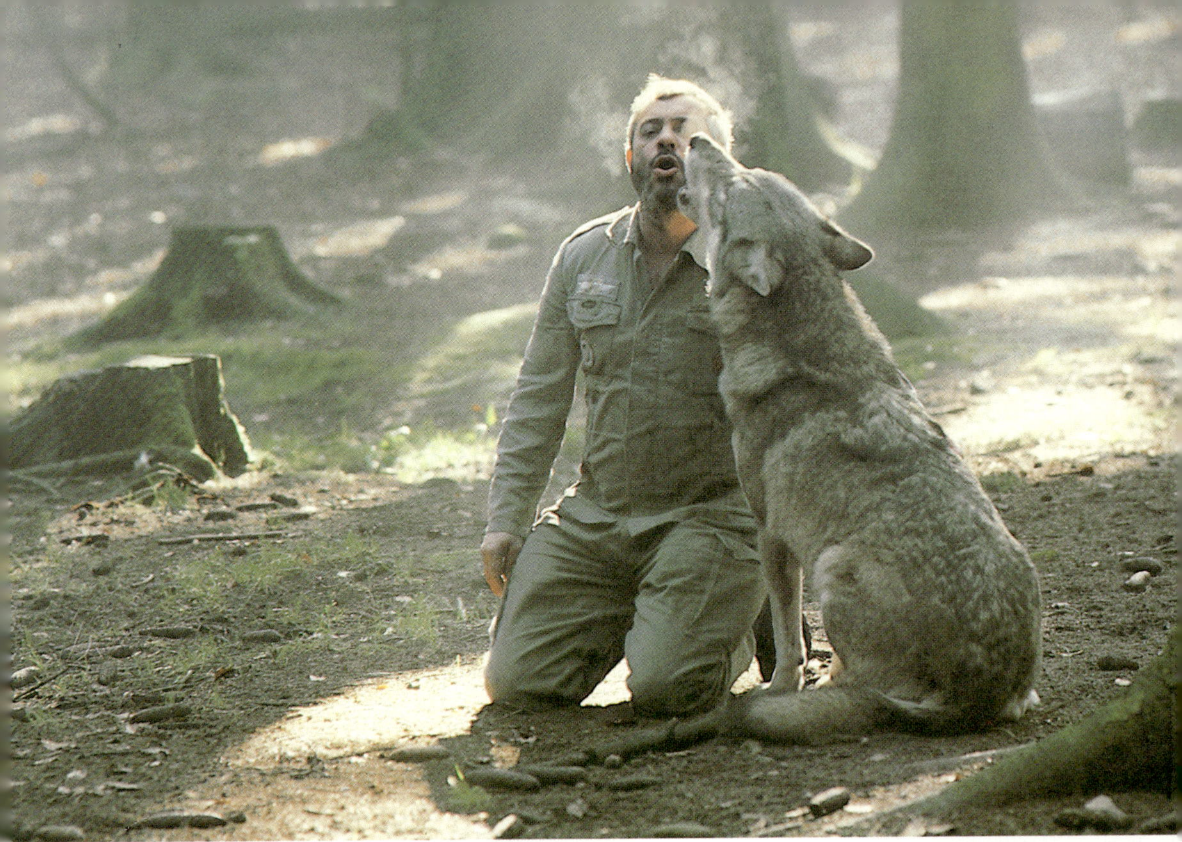

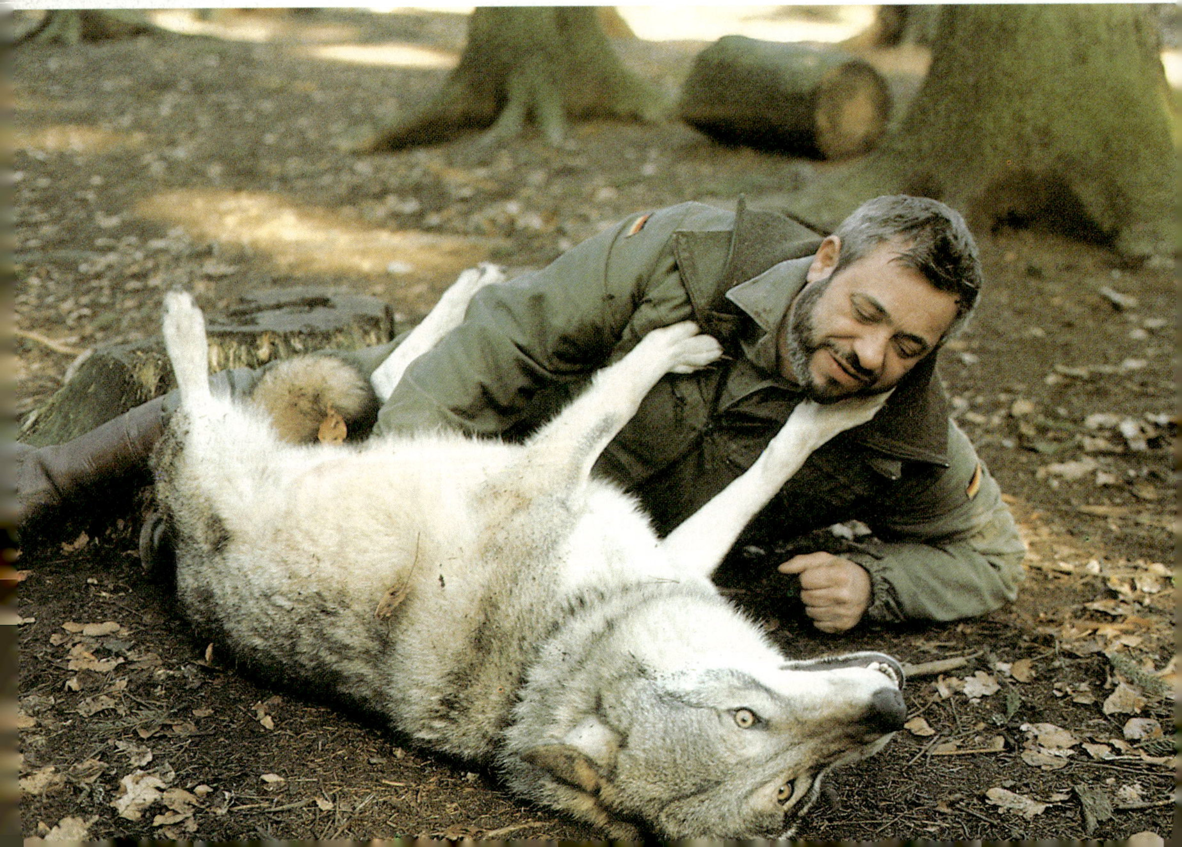

und nach ihm der Alpha-Wolf maßgeblich ist.

Sascha kümmerte sich überhaupt nicht mehr um Igor. Er würdigte ihn keines Blikkes. Trotzdem versuchte sich Igor dem Rudel wieder anzuschließen, doch Micha vereitelte alle Annäherungsversuche. Bei aller Sensibilität sind Wölfe rücksichtslos, wenn um die obere Rangordnung gekämpft wird. Deshalb überlasse ich dies den Wölfen und schreite nur ein, wenn es bei den oft brutal geführten Kämpfen Verletzungen größeren Ausmaßes zu verhindern gilt.

Sascha wurde vollkommen seiner Führungsrolle gerecht. Eines Tages bekam ich nach der Fütterung von einem Förster einen vom Auto überfahrenen Hasen, den ich gleich ins Gehege warf. Sascha packte ihn und vollzog das, was früher auch bei Igor zu beobachten war. Er lief mit dem Hasen im Fang zwei Runden durchs Gehege, kam dann zu mir und zeigte seine Beute – als Imponiergeste dem Stärkeren gegenüber. Die jetzige Rangordnung im Rudel: Sascha, Anuschka, Micha, Puschkin, Tamara, Starek und Igor.

Sascha und Anuschka sprangen mich immer mit vollem Elan an, daher mußte ich aufpassen, daß Augen und Zähne nicht verletzt wurden. Doch ohne Schrammen, die sie mir in der Begrüßungsphase zufügten, kam ich nicht davon. Neben Starek spielte auch Puschkin eine untergeordnete Rolle im Rudel. Er litt sehr darunter, daß Micha ihn nicht

Oben: Mit kraftvollem Sprung begrüßt Alpha-Wolf Igor den Oberwolf in der Nacht.
Unten: Auf den Ansturm meiner Wölfe muß ich auch in der Dunkelheit vorbereitet sein. Natascha bei ihrer stürmischen Begrüßung.

Seite 48: Igor, der siebenjährige Alpha-Wolf des Siebengestirns. Er ist mein Lehrmeister.

in die „obere Etage" aufsteigen ließ. Kleinere Auseinandersetzungen zwischen ihnen fanden täglich statt.

Im Februar 1984 hatten wir über dem Kammerforst einen starken Windbruch zu verzeichnen, bei dem zwei Bäume auf den Zaun fielen. Durch den Aufprall wurde der Zaun heruntergerissen, über den die Wölfe ohne weiteres hätten entkommen können. Von einem Waldarbeiter verständigt, eilten meine Frau und ich zum Gehege. Wir stellten fest, daß die Wölfe um die Bruchstelle schlichen, aber im umzäunten Terrain blieben.

Um von dieser Gefahrenstelle abzulenken, schleppte ich ein totes Reh ins Gehege, das sie aufrissen, um es zu fressen. Die auf dem Zaun liegenden Bäume mußten durchgesägt werden, wobei sich auch ein Arbeiter fünf Meter ins Gehege begab. Ich selbst legte mit Hand an, daher hatte ich für einige Augenblicke die Wölfe aus den Augen verloren. Meine Frau, die sich am niedergerissenen Zaun postiert hatte, rief plötzlich: „Die Wölfe kommen!"

Da sah ich auch schon, daß sich das Rudel auf die Einbruchsstelle zubewegte. So schnell ich konnte, lief ich auf Sascha zu. Ein Rudel greift erst an, wenn der Ranghöchste sein Zeichen gibt und zur Attacke übergeht. Der Arbeiter hatte unmißverständlich den kurz bevorstehenden Angriff der Wölfe auf ihn erkannt und flüchtete über den Zaun. Die Wölfe beruhigten sich erst wieder, als er ihr Revier verlassen hatte. Der Rest des Sturmschadens konnte von außen behoben werden.

Stets zur gleichen Zeit versuchten Sascha und Micha mich zu begrüßen. Dabei knurrte Sascha Micha an, der wiederum zurückknurrte. Von einem Augenblick zum anderen setzte Sascha zum Angriff auf Micha an, und in der Folge biß das Rudel auf Micha ein. Darauf hielt sich Micha drei Tage abseits vom Rudel. Puschkin nahm diese Chance wahr und setzte sich an die Stelle von Micha, die er bis zum Tode von Sascha beibehielt.

Am 3. Mai 1984 betrat ich gegen Abend das Gehege. Wie immer sprang das ganze Rudel auf mich zu, außer Sascha, der torkelnd auf den Hinterläufen einknickend, sich mühevoll bewegte. Er ließ mich zu sich. Die anderen Wölfe knurrte er an, sobald sie in seine Nähe kamen. Sascha hatte ständig Durst, deshalb gab ich ihm aus dem Wassereimer zu trinken. Zur weiteren Beobachtung blieb ich die ganze Nacht bei ihm, da ich dem Tierarzt, der am nächsten Morgen kommen sollte, ein möglichst genaues Krankheitsbild vermitteln wollte. Bereits am nächsten Morgen verstarb Sascha, und sechs Wochen nach seinem Tod starb Starek an den gleichen Symptomen. Die Tiere ließ ich im veterinärmedizinischen Institut sezieren, da die Vermutung bestand, daß beide Wölfe vergiftet wurden. Der Obduktionsbefund ergab aber dafür keine Anhaltspunkte.

Zwischen mir und den Wölfen besteht eine enge Beziehung, und daher ist es für mich immer schmerzlich, wenn einer von ihnen stirbt. Erika, der ich von den nächtlichen Ereignissen berichtete und somit auch vom Tod von Sascha, war genauso bestürzt wie ich. Schließlich hatte sie alle Wölfe mit großgezogen und war mit ihnen vertraut. Ich sagte ihr auch, daß meines Erachtens Igor in kürzester Zeit die Leitposition des Rudels wieder übernehmen würde oder Anuschka, die „Schlaue". Micha und Puschkin seien zu wesensschwach und deshalb dazu nicht in der Lage.

Eine oft vertretene Ansicht, daß Wölfe Fleisch ihrer toten Artgenossen fressen oder sich sogar auf einen Sterbenden stürzen, habe ich in all den Jahren meines Zusammenseins mit ihnen nicht bestätigen können. Ein kranker Wolf wird alleingelassen, an ihm wird lediglich geschnuppert und dann Abstand genommen. Sobald ich Sascha aus dem Gehege trug, folgten sie mir bis zum Ausgang.

Unruhe herrschte unter den restlichen Fünf des ehemaligen Siebengestirns. Igor versuchte mit allen Mitteln, wieder im Rudel aufgenommen zu werden. Seine Versuche wurden durch Micha zurückgewiesen, ohne daß er von den Rudelangehörigen Unterstützung bekam. Doch nach zwei Tagen setzte sich Igor gegenüber Micha durch, wobei sich das Rudel endlich auf seine Seite schlug. Micha nahm jetzt in der Rangordnung einen untergeordneten Platz ein. Puschkin setzte sich vor Micha. Erst im Spätherbst 1984 dominierte Micha wieder über Puschkin und nahm wieder seinen alten Rang ein.

Die Rangkämpfe bei den rangniedrigen Wölfen werden – von der Position her gesehen – unter sich ausgetragen. Nur selten kam es vor, daß das ganze Rudel sich an solchen Auseinandersetzungen beteiligte; wenn, dann aber nicht heftig, im Gegensatz zu den mit aller Härte und Verbissenheit geführten Auseinandersetzungen um die Position des Alpha-Wolfes.

Weihnachten 1984. An diesem Wintertag fanden sich viele Besucher am Wolfsfreigehege ein. Ich mußte mal austreten und stellte mich hinter die Kiste. Igor kam hinzu, hob sein Bein und überpinkelte die Urinstelle am Boden. Sofort wurde mir mein Fehlverhalten bewußt. Von diesem Moment an lief Igor mir täglich nach. Für meine Wölfe bin ich zwar Futter- und Oberwolf. Mit meinem Verhalten hatte ich jedoch versehentlich auf ihre Arterhaltung Anspruch genommen und somit den Protest von Igor heraufbeschworen. Jetzt versuchte er in der Vorranzzeit, das Rudel auf seine Seite zu ziehen, was ihm letztlich auch gelang. Es passierte folgendes:

Am 28. Februar, mit Beginn der Paarungszeit, sprang Igor zur Begrüßung an mir hoch. Ich begann zu heulen, und er stimmte für einige Augenblicke in das Geheule mit ein. Doch ohne Übergang knurrte er mich im nächsten Moment an. Daraufhin stieß ich ihn grob mit dem Arm weg, er stutzte, zuckte merklich zusammen und ließ eine verhaltene Wut erkennen. Das war der Beginn des Abdrückens und späteren Abbeißens. Dann lief er einen gro-

ßen Bogen um mich herum – das Rudel folgte ihm geschlossen nach.

Die Ablösung von Igor durch Sascha stand mir vor Augen. Ich lerne aus dem Verhalten der Wölfe und nicht umgekehrt. Und somit konnte ich erahnen, was mir bevorstand. Aus diesem Grund ließ ich Igor nicht aus den Augen. An der Wasserstelle verrichtete ich kleinere Arbeiten. Da sah ich, wie Igor, gefolgt vom ganzen Rudel, wutentbrannt auf mich zukam – mit weitgestellten Pupillen, gespitzten Ohren, gesträubten Rückenhaaren, die Rute in Angriffshaltung. Attacke!

Für mich gab es kein Zurück, nur ein Vorwärts. Auf knapp einen Meter ließ ich ihn an mich herankommen. Das Rudel lauerte in Angriffshaltung hinter ihm. Ich schaute ihn fest an, und als er unter Knurren zum Sprung ansetzte, trat ich ihn mit voller Wucht unter den Fang. Igor war sichtlich verblüfft. Das Rudel schlug sich wieder auf meine Seite. Ich hatte mich ihm gegenüber durchgesetzt.

Gemeinsames Heulen mit Igor bei der Begrüßungszeremonie im Siebengestirn.

Von nun an begrüßte mich zuerst Anuschka, die bis Ende März die Stelle von Igor einnahm. Im Moment der Auseinandersetzung war nicht erkennbar, wie es um meine Position als Oberwolf im Rudel bestellt war. Als Alternative blieb mir auch gar nichts anderes übrig, als den von Igor eingeleiteten Angriff in letzter Sekunde für mich zu entscheiden.

Die Ära meiner Wolfsforschung wäre zu Ende gewesen, wenn mich Igor mit dem gesamten Rudel angegriffen und abgebissen hätte. In dem Rudel war aber kein wesensstarker Wolf vorhanden, der die Position von Igor übernehmen konnte. Während der Ranzzeit hielt sich Igor am Rande des Rudels auf. Aber nach der Ranzzeit suchte er meine Nähe. Wollte er wieder seinen Rang einnehmen? Am 13. April 1983 – dieser Tag bleibt

Seite 53: Am Beutetier gibt es nur das Recht des Stärkeren. Diese Position wird durch unmißverständliche Gesten und lautes Geknurre den Konkurrenten sehr deutlich mitgeteilt.

mir unvergessen – kam Igor, als ich inmitten des Rudels kniete, bis auf drei Meter Entfernung an mich heran. Seit dem Rangkampf bestanden zwischen uns Spannungen. Als ich ihm voll in die Augen schaute, begann er zu knurren. Dadurch hatte ich eine Aggression ausgelöst.

Einen Tag später kam er auf die gleiche Entfernung an mich heran, diesmal schaute ich an ihm vorbei. Mit vertrauter Stimme sprach ich ihn an: „Igor, mein Junge." Siehe

Ein Wolf, ein Mensch – diese Szene spricht für sich.

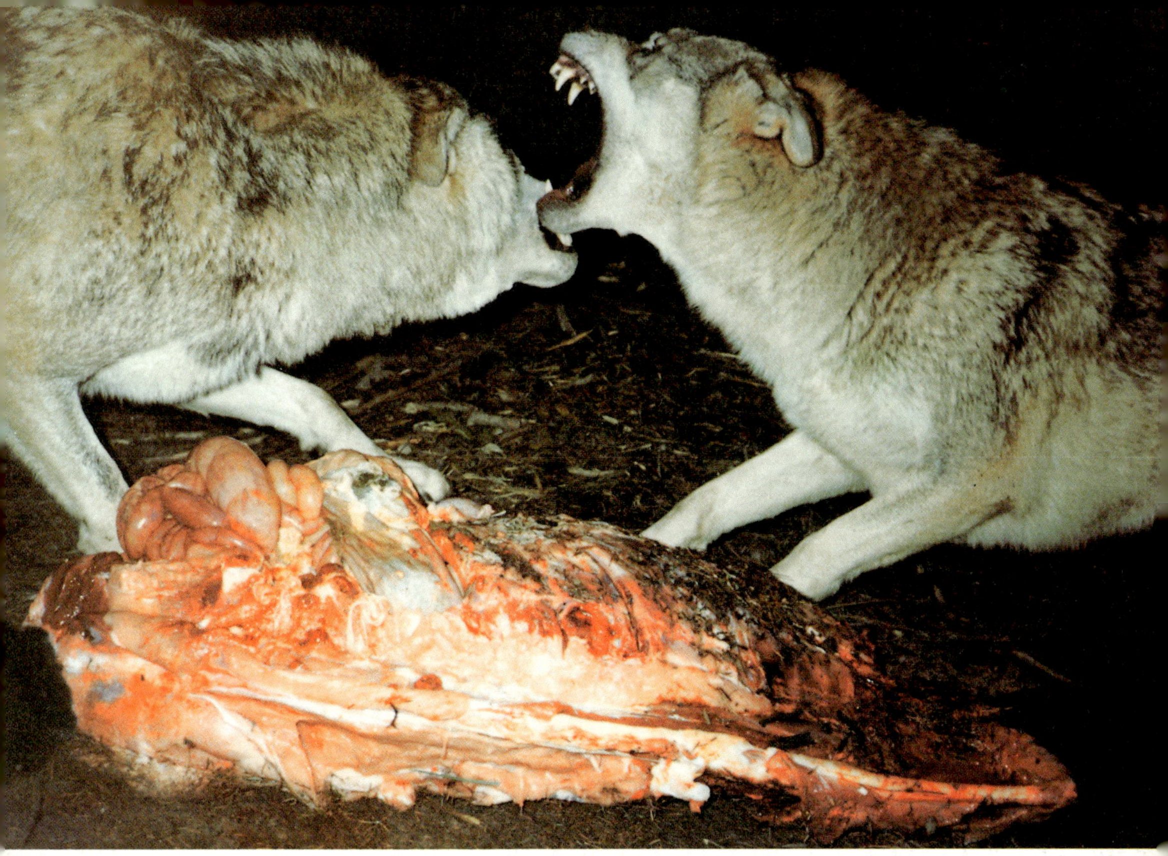

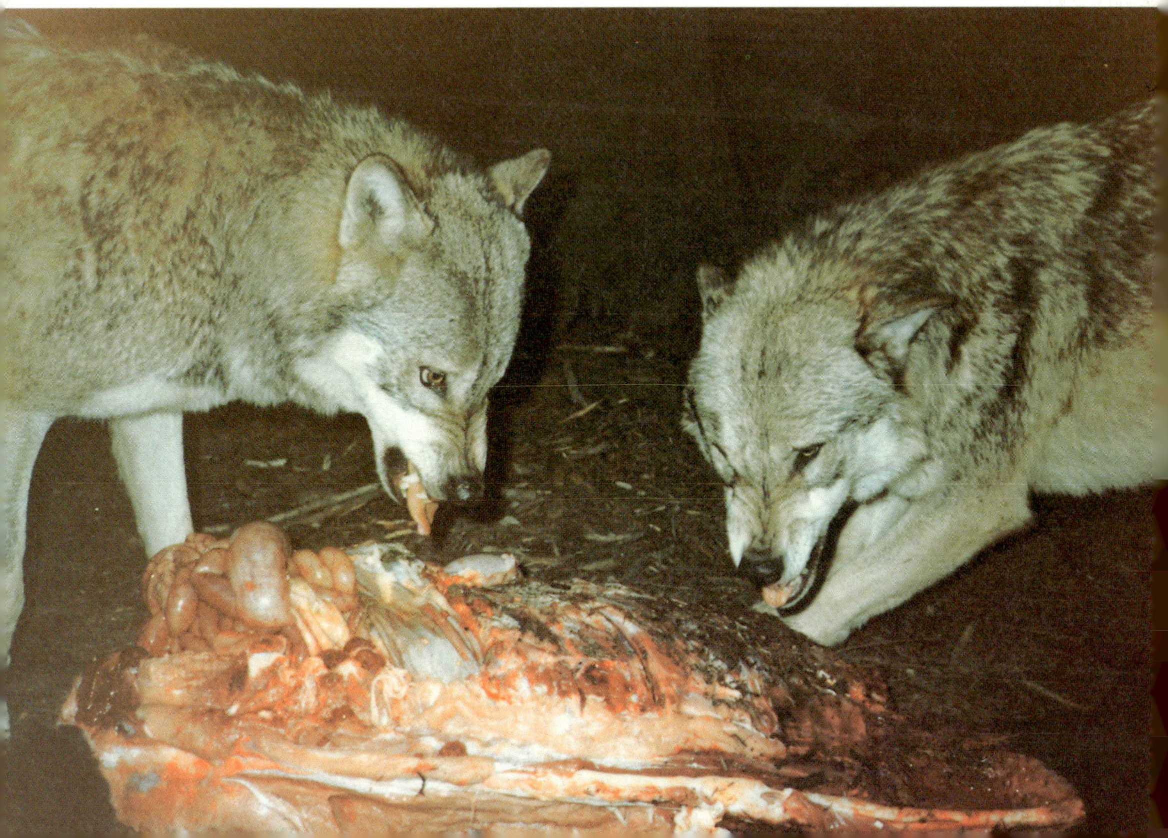

da, er kam auf mich zu, sprang mich an und legte seine Läufe auf meine Schultern. Im gleichen Augenblick begann ich zu heulen, Igor folgte mit seinem Heulen, und das gesamte Rudel stimmte mit ein. Zugegeben, diese Begegnung mit Igor kostete mich Nerven. Ein sonderbares Gefühl stieg in mir hoch. Der Gegner von gestern, jetzt ein untertäniger Freund von heute. Jedenfalls war die alte Ordnung wieder hergestellt.

Diese Verbindung blieb bis Dezember 1985 bestehen. Dann verfolgte mich Igor wieder und behielt mich ständig im Auge. Ich konnte mich des Eindrucks nicht erwehren, daß er darauf lauerte, eine Urinstelle von mir zu überdecken. Doch dieser Fehler konnte mir nur einmal passieren.

Später knurrte er mich wieder an, und je näher der Höhepunkt der Ranzzeit im Februar rückte, desto heftiger wurde sein Geknurre, verbunden mit aggressivem Verhalten. Das Rudel stand aber noch immer auf meiner Seite. Anuschka wechselte zwischen Igor und mir. Nach wie vor sprang sie mir auf die Schultern. Sowie ich das Gehege betrat, war Igor stets in meiner Nähe. Ich schenkte ihm keine Beachtung.

Aufgrund meiner Langzeitbeobachtungen ist mir klar geworden, daß ein oberer Wolf gegenüber dem, der unter ihm steht, arrogantes Verhalten an den Tag legt. Genau so verhielt ich mich ihm gegenüber im Sinne der Sozialordnung, die in einem Wolfsrudel immense Bedeutung hat. Provozierendes Verhalten mit einhergehendem Geknurre gehörte weiterhin zum täglichen Procedere. Doch nach Beendigung der Ranzzeit fiel mir Igor wieder um den Hals und heulte mit mir.

Dies hat sich im darauffolgenden Jahr, sogar während der aggressiven Zeit von Dezember bis März, nicht geändert. Im Gegenteil, Igor brachte mir, nachdem ich am 11. Januar 1987 das Rudel nachts fütterte, Fleisch, das er im Fang trug. Er machte sich in der Dunkelheit durch ein helles Wimmern hinter mir bemerkbar. Ich sprach auf ihn ein, kniete nieder und streichelte ihm über den Rücken.

Wie reagieren Wölfe durch ihr Augenspiel untereinander auf weite und nahe Entfernung? Sie beobachten sich gegenseitig. Aus nächster Nähe tauschen sie untereinander nur kurze Blicke aus. In der Regel schauen sie von nahem aneinander vorbei. Bei Welpen oder Jungwölfen, die zum Alpha-Wolf oder zur Alpha-Wölfin kommen sollen, genügt ein kurzer Blickkontakt. Das gleiche geschieht während der Ranzzeit zwischen dem Alpha-Wolf und der Alpha-Wölfin, wobei das kurze Augenspiel von beiden gleichzeitig ausgeht.

Bei einem direkten kurzen Blick eines oberen Wolfes zu einem unteren Wolf bedeutet dies für letzteren sofortiges Ausweichen. Ein längerer funkelnder Blick in die Augen des Gegenüber bedeutet Einleitung einer Auseinandersetzung. Dieses Augenspiel ist in den Aggressionsphasen bei den Rangkämpfen und der Durchsetzung am Beutetier gegenüber einem anderen Wolf zu beobachten. Finden wir nicht gleiche oder ähnliche Augensignale beim Menschen?

Gerade dieses Rudel hat mich viel Mühe gekostet. Die von mir verursachten Fehler ließen manchmal die Frage aufkommen, wie sich mein Forschungsvorhaben weitergestalten sollte. Intensität und Ausschöpfen aller Erfahrungswerte haben mich die gefährlichen Situationen meistern lassen.

Die Wilden Fünf

Geboren wurden die Wilden Fünf am 12. Mai 1983 im Nebengehege des Kammerforsts. Eltern: Ivan und Natascha. Das Nebengehege war für sieben Wölfe zu klein und das vom Wolfsförderverein Merzig e. V. finanzierte, im Bau befindliche Gehege für die im Berliner Zoo geborenen Arktiswölfe bestimmt.

Am 23. Mai 1983 nahm ich die Welpen aus der Höhle, um sie zu Hause großzuziehen. Aber es stellte sich die Frage, wohin mit ihnen, wenn sie größer wurden. Die beste Möglichkeit wäre gewesen, sie in ein bestehendes Rudel zu integrieren. Eine Woche später nahm ich einen Welpen und zeigte ihn der „Viererbande" am Gehegezaun, die den Kleinen sofort ableckten, was ich als gutes Zeichen für die Eingliederung wertete. Trotz Aufnahmebereitschaft in der „Viererbande" erwies sich das Gehege für acht Wölfe als zu klein, so daß wir diesen Plan wieder fallenlie-

ßen. Es mußte eine andere Möglichkeit gefunden werden.

So nahm ich einen Welpen mit zum „Siebengestirn". Hier geschah das gleiche. Sie leckten den Welpen ab, außer Sascha, der ihn anknurrte, also Ablehnung durch den Alpha-Wolf. Somit mußte ich mein Vorhaben, die Wilden Fünf in die bestehenden Rudel einzugliedern, aufgeben. Zum allgemeinen Verständnis muß gesagt werden, daß ältere Wölfe gegenüber Wolfswelpen sehr rücksichtsvoll sind.

Ich besprach mich mit meiner Frau, denn irgendeine Lösung mußte gefunden werden. Ein von uns abgeschlossener Bausparvertrag, der in absehbarer Zeit fällig werden würde, war die Lösung des finanziellen Problems. Von dem Geld wollten wir ein Gelände pachten und ein Gehege errichten. Aber erstmal finden! Erika und ich hatten aufregende Wochen zu bestehen. Unsere Gedanken waren bei den kleinen Wölfen, und immer noch stand die Frage im Raum, wohin mit ihnen, wenn sie das Alter von vier Monaten erreicht hätten und das Aufzuchtgehege zu klein werden würde.

Wir hatten wieder einmal großes Glück, denn ein in unserer Nähe brachliegendes Grundstück wurde uns von der tierliebenden Besitzerin, der wir unser Anliegen schilderten, spontan zur Verfügung gestellt. Es handelt sich um ein 3.000 Quadratmeter großes Grundstück, das sich ausgezeichnet für ein Wolfsgehege eignet, da es zu einem Drittel mit Bäumen und Hecken bewachsen ist und der Rest aus Wiesengelände besteht. Mit dem Bau konnte sofort begonnen werden. Freunde halfen beim Erdaushub. Anschließend wurde das Gelände von einer Drahtfirma eingezäunt. Mitte September 1983 war das Gehege bezugsbereit.

Inzwischen hatte sich das WDR-Fernsehen entschieden, einen Dokumentarfilm über dieses Rudel zu drehen. Die Dreharbeiten sollten sich über ein ganzes Jahr erstrecken und das Leben der Wölfe während dieser Zeit aufzeichnen. Zu diesem Zweck kam das Fernsehteam alle vierzehn Tage bis drei Wochen nach Merzig, um die Tiere in den einzelnen Entwicklungsphasen abzulichten. Dies war für mich natürlich eine zusätzliche Aufgabe. Der Kameramann Gerd Weiß ließ sich viel Zeit, so daß sich die Wölfe einigermaßen an ihn gewöhnen konnten. Der Ende 1984 fertiggestellte Film mit dem Titel „Boss der Wölfe" wurde inzwischen im In- und Ausland gesendet.

Aber nun zurück zur Aufzucht der Wilden Fünf. In der fünften Woche brachte ich die Welpen in das Aufzuchtgehege. Ich hatte mir vorgenommen, ab dieser Zeit bei den Welpen in der mit Stroh ausgelegten Hütte zu schlafen. Die Welpen schmiegten sich ganz eng an mich und suchten so die Wärme und den Schutz, wie sie es auch bei der Mutter in der Höhle tun. In den ersten Tagen mußte ich aufpassen, daß ich mich nicht auf einen Welpen legte.

Bereits zwei Tage später legten wir ihnen Halsbänder an und führten sie an der Leine vor das Gehege. Das Anlegen der Halsbänder gefiel ihnen natürlich nicht, und sie sträubten sich dagegen. Doch das gab sich nach ein paar Tagen, und sie ließen sich ohne Widerstand anleinen und ausführen. Sie liefen schon immer aufgeregt am Zaun entlang, wenn sie uns kommen hörten, denn der Auslauf machte ihnen sichtlich Spaß.

Nun tauchte auch die Frage der Namensgebung auf. Das „Siebengestirn" erhielt seinerzeit russische Namen. Warum sollten die Wilden Fünf nicht typisch deutsche Namen bekommen? So nannten wir sie Siegfried, Heinrich, Klaus, Otto und Else. Die beiden letzten Namen sind die meiner verstorbenen Eltern. Vielleicht war es der Gedanke, das Andenken an meine Eltern durch die Wölfe lebendig zu halten.

Im Alter von sieben Wochen gingen wir mit den Welpen weiter ins Gelände. Sie wurden an der Leine geführt von unserem Mitarbeiter Siegfried Thomasin, zwei zwölfjährigen Mädchen aus der Nachbarschaft, meiner Frau und mir. Die Welpen schnupperten auf der Wiese an Mäuselöchern. Plötzlich hielt Else inne, steckte mehrmals hintereinander ihre Nase in ein Mauseloch und begann aufgeregt zu graben. Ein Zeichen, daß der Mäusebau bewohnt war.

Für die Welpen war es eine mühevolle Arbeit, den Bau mit ihren kleinen Pfoten auszugraben, so daß sich Siegfried Thomasin entschloß, ihnen dabei zu helfen, indem er mit den Händen nachhalf. Plötzlich sprang auch eine große Maus heraus. Die Welpen waren so überrascht, daß sie in ihren Bewegungen innehielten. Nur der Welpe Siegfried nicht, blitzschnell packte er zu, tötete die Maus und fraß sie. Durch diesen ersten Jagderfolg wurde instinktiv der Beutetrieb ausgelöst.

Es war ein trockenes Jahr, und naturgemäß gab es viele Mäuse in Feld und Flur, so daß die Welpen voll auf ihre Kosten kamen. Anfangs halfen wir beim Ausgraben der Mauselöcher, doch mit zunehmendem Alter geschah das Beutemachen ohne unsere Hilfe.

Bei der Mäusejagd – die Jungwölfe waren nun zwölf Wochen alt – ließen wir sie jetzt frei laufen, und aus der Einzeljagd bildete sich eine Gemeinschaftsjagd. Sobald sie einen bewohnten Mäusebau entdeckten, gruben sie bis zur Erschöpfung. Wenn ein Jungwolf vor Anstrengung nicht mehr konnte, grub ein anderer weiter, und es ist ihnen keine Maus entwischt. Mein Ziel bei der Aufzucht dieses Rudels war es, die Wölfe so früh wie möglich an Beutetiere heranzuführen, um festzustellen, ob und ab welchem Alter sie in der Lage sind, Beutetiere zu orten, zu fangen und schließlich zu töten.

Eines Tages sah ich im Fernsehen einen amerikanischen Film über Wölfe, die in einem Gehege großgezogen wurden mit dem Ziel, sie später in freier Wildbahn auszusetzen. Es sollte im Film festgehalten werden, mit welchen Jagdmethoden diese Wölfe Karibus angreifen und töten. Man machte den Film, weil Wölfe in freier Natur nur selten zu sehen sind, und wenn, dann nur sehr kurz.

Im Alter von zehn Monaten wurden diese Wölfe gewaltsam in Kisten verladen und in der kanadischen Wildnis in der Nähe einer Karibuherde ausgesetzt. Zur Überraschung der Forstleute und Forscher reagierten die Wölfe überhaupt nicht auf die für sie vorgesehene Beute. Den Grund sehe ich darin, daß die Wölfe in einem sehr kleinen Gehege, das ja im Fernsehen gezeigt wurde, herangewach-

Zuerst ist das Ei für den Welpen nur ein Spielzeug. Aber bald kommt er dahinter, daß der Inhalt Nahrung bedeutet.

sen sind und dort mit Fleisch gefüttert wurden. Man hatte sie nicht von jung an an lebende Beutetiere herangeführt, was eine Instinktverkümmerung sowie Unsicherheit und Unentschlossenheit gegenüber größeren Beutetieren zur Folge hatte. Der Fernsehkommentator erklärte, daß die Wölfe wieder eingefangen und zu ihrem Ausgangspunkt zurückgeflogen wurden. Das war aber im Film nicht zu sehen.

In einem anderen kanadischen Fernsehfilm wurde gezeigt, wie Wölfe um ein verendendes Karibu herumstreiften, sich aber nicht zum Töten herantrauten. Sie warteten ab, bis der Tod eintrat, um dann die Beute aufzureißen. Für mich ist die Verhaltensweise dieser Wölfe verständlich, weil sie für diese Fernsehaufnahmen nicht innerhalb eines wildlebenden Rudels aufgewachsen, sondern von Menschen großgezogen worden waren. Das Jagen von Beutetieren hatten sie nicht erlernt.

Man hatte nicht erkannt, daß sie als Jungwölfe von ihren Eltern schon an kleine Beutetiere herangeführt werden müssen, bevor sie mit einem größeren Beutetier konfrontiert werden. Es handelt sich also um eine Entwicklungsstörung, die sich in der Tötungshemmung deutlich dokumentierte. Jungwölfe, die in einem Rudel aufwachsen, erlernen schließlich das Erlegen von Wild von den älteren Wölfen.

Ich wollte der Frage des Beutemachens nachgehen. Hierzu bot sich das gerade fünfzehn Monate alte Rudel „Siebengestirn" an. Ich brachte einen zum Schlachten vorgesehenen alten Schafbock ins Gehege. Die Wölfe konnten sich nicht entschließen, die Beute zu reißen. Reaktion: kein Angriff, sondern nur ein Ansatz dazu, dann wieder Ausweichen. Kurz entschlossen tötete ich den Schafbock, der dann anschließend vom Rudel aufgerissen wurde.

Meine Eindrücke aus den Fernsehaufnahmen, das gierige Jagen der Welpen nach Mäusen und letztlich eigene Erfahrungen haben

mich in meinem Entschluß bestärkt, weiterhin die Wilden Fünf an Beutetiere heranzuführen, um natürliche Lebensbedingungen zu simulieren. Bei diesem Rudel entwickelte sich der Jagdtrieb schon im Welpenalter. Nahmen sie eine Wildspur auf, stellte ich mich auf sie ein und ließ sie suchen. Durch ihren Spieltrieb verloren sie zwar manchmal die Spur, aber mit zunehmenden Alter stellte sich eine Beständigkeit ein.

Von der achten Woche an begann ich mit dem Auslegen von Fährten, zuerst auf nahe, dann auf weite Entfernung. Eine frischgeschlachtete Taube zog ich an einem Bindfaden durch das Gras. Auf der Spur angekommen, spielten unsere Welpen verrückt, d. h., sie waren derart erregt, daß sie die Spuren im Übereifer immer wieder verloren. Siegfried, der die Beute als erster gefunden hatte, packte sie. Im Nu wollten alle Welpen auf die Taube einbeißen.

In diesem Augenblick wurde der erste ersichtliche Rangkampf ausgetragen, indem Siegfried die Taube fallen ließ, die anderen Welpen des Rudels anknurrte und sie mit seinem Körper wegdrückte. Da er sich nicht gleichzeitig mit allen Welpen anlegen konnte, packte einer die Taube und zog sie ihm weg. Wütend stürzte sich Siegfried auf den Dieb.

Nach drei Versuchen gleicher Art mit geschlachteten Hühnern und Hasen auf immer weitere Entfernungen hatte sich Siegfried endgültig durchgesetzt. Wenn er an der Beute war, traute sich im ersten Moment kein anderer heran. Er riß die Beute auf und begann zu fressen. Das übrige Rudel lauerte voller Begierde in seiner Nähe. Nachdem er seinen ersten Hunger gestillt hatte, durfte zunächst Else an die Beute heran, dann allmählich die anderen. Einen so dominierenden Alpha-Welpen wie Siegfried habe ich später nicht mehr gehabt.

Ein Huhn ist als Beutetier natürlich für alle Jungwölfe zu wenig, deshalb überließ ich ihnen noch zwei Hühner, damit sich alle sattfressen konnten. Dies ist in freier Natur nicht

Ranghohe Wölfe apportieren öfter Beutestücke und bringen sie mir.

möglich, denn dann stehen dem Wolfsnachwuchs nur die Tiere zur Verfügung, die von ihren Eltern und den älteren Rudelmitgliedern erbeutet werden. Ein Verteilen von Fleisch in gleichmäßigen Rationen an alle Welpen gibt es nicht. Sie bringen den Welpen die Nahrung oder führen sie später an die Beute heran, dann überlassen sie es den Welpen oder Jungwölfen, welchen Anteil jeder davon abbekommt; ein Naturgesetz, das für tierliebende Menschen nur schwer zu verstehen ist.

In der zwölften Lebenswoche war ich beim Anleinen der Jungwölfe nicht zugegen, sondern versteckte mich hinter einer Hecke. Als die Wölfe meinen Sammelruf vernahmen, zogen sie an den Leinen und liefen in meine Richtung – meine Mitarbeiter hinterher. Am Versteck überließ ich ihnen ein betäubtes, noch flatterndes Huhn, das gleich am Kopf gepackt und getötet wurde – wiederum war

Siegfried der dominierende Wolf. Bis zum Herbst unternahm ich weitere Versuche dieser Art mit größeren Beutetieren, stets mit den gleichen Ergebnissen.

Im Dezember 1983, als die Jungwölfe acht Monate alt waren, brachte ich ein größeres, gelähmtes Kalb, das kaum noch reagierte, ins Gehege. Sofort griff das Rudel an. Siegfried sprang dem Kalb an den Hals, setzte den Tötungsbiß, und die anderen Wölfe bissen sofort auf das Beutetier ein. Das Ergebnis all dessen war, daß ohne die Anleitung von älteren Wölfen ein Rudel heranwuchs, das man in freier Wildbahn hätte aussetzen können, falls diese genügend Beutetiere bieten würde.

Durch die Art, wie die Wilden Fünf herangewachsen waren, benahmen sie sich mir gegenüber auch grober und temperamentvoller als die Jungwölfe aus früheren Würfen. Sobald ich das Gehege betrat, begrüßten sie

Jeder hat den Drang zum „Fang" des Oberwolfes.

mich stürmisch nach Wolfsart, indem sie mir sogar manchmal in die Lippen bissen. Ich biß spontan zurück, behandelte sie genauso grob. Wenn wir das Gehege verließen, waren sie jagdgierig, sie hatten sofort die Nase auf dem Boden und suchten nach Spuren.

Ein ähnliches Verhalten habe ich früher bei Jagdhunden feststellen können, wenn es ins Revier ging. Im Vergleich zu den anderen

Welpen, die ich vorher großgezogen hatte, waren die Wilden Fünf sozusagen frühreif. Auch wurden sie zu den beiden Mädchen, die sie mit ausführten, früher grob bzw. schlossen sie in die Rangkämpfe mit ein.

Da ihr Gehege bereits im September fertig war, konnten sie ihr neues Revier beziehen. Wir führten sie zum letzten Mal an der Leine in ihr Gehege, das groß genug ist und daher genügend Auslauf bietet. Als wir an der Eingangsschleuse ankamen, wurden sie plötzlich vorsichtig. In tiefer Stellung geduckt, ging Siegfried, der von mir geführt wurde, als erster durch die Öffnung des Gatters, die anderen Jungwölfe folgten mit ihren Begleitern.

Nachdem wir das Tor hinter uns geschlossen hatten, nahmen wir ihnen die Halsbänder und Leinen ab und ließen sie frei. Zuerst blickten sie sich kurz nach allen Richtungen um und rannten sogleich davon. Sie waren sehr aufgeregt, kamen immer wieder zu uns zurück, um uns ebenfalls – so schien es – zur Erkundung der neuen Umgebung aufzufordern. Nachdem unsere Wölfe ihr neues Revier erkundet hatten, entlud sich ihre Aufregung in Aggression, einer der Jungwölfe

mußte als Prügelknabe herhalten. Dies war Heinrich.

Interessant ist, daß unsere Wölfe im Gehege immer zusammen wegliefen und sich auch zusammenscharten. Auch in freier Natur bleiben die Jungwölfe in diesem Alter dicht beieinander, damit sie von den Eltern als eine Einheit beobachtet werden können. Wenn ein Jungwolf alleine flüchtet, muß er auch alleine wieder zurückfinden, denn die Eltern kümmern sich nicht mehr um ihn. Wie Beobachtungen in Nordamerika zeigten, jagen einzelne Rudel in Gebieten von 100 bis 300 Quadratkilometer Größe – ein Revier, das sie gegen fremde Rudel verteidigen.

Bei dem Bau des Geheges installierte ich auch ein großes Wasserbecken für die Wölfe,

Wölfe der Wilden Fünf mit mir im winterlich kalten Wasser.

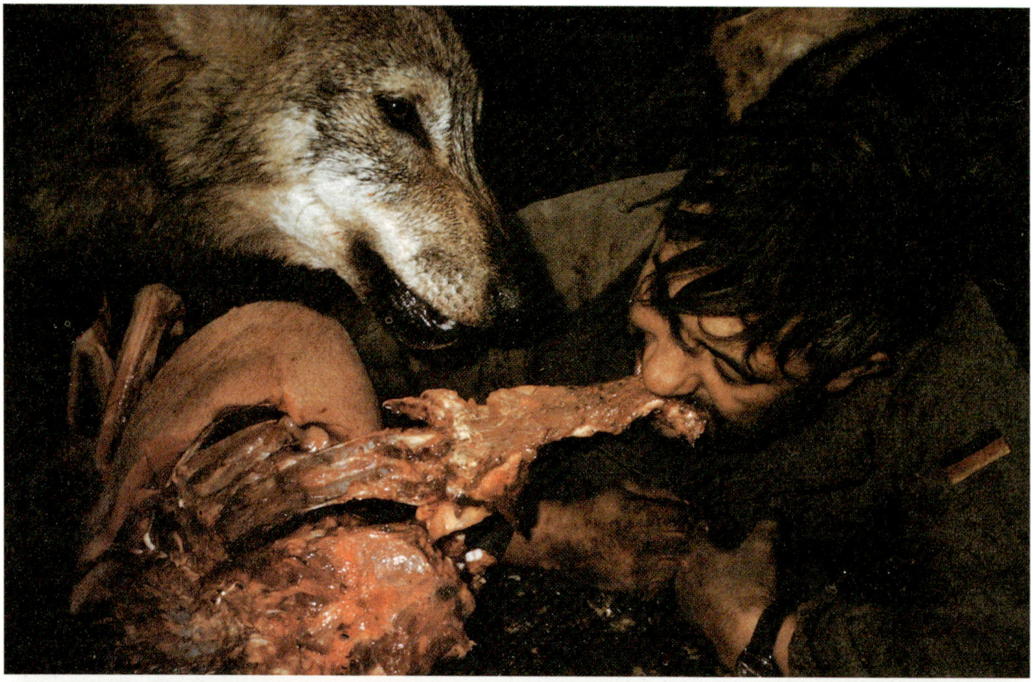

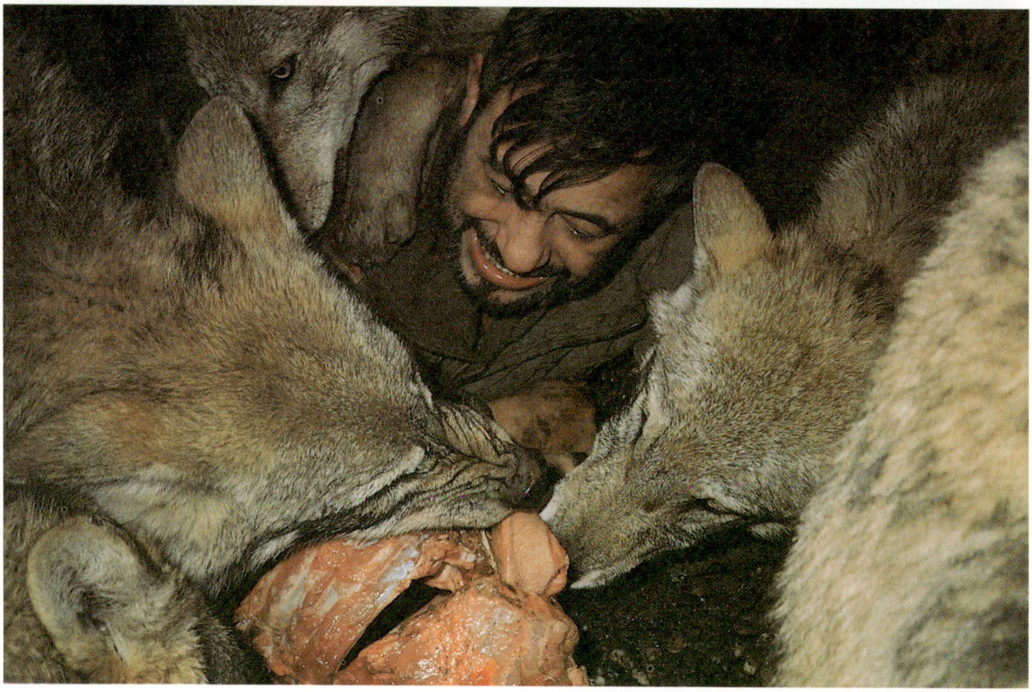

das sie gerne aufsuchten. Sowie ich mit Gummistiefeln in das Becken stieg, hingen sie wie Kletten an mir, und es wurde jedesmal ein regelrechtes Geplantsche.

Die Rangfolge dieser Gruppe lautete: Siegfried, Else, Klaus, Heinrich und Otto. Siegfried und Else brachten mir, wenn sie sich sattgefressen hatten, Fleisch oder Knochen, wie es bei den anderen Rudeln ja auch der Falle war und noch ist. Siegfried war der wesensstärkste und rücksichtsloseste von allen Wölfen, die ich bisher aufgezogen habe. Schon im Welpenalter nahm er diese Alpha-Rolle für sich in Anspruch. Else, die einzige Wölfin im Rudel blieb Nr. 2, da sie als Alpha-Wölfin keine Konkurrenz hatte. Sie wurde von dem Alpha-Wolf als zweite an das Beutetier oder durch mich gebrachtes Futter herangelassen und verteidigte mit aller Vehemenz ihren Platz im Rudel.

Dies war am besten zu beobachten, wenn ich als Oberwolf das Gehege betrat, denn die Untertänigkeitsbezeugungen durch Anspringen und Mundlecken erfolgt in der direkten Rangfolge. Versuchte Wolf Nr. 3 im Rudel vor der Alpha-Wölfin an mich heranzukommen, so wurde er von ihr abgedrückt. Des öfteren kam es auch zu regelrechten Keilereien, wenn die Wölfin ein unter ihr stehendes Rudelmitglied abdrückte und auf es einbiß. Sie bekam dabei zunächst Unterstützung vom Alpha-Wolf, dem sich dann das ganze Rudel anschloß.

Wird ein Wurf Wolfswelpen von Menschen aufgezogen, erfolgt keine natürliche Auslese. Auch die Wesensschwachen wachsen heran, die in freier Natur sonst mangels Durchsetzungsvermögen früh sterben müßten. Diese wesensschwachen Wölfe zeigen oft eine kindliche Anhänglichkeit gegenüber dem oder

Demonstration der Rangordnung: Als Oberwolf steht mir das Vorrecht an der Beute zu. Erst wenn ich zurückgehe, dürfen die nächsten im Rudel zupacken.

den vertrauten Menschen. Das war besonders bei Klaus der Fall, denn wenn ich zusammen mit meiner Frau das Gehege betrat, interessierten ihn seine Artgenossen nicht mehr, er hielt sich nicht mehr an die Rangordnung. Darauf darf ich als Oberwolf aber nicht eingehen, da ich sonst das ganze Rudelgefüge durcheinanderbringen würde.

So versuchte Klaus, mich als erster Jungwolf zu begrüßen, wurde aber von Siegfried sofort in seine Schranken verwiesen. Nachdem Klaus das einige Male erlebt hatte, wandte er sich mehr Erika zu, hatte zu ihr, während wir im Gehege waren, eine außerordentlich enge Beziehung, d. h., er wich nicht mehr von ihrer Seite und lief neben ihr her wie ein dressierter Hund. Er entfernte sich sozusagen zeitweilig vom Rudel und nahm nicht an dessen Aktivitäten teil.

Solche Wölfe könnten am Anfang frühgeschichtlicher Domestikation gestanden haben. Wolfscharaktere wie der des wesensschwachen Klaus – anhänglich, friedvoll, wenig scheu – blieben wahrscheinlich bei den Steinzeitmenschen und paarten sich mit den Wölfen gleicher Wesensart. Die Menschen gaben ihnen Futter und Unterkunft, nahmen sie in ihren Familien auf, und somit gerieten die Wölfe in eine gewisse Abhängigkeit vom Menschen.

Dominante Wolfscharaktere sind nach meiner Einschätzung zu einer Domestikation nicht geeignet. Im Laufe von Jahrhunderten oder gar von Jahrtausenden verwandelte sich der Hauswolf zum Hund, der bis heute der treueste Freund und Begleiter des Menschen geblieben ist. Mehrmals erlebte ich, wenn ich zwischen den Wölfen im Gehege war und eine fremde Person an den Zaun kam, daß Else wuffte. Sie ist praktisch gesehen meine Wachwölfin.

Gerade bei diesem wilden Rudel muß ich aufpassen, daß ich nicht durch Anspringen an den Augen und Zähnen verletzt werde. Das ist besonders nachts problematisch. Wenn ich hautnah mit ihnen zusammen bin und sie mich anspringen, schließe ich die Augen. Dennoch sind sie beim hastigen Springen mehrmals mit ihren Schnauzen gegen meine Augen gestoßen, was mitunter zu Prellungen führte. Aber bis jetzt hatte ich immer Glück, daß keine größeren Verletzungen entstanden.

Trotzdem geschah es an einem Novemberabend in der Dunkelheit, als das ganze Rudel an mir hochsprang, daß Siegfried mit seiner Schnauze gegen das linke Augenlid stieß, und weil ich im Reflex mit meiner Hand das Auge anfaßte, passierte das gleiche am rechten Auge, als Else mich begrüßte. Ich hatte Prellungen an beiden Augen, die so stark zu tränen anfingen, daß ich kaum noch etwas sehen konnte.

Ich tastete mich zum Ausgang vor, und bis zu unserem Haus war es Gott sei Dank nicht sehr weit. Ein Freund, der gerade anwesend war, fuhr mich zum Augenarzt, der die Augen mit Tropfen behandelte und meinte, ich hätte großes Glück gehabt. Im Verlauf meines Zusammenlebens mit den Wölfen sind mir auch einige Male Zähne lädiert worden, wenn die Wölfe mich mit offenem Fang ansprangen. Aber auch das muß ich in Kauf nehmen – Wölfe sind eben keine zahmen Haushunde.

Durch seine starken Wesensmerkmale hatte sich Siegfried deutlich vom Rudel abgehoben und versuchte im Alter von sieben Monaten, auch mich vom Beutetier abzudrängen. Das ist mir noch bei keinem dominierenden Alpha-Jungwolf in diesem Alter passiert. Ich mußte mich durchsetzen, um Oberwolf zu bleiben.

Als ich ein in das Gehege gebrachtes Kalb an einem Eisenhaken festhielt und zwischen den Wölfen kniete, wollte mich Siegfried mit seinem Körper abdrängen. Nachdem ihm dies nicht gelang, knurrte er mich an und versuchte, auf mich einzubeißen, wie er es bei den anderen Rudelmitgliedern auch tut.

Ich kam ihm zuvor und gab ihm mit geballter Faust einen Schlag unter den Fang. Sofort zeigte er Untertänigkeit, indem er sich flach auf den Boden legte und winselte. Eine Situation in einem solchen Zusammenhang erlebte ich nicht mehr. Er hat mich als Oberwolf anerkannt. Was unter ihm in der Rangfolge im Rudel abläuft, ist seine Sache, da greife ich nicht ein.

Nach den Erfahrungen mit diesem Rudel machte ich mir Gedanken darüber, ob Wölfe, als es noch genügend Nahrung für sie gab und sie vom Menschen noch nicht verfolgt wurden, eine andere Lebensweise hatten, d. h., ob die Welpen oder Jungwölfe schon nach einigen Lebenswochen an Beutetiere herangeführt wurden. Versuche mit den Wilden Fünf haben gezeigt, daß Wolfswelpen schon im Alter von zehn Wochen in der Lage sind, Tiere in der Größe eines Hasen oder eines Huhnes zu erbeuten. Aufgrund der Verfolgung der Wölfe durch den Menschen und weiterer Eingriffe in den Wildbestand, mußten sich die Wölfe naturgemäß umstellen.

Ältere Wölfe waren dazu gezwungen, ihre Jungen menschenfeindlich aufzuziehen und sie zu verstecken; denn junge, unerfahrene Wölfe waren vom Menschen leichter zu töten. Für die Wölfe hatte der Überlebenskampf begonnen. Es ist ein Naturgesetz, daß Raubtiere ihre Jungen, wenn sie dazu in der Lage sind, schon frühzeitig an gerissene Beutetiere heranführen. Das hat nichts damit zu tun, daß Wolfseltern ihre Welpen ab der dritten Woche mit vorverdautem Fleisch ernähren. Mit sechs Wochen reißen die Jungwölfe bereits selbständig die Fleischstücke vom Knochen.

Da die Wölfe nicht in der Lage sind, ihre Beutetiere über größere Entfernungen zu transportieren, haben sie zur Arterhaltung die Konservierung des vorverdauten Flei-

Seite 65: Die Wilden Fünf reißen das Futterfleisch aus meinen Händen. Jeder Wolf ist bestrebt, sich den besten Fleischbrocken zu sichern.

sches in ihren Mägen entwickelt. Der Futterverbrauch heranwachsender Wölfe ist sehr groß, darum bringen auch die anderen Rudelmitglieder auf die gleiche Art Fleisch heran.

Je nach der Wilddichte kann sich dies über Wochen oder Monate hinziehen. Unter Umständen solange, bis die Jungwölfe selbst im Rudel mitjagen können.

An der Beute ist sich jeder Wolf selbst der Nächste.

Veränderungen bei den Wilden Fünf

Anfang April 1984 starb Siegfried, ein paar Wochen später auch Klaus an den gleichen Symptomen, wie sie vorher bei dem „Siebengestirn" aufgetreten waren. Sie lechzten nach Wasser – ein übermäßiger Durst quälte sie. Jeweils nachts weilte ich bei ihnen in der Hoffnung, daß sie wieder gesund werden würden. Über meine Gefühle in diesen Momenten möchte ich an dieser Stelle nicht sprechen. Als sich bei Klaus das Krankheitsbild rapide verschlechterte, wollte ich ihn nach Gießen in die Veterinärklinik bringen, doch er starb noch am frühen Morgen. Trotzdem fuhr ich mit dem toten Wolf nach Gießen. Obduktionsbefund: Fressen von rohem Schweinefleisch, was eine Meningitis (Aujeszky-Virus) hervorgerufen hatte.

Wie mir beide Professoren bestätigten, verläuft diese Krankheit ähnlich wie eine Hirnhautentzündung, und es gibt keine Rettung. Interessant ist, daß Menschen Schweinefleisch, das mit diesem Virus befallen ist, essen können, ohne krank zu werden. Wölfe, Hunde, Bären und Katzen gehen dagegen elend ein. Seitdem koche ich das Schweinefleisch ab, bevor ich es an die Tiere verfüttere, denn dadurch wird ein eventuell vorhandenes Virus abgetötet.

Nach dem Tod von Siegfried bemerkte ich anfangs im Rudel eine Art Lethargie. Doch schon nach einer Woche hatte sich Else als Rudelführerin durchgesetzt. Dies geschieht bei Wölfen durch Kampf, sie kennen keine Demokratie. Eine Alpha-Wölfin avanciert nur zum Rudelführer, wenn kein dominanter Rüde im Rudel vorhanden ist. So geschah es, daß Else Heinrich abdrängte und, als sie auf ihn einbiß, Unterstützung durch den bisherigen Rudelletzten, Otto, bekam. Somit war Otto nun Nr. 2 in der Rangordnung. Ich habe oft beobachtet, daß die Wölfin auf einen unter ihr stehenden Wolf ein Abdrängen einleitet und dann Unterstützung vom Alpha-Wolf erhält. Auch jetzt, im Januar 1987, nimmt Heinrich einen untergeordneten Rang im Rudel ein, Else läßt ihn nicht aufkommen.

Das dürfte in freier Wildbahn etwas anders verlaufen, denn dort überleben nur die wesensstärksten Welpen durch ihr angeborenes Durchsetzungsvermögen. Bei dem Ausfall eines Alpha-Wolfes wird dieser durch einen anderen Rüden ersetzt. Eine Alpha-Wölfin wird das Rudel nur dann führen, wenn es durch äußere Einflüsse nur noch unerfahrene Jungwölfe im Rudel gibt. Zudem muß die Führungsstelle in freier Natur sofort besetzt werden, denn Wölfe haben nur im Rudelverband die Chance, größere Beutetiere zu jagen und damit zu überleben.

Sowie ich das Gehege betrat, war Else bei mir. Zuerst nahm sie das von mir gebrachte Fleisch in Empfang. Nur Otto ließ sie auch in meine Nähe kommen. Heinrich dagegen wies sie ab, wenn er mit mir Körperkontakt aufnehmen wollte. Ende März 1985 paarte sich Otto mit Else, und nach fünf Wochen gab es keinen Zweifel: Else war trächtig. Morgens, am 30. Mai 1985, ging ich zum Gehege und brachte jedem ein totes Huhn. Zu meinem Erstaunen bemerkte ich, daß alle drei Wölfe, Else in der Mitte, dicht beieinander lagen. Dieses Verhalten hatte ich vorher bei diesem Rudel nie festgestellt, denn bisher wurde Heinrich von Else und Otto abgedrängt.

Am Nachmittag gegen 16.30 Uhr ging ich wieder zum Gehege. Zur Eingangstür kamen nur Otto und Heinrich, von Else keine Spur. War sie schon beim Wölfen oder hatte vielleicht schon geboren? Als ich langsam durch das Gehege ging, sah ich sie zwischen zwei Baumstämmen liegen, aber sie schaute mich anders an als sonst. Nicht freudig, nicht ängstlich – sie kam mir wie ein Mensch vor, der alleine sein wollte. Sie streckte den Kopf zwischen die Vorderläufe, und ich sah, wie sie an einem neugeborenen Welpen leckte.

Mir schien, als ob der Geburtsvorgang noch nicht abgeschlossen und dies der erste Welpe sei. Schnellstens entfernte ich mich, denn momentan war ich hier völlig überflüssig. Auch in freier Natur bringt die Wölfin ihre Jungen alleine zur Welt. Warum sollte ich durch mein unwölfisches Verhalten meine sehr gute Beziehung zu Else stören?

Als ich dann am nächsten Tag das Gehege betrat, lief mir Else entgegen, sprang an mir hoch und beschnupperte mich. Auf meinem Rundgang näherte ich mich der Geburtsstätte, begleitet von Otto und Heinrich. Aber Else gefiel es nicht, daß uns Otto und Heinrich folgten, und sie gab es ihnen zu verstehen, indem sie sie immer wieder zurückdrängen wollte. Einige Meter vor dem Welpenlager lief sie einen anderen Weg, um auch mich abzulenken. Ich ging weiter am Zaun entlang und tat so, als ob mich die Neugeborenen gar nicht interessieren würden. Meine Neugierde war jedoch riesig: Aus drei Metern Entfernung entdeckte ich in einer Erdmulde vier Welpen. Einer der Welpen war im Gegensatz zu den anderen drei sehr stark. Sie waren fast schwarz und besaßen die Größe eines Zwergkaninchens.

Ich war mir zu diesem Zeitpunkt nicht ganz klar darüber, was mit diesen Welpen geschehen sollte. Nach einigen Überlegungen entschloß ich mich, die Welpen zusammen mit Else und Otto im Gehege aufzuziehen, da ich mit den Wolfseltern eine sehr enge Verbindung habe und so gute Voraussetzungen für dieses Vorhaben gegeben waren.

Sommer 1985 herrschte eine große Hitze, und die Welpen waren fast schutzlos der Sonne ausgesetzt. Else pendelte zwischen Geburtsstätte und Wasserbecken ständig hin und her. Sie sprang ins Wasserbecken hinein, durchnäßte sich vollkommen, lief dann wieder zu ihren Welpen und kühlte sie mit ihrem nassen Körper ab. Da der Boden in diesem Gehege sehr steinig und lehmig ist, können Wölfe keine Höhle graben, worin die Jungen vor Hitze geschützt sind. Dieses außerge-

wöhnliche Verhalten von Else fällt aus dem Rahmen, denn in freier Natur suchen sich die Wölfe einen geeigneten Platz aus, an dem sie ihre Höhle graben können. Doch diese Möglichkeit war hier nicht gegeben.

Bewundernswert die Umstellung der Wölfin Else, indem sie, ihrem Mutterinstinkt folgend, in jeder Situation das Bestmögliche für ihre Welpen tat. Drei Tage nach der Geburt hatte Else unter einem liegenden Baumstamm eine etwas tiefere Mulde gegraben und die Welpen dorthin gebracht, so daß sie mehr Schutz vor der Sonne hatten.

Doch dann schlug das Wetter um, und es kam der große Regen. Es schüttete mehrere Tage, und die Erdmulde, in der die Welpen lagen, wurde feuchter und feuchter. Doch auch nun wußte sich Else wieder zu helfen: Sie trug einen Welpen nach dem anderen im Fang zu dem höher gelegenen Heckengelände, das aber auch keinen Schutz vor dem Regen bot. Die Welpen waren durch den aufgeweichten Lehmboden derart verschmutzt, daß sie wie verkrustete, undefinierbare kleine Kriechtiere aussahen. Den einzigen Schutz, den sie ihren Welpen geben konnte, war der durch ihren eigenen Körper.

Nach ungefähr einer Woche durfte auch Otto, der Wolfsvater, sich den Welpen auf etwa zwanzig Meter nähern. Dagegen wurde Heinrich sofort zurückgetrieben, sobald er sich auf die Welpen zubewegte. Mit zwölf Tagen öffneten die Welpen die Augen, und der größte kroch schon einen Meter aus dem Lager.

Am 15. Juni 1985, vierzehn Tage nach der Geburt, überließ ich bei der täglichen Fütterung der Wolfsmutter zwei tote Hühner, die sie sofort unmittelbar beim Welpenlager unter einem Baumstamm deponierte. Meine Absicht war, die Welpen zu fotografieren, denn zwischenzeitlich durfte ich mich bis auf drei Meter ihrem Lager nähern. Allerdings hatte ich dieses Mal die Kamera dabei, was Else sofort bemerkte. Sie sprang mich fest an, zwickte mich mit ihrem Fang kräftig in die Seite und drängte mich zurück, wie sie es mit

Otto, dem Wolfsvater, auch praktiziert hatte. Ich erkannte durch ihr Verhalten ihre natürliche Abwehr und letzten Endes die Bereitschaft, ihren Nachwuchs zu verteidigen.

Ich wich etwa zehn Meter zurück. Else folgte mir, wedelte wieder mit der Rute und leckte mir den Mund. Durch meine Absicht, die Welpen fotografieren zu wollen, hatte ich gegen die Art der Wölfe verstoßen und wurde sofort in meine Schranken verwiesen. Bei Mißachtung hätte ich das Vertrauen der Wölfin für immer verlieren können.

Als die Welpen drei Wochen alt waren, stand der nächste Umzug bevor, denn Else hatte entdeckt, daß das Wasserbecken auf Sand liegt. Nachts grub sie eine Höhle unter dem Becken und trug ihre Kinder in ein von allen Umwelteinflüssen geschütztes trockenes und kühles Lager. All diese Verhaltensweisen zeigen, daß eine Wolfsmutter jederzeit in der Lage ist, die sich ihr bietenden Gegebenheiten der Natur für ihren Nachwuchs voll und ganz zu nutzen. Jetzt galt es für mich, Tag und Nacht in der Nähe der Höhle unter dem Wasserbecken zu sein, damit die Welpen mit meiner Stimme bereits vertraut waren, wenn sie mit etwa drei Wochen aus der Höhle herauskriechen würden.

Das Bild, das sich mir bot, war schon eine rechte Idylle. Else säugte die Welpen in der Höhle, Otto und ich lagen etwa zwei Meter von dem Eingang entfernt auf dem Boden und beobachteten, was in der Höhle geschah, in die wir gut hineinblicken konnten. Ab und zu gesellte sich Else zu uns, ich sprach sie beide an, und sie winselten um mich herum. So warteten zwei Futterwölfe vor der Höhle und wurden somit von Else akzeptiert, da wir ja beide für Futterbeschaffung verantwortlich waren.

Das Jaunern der Welpen in der Höhle war nun deutlich zu hören, es verstummte auch nicht, wenn ich mit Else und Otto vor der Höhle sprach. Das war für mich ein gutes Zeichen, jetzt hieß es abwarten. Zwei Tage vor der vierten Lebenswoche lockten Else und

Otto ihre Welpen aus der Höhle, und siehe da, sie kamen angekrochen. Ich blieb ruhig auf dem Boden liegen, und als ihre Eltern bei mir waren, kamen sie auch an mich heran, schnupperten an meiner Kleidung, die ja auch den Geruch ihrer Eltern hatte.

Die Welpen berührten mit ihren Schnäuzchen die Fänge der Wolfseltern, und kurze Zeit später beobachtete ich, wie sie das erste Fleisch aus dem Fang von Else und Otto nahmen. Im gleichen Moment nahm ich kleine, in den Taschen meines Kombis mitgebrachte Fleischstücke eines frisch geschlachteten Schafes in meinen Mund, und als die Welpen die Nahrung wahrnahmen, kamen sie zu mir und holten sich das Fleisch mit ihren kleinen Mäulchen ab.

Wenige Tage später hatten die Wolfseltern das vorverdaute Fleisch vor den Welpen auf den Boden erbrochen, und die Welpen fraßen es vom Boden. Auch ich legte kleine Fleischstücke vor mir auf den Boden, die von den Welpen gierig verschlungen wurden. Während dieser Zeit bewegte ich mich kriechend vor der Wolfshöhle und legte mich davor – genau wie die Wolfseltern. Ich befürchtete, wenn ich aufrecht gehen würde, könnte ich durch meine Erscheinung für die Kleinen eine Gefahr bedeuten und sie erschrecken.

So sahen mich die Welpen überhaupt nicht in Aufrechthaltung, denn auf meinem Weg zur Höhle nahmen sie mich ja nicht wahr, weil sie erst auf Lockrufe von Else und Otto daraus hervorkrochen. Bei meinem Erscheinen im Gehege kamen Else und Otto stets freudig zur Begrüßung an die Eingangstür und liefen zusammen mit mir zur Höhle, um dann ihre Welpen herauszulocken, denn sie wußten, daß mein Kommen mit Futterübergabe verbunden war.

Zu Beginn der fünften Lebenswoche hielt ich es für nötig, bei den Welpen eine Wurmkur zu machen, denn Wolfswelpen sind meist stark verwurmt. Mit meinem Zeigefinger schmierte ich ihnen eine Wurmpaste an die Gaumen. Diese Prozedur klappte ohne

Schwierigkeiten. Anschließend krochen sie wieder in ihre Höhle zurück. Doch ein Welpe fehlte. Da Otto auch nicht zugegen war, nahm ich an, daß der eine Welpe bei ihm etwas weiter weg im Gras lag.

Ich wollte mich vergewissern und stellte mich unbedacht aufrecht, um nach dem Welpen zu sehen. Er lag tatsächlich in der Nähe von Otto. Als der Welpe mich so sah, lief er ein Stück davon und versteckte sich im Gras. Ich ging zu ihm hin, denn schließlich mußte er noch seine Wurmpaste verabreicht bekommen. Ich nahm ihn vom Boden auf, gab ihm die Paste ins Mäulchen und setzte ihn schließlich vor dem Eingang wieder ab. Er kroch sichtlich verängstigt schleunigst in die Höhle.

Einige Stunden später, als ich wieder vor der Höhle lag, lockte Else die Welpen wieder heraus. Diesmal kamen nur drei angekrochen und nahmen Fleisch von mir. Der vierte Welpe blieb in der Höhle und schaute ab und zu mit ängstlichem Blick heraus. Dieses Verhalten änderte sich auch nicht in den nächsten Tagen.

Nochmals möchte ich betonen, daß diese Beobachtungen nur möglich waren durch meine gute Beziehung zu Else und Otto und das große Vertrauen, das sie zu mir hatten. Von der vierten Woche an wurden die Welpen von der Mutter nicht in, sondern vor der Höhle gesäugt. Die Bilder, die sich mir jetzt boten, werden mir unvergeßlich bleiben. Es kam vor, daß Else mit ihrem Kopf auf meinen Beinen lag und die Jungen an ihren Zitzen hingen.

Von der sechsten Woche an rissen sie mit ihren Zähnchen schon Fleischbrocken von einem abgezogenen Hasen ab, den ich vor die Höhle gelegt hatte. Nun wagte sich auch der scheue Welpe wieder heraus, denn der Hunger war offensichtlich stärker als seine Furcht. Beim Vertilgen des Hasen wurde ein Welpe von den drei anderen vom Futter weggedrängt. Das gleiche geschah danach am Gesäuge von Else. Nachdem der Welpe schon eine deutliche Schwäche gegenüber den an-

deren zeigte, entschloß ich mich, ihn mitzunehmen und zu Hause mit der Flasche aufzuziehen, denn sonst wäre er verhungert.

Der kleine Welpe war schon ziemlich geschwächt. Nach ein paar Tagen hatte er sich jedoch gut erholt und wurde von unserem Tierarzt, Rolf Lichtner, begutachtet, der den Zustand des kleinen Wolfes mitverfolgt hatte. Dabei machte er mich darauf aufmerksam, daß mit den Augen des Welpen etwas nicht stimme – es sah aus, als hätte er den Grauen Star, was mir nun auch auffiel. Aber nachdem er körperlich dann kräftig genug war, nahm ich ihn wieder mit ins Gehege zu seinem Rudel.

Else und Otto berochen ihn an der Eingangstür und wedelten dabei mit ihren Ruten. Für mich war jetzt klar, daß er wieder aufgenommen war. Von seinen Eltern begleitet, lief er zu seinen Geschwistern, die sich in der Nähe der Höhle aufhielten. Was sich dann ereignete, war etwas, womit ich niemals gerechnet hätte. Nach kurzem Beschnuppern stürzten sich seine Geschwister auf ihn wie auf ein Beutetier. Was dies bedeutete, war mir sofort klar, sie hätten ihn womöglich getötet.

Mir blieb nichts anderes übrig, als den Welpen sofort wieder aus dem Gehege zu nehmen. Weil sich der Zustand der Augen merklich verschlechterte – sie wirkten immer trüber – ließ ich ihn von einem Augenarzt untersuchen, der tatsächlich Grauen Star feststellte, was schließlich zur Erblindung führen würde. Da dieser Wolf nicht mehr lebensfähig gewesen wäre, mußte ich ihn schließlich einschläfern lassen.

Hier möchte ich einfügen, daß in einem andern Wurf ebenfalls ein blinder Welpe vorkam. Dieser wurde jedoch nicht von seinen Geschwistern abgebissen. Das lag wohl daran, daß der Welpe mit Namen Polar zu einer anderen Unterart von Wölfen, den aus den nördlichen Eisregionen stammenden Arktiswölfen gehört. Diese sind in ihrem Wesen weniger grob und nicht so rücksichtslos wie europäische Wölfe. Sie nahmen den blinden Welpen wieder im Rudel auf, als er sich bei mir erholt hatte. Er wuchs sogar zu einem der kräftigsten Welpen heran.

Doch zurück zum Wurf von Otto und Else. Ich gab den Welpen ebenfalls deutsche Namen, und zwar Rolf, Käthe und Leni. Im Alter von zehn Wochen verfütterte ich verendete Lämmer oder Kälber an sie und blieb dabei am Beutetier stehen. Else, Otto, Käthe und Leni fraßen neben mir, Rolf dagegen kam nicht heran, wenn ich in der Nähe war. Er hielt sich dann bei Heinrich, dem Bruder von Else und Otto, auf, den Else nicht zu den Welpen ließ und der von mir an einer anderen Futterstelle mit Fleisch versorgt werden mußte.

Da die Futterstelle mitten auf der Wiese lag, konnte ich lange nicht erkennen, was sich dort im Buschgelände abspielte. Nach einigen Tagen sah ich zu meiner Überraschung, daß Heinrich den Welpen Rolf genauso versorgte wie die Wolfseltern, indem er Fleisch vor ihm ausbrach oder ihm Fleischbrocken brachte, bevor er seinen eigenen Hunger stillte.

Ende Juli – ich lag gerade bei meinen Wölfen am Beutetier und schaute ihnen bei der Mahlzeit zu – kam ein mir bekannter Schäfer an den Gehegezaun und rief mir von weitem mit seiner lauten Stimme zu, daß er ein totes Schaf für die Wölfe an unserem Wohnhaus abgelegt habe. Von dem Lärm aufgeschreckt, lief Else sofort zum Zaun und knurrte den Schäfer an. Die Welpen flüchteten Hals über Kopf in die nahegelegene Höhle. Durch dieses Erlebnis waren die Welpen derart verängstigt, daß sie bis zum heutigen Tag bei fremden Geräuschen und der Annäherung von Menschen flüchten.

Sowie es wieder ruhig ist, kommen auch Käthe und Leni stets an das von mir ausgelegte Beutetier heran. Else und Otto sind immer bei mir und zeigen weder Angst noch Scheu vor fremden Menschen, da sie ja in menschlicher Obhut aufgewachsen sind. Rolf, der sich nach wie vor abseits hält, wurde nun durch Otto mit Fleisch versorgt. Er trug es ihm hin und überließ es ihm – also eine Ausdehnung des angeborenen Fürsorge-Instinktes der Wolfseltern, die Rolf ernährten, bis er ein Jahr alt war. Dieses Verhalten ist jedoch nur im Gehegeleben möglich, in freier Natur gibt es das nicht.

Obwohl Käthe und Leni nahe an mich herankommen, lassen sie sich nicht von mir berühren. Die Reaktion und das Verhalten von Rolf wiederum unterstreichen folgende wolfstypische Art: Wenn Wolfswelpen von der vierten Woche (der Zeitpunkt also, zu dem sie das erste Mal die Höhle verlassen) ein gravierendes, gegen die Wolfsart verstoßendes Erlebnis haben, vergessen sie dies auch im späteren Alter nicht. Gleiches habe ich bei anderen Wölfen festgestellt.

Jetzt, im Januar 1987, führt Else nach wie vor das Rudel, gefolgt von Otto, Käthe, Rolf, Leni und Heinrich.

Arktiswölfe

Anläßlich einer Konferenz der Zoodirektoren aus deutschsprachigen Ländern (Österreich, Schweiz und Deutschland) hielt ich 1982 einen Filmvortrag über meine Wolfsforschung im Hotel „Am Triller" in Saarbrükken. Professor Dr. Klös, Zoodirektor in Berlin, sagte: „Herr Freund, ich habe so etwas noch nie gesehen und wünsche Ihnen weiterhin viel Glück."

Professor Fiedler, Direktor des Zoologischen Gartens in Wien, sprach in seinem Dialekt: „Jo mei, was soll ich dazu sagen, muß ich Ihnen in einem halben Jahr oder in einem Jahr einen Kranz schicken?"

Klar, ich bin durch mein extremes Leben unter den Wölfen und die Langzeitbeobachtungen zu Erkenntnissen gekommen, mit denen ich vor einigen Jahren selbst nicht gerechnet hätte. Deshalb habe ich Verständnis für die Aussage von Prof. Fiedler. Nachdem Prof. Klös die Arbeit mit meinen Wölfen erlebt hatte, versprach er mir, daß ich im Mai 1983 den zu erwartenden Nachwuchs von den weißen Arktiswölfen bekomme. Diese Arktiswölfe hatte ich zuvor bei Besuchen in Berlin in der Freianlage mehrmals beobachtet, und ich war der Meinung, daß sie irgendwie anders sind als die europäischen Wölfe – nicht nur im Aussehen.

Verschiedenheiten stellte ich übrigens auch bei den von mir gehaltenen Bären fest, die jeweils als Maskottchen mit mir im Fallschirmjäger-Bataillon lebten. Es waren dies zwei Lippenbärinnen, eine russische Braunbärin und ein Kodiakbär, mit denen ich mich in der Zeit von 1961 bis 1978 intensiv beschäftigte.

Das Heulen der Wölfe erweckt bei den meisten Menschen ein schauriges Gefühl.

Für mein Vorhaben, Arktiswölfe nach Merzig zu holen, gewann ich den Vorsitzenden des Fremdenverkehrsvereins im Kreis Merzig/Wadernheim (Saarland), Hans-Jörg Dillinger. Nach der Zusage, daß ich den Wurf Welpen bekommen würde, wurde durch seine Initiative ein Förderverein gegründet, der sich zur Aufgabe machte, die finanziellen Mittel für den Bau eines Freigeheges in einem hügeligen Buchenwaldgelände im Merziger Kammerforst bereitzustellen. Hans-Jörg Dillinger sah das Vorhaben aus der Sicht des Fremdenverkehrs für diese Gegend; für mich stand das Leben mit den Wölfen und ihre Erforschung an erster Stelle. Zwei Interessen, die sich gut miteinander verknüpfen ließen.

Mit Freunden, die sich fachlich für Wisent, Huftier- und Vogelhaltung interessierten, flog ich im April 1983 nach Berlin. Mein Hauptinteresse galt den Wölfen und dem Problem der geruchlichen Akzeptanz. Durch die bereits geschilderten Erfahrung bezüglich der Wittrung von Bär und Wolf war ich vorsichtig geworden – gebranntes Kind scheut bekanntlich das Feuer. Aus diesem Grund ließ ich mir von dem zuständigen Tierpfleger Sand mit Urin vermischt aus dem Wolfsgehege in einen Plastikbehälter geben, um diesen mit nach Hause zu nehmen.

Dort rieb ich meine Wolfskleidung damit ein, um zu überprüfen, wie die Reaktion bei meinen europäischen Wölfen ausfiel. Anfangs hielten sie Abstand von mir, kamen dann vorsichtig heran, wandten sich aber gleich wieder ab. Hätte ich nicht diese gute Beziehung zu meinen Wölfen, wäre die Begegnung sicher nicht so friedlich verlaufen, trotzdem entstand starkes Mißtrauen mir gegenüber.

Heute ist mir klar, wäre ich im Februar, während der Ranzzeit, mit dem Geruch eines fremden Rudels in das Gehege gekommen, hätte der Alpha-Wolf nach meinen jetzigen Erfahrungen anders reagiert, d. h. mich möglicherweise angegriffen und somit den Angriff des ganzen Rudels eingeleitet. Ob je ein anderer Forscher während der Ranzzeit als Oberwolf in einem Wolfsrudel lebte, ist mir nicht bekannt, daher kenne ich keine Erfahrenswerte außer meinen eigenen. Die Raubtierdressur mit Raubkatzen und Bären im Zirkus unterscheidet sich davon in wesentlichen Grundsätzen, denn der Abstand zwischen Tier und Mensch ist den Tieren durch Dressur auferlegt. Trotzdem kann es zu Angriffen auf den Tierlehrer kommen, wenn nur geringste Veränderungen in der sozialen Struktur der einzelnen Tiere nicht erkannt werden.

Die Arktiswölfe wurden am 3. Mai 1983 nach einer Tragezeit von 63 Tagen im Freigehege des Berliner Zoos geboren. Das Geburtsdatum läßt sich wie folgt bestimmem: Die Wölfin verläßt einen Tag nach der Geburt ihrer Welpen die Wurfhöhle (die sie tags zuvor besetzt hat), um Wasser zu trinken. Außerdem ist dies noch an der Erschöpfung und Veränderung ihres Bauchumfangs deutlich zu erkennen.

Arktiswölfe sind bei der Geburt dunkelgrau.

Ich wollte die Welpen so früh wie möglich erhalten. Den Tierpflegern im Berliner Zoo gelang es jedoch erst im Alter von sechs Wochen, die Welpen vom Rudel abzutrennen. Das ist für die Aufzucht von Wolfswelpen nicht günstig, da sie bereits in diesem Alter einen großen Teil ihrer Prägung durch die Wolfseltern erfahren haben. Nach der in dieser Zeit fast täglichen telefonischen Verständigung mit dem Berliner Zoo flog ich nach der Mitteilung, daß die Welpen von dem Rudel getrennt werden konnten, sofort in die alte Reichshauptstadt, um die Welpen mit meiner Spezialmilch versorgen zu können.

Vormittags gegen 10.30 Uhr bekam ich die Welpen zum ersten Mal zu Gesicht. Einer war männlichen und zwei weiblichen Geschlechts. Beim näheren Betrachten stellte ich fest, daß die rechte Vorderpfote bei dem kleineren weiblichen Welpen nach außen stand und offensichtlich eine Verletzung vorlag. Eine Stunde später überbrachte mir der Tierpfleger einen weiteren, stark abgemagerten Rüdenwelpen, der kaum auf den Beinen stehen konnte. Der Grund für die Verletzungen war der vier Meter tiefe Abgrenzungsgraben aus Beton, in den beide Welpen anscheinend beim Verlassen der Wurfhöhle, die unmittelbar am Grabenrand lag, hineingefallen waren.

Drahtzäune werden in größeren Zoologischen Gärten aus architektonischen Gründen durch die Abgrenzungsgräben ersetzt. Was für den Besucher ein optischer Vorteil ist, birgt für die Tiere große Unfallrisiken. Besonders die sehr jungen Tiere können die Gefahr nicht einschätzen, und so kommt es zu diesen Stürzen in den tiefen Graben. Für die beiden Wolfswelpen war der derzeitige Körperzustand ein Handikap und für mich eine unerfreuliche Tatsache. Ohne menschliche Hilfe hatten die Welpen keine Lebenschance, dazu gesellte sich die Frage, wie es später im Rudel weitergehen sollte; schließlich kenne ich die unerbittlichen Gesetze in einem Wolfsrudel zur Genüge.

Die Aufzucht mit der Flasche bedeutet für uns unterdessen Routine.

Für mich war es jedoch jetzt das Wichtigste, den Welpen Milch einzuflößen, was ich zuerst mit einem Fläschchen versuchte. Sie tranken jedoch nicht, und so pumpte ich die Milch mittels der mitgebrachten Sonde direkt in den Magen. Viel Zeit zum Überlegen blieb mir nicht, denn der Rückflug nach Saarbrücken stand am gleichen Abend bevor.

Mein Entschluß, alle vier Welpen mitzunehmen und alles andere mit meinem Tierarzt abzusprechen, stand fest. In der Zwischenzeit fütterte ich sie alle zwei Stunden, wobei ich dem schwachen Rüden nur die halbe Milchration verabreichte, da er sich erst wieder behutsam an die Vollnahrung gewöhnen mußte.

Da nicht jeden Tag ein Flugzeug von Berlin nach Saarbrücken fliegt, ich auch zeitlich nicht in der Lage war, die Luftfracht für lebende Tiere zu regeln, blieb mir nichts anderes übrig, als die Welpen im Handgepäck mitzunehmen, obwohl mir bei dem Gedanken nicht so recht wohl war. Aber ich dachte in erster Linie nur an die Tiere, für die ich nun die volle Verantwortung übernommen hatte. Um diese so schnell wie möglich nach Merzig zu bringen, mußte ich alles auf eine Karte setzen. Also kaufte ich zwei größere Reisetaschen und setzte in jede zwei der Welpen, wobei ich die zwei gesunden zusammen in die eine Tasche und die zwei schwachen Tiere in die andere verfrachtete.

Am Flughafen angekommen, war der größte Teil der Passagiere schon an dem Ausgang für den Flug nach Saarbrücken abgefertigt. Die Dame am Gepäckschalter sagte mir, daß nur eine Reisetasche als Handgepäck mitgenommen werden dürfe, die zweite müßte ich abgeben zum Transport im Gepäckraum des Flugzeuges. Aber das konnte ich unmöglich;

75

denn im Gepäckraum wären mir die Welpen womöglich erfroren oder erstickt. Ich sagte, daß ich wichtiges Material dabei hätte und dies nicht aus den Händen geben könne. „Das mag wohl sein", sagte die Angestellte der Fluggesellschaft, „aber bei der Kontrolle beim Einchecken werden sie wieder zurückgeschickt."

Das kann ja heiter werden, dachte ich mir, und marschierte mit äußerst gemischten Gefühlen zur Gepäckkontrolle. Natürlich ließ es sich jetzt nicht mehr verheimlichen, was für eine Fracht sich in den Taschen befand. Die Herren von der Kontrolle waren sehr freundlich und drückten gegen ihre Dienstvorschrift beide Augen zu, den sie hielten meine Fracht für junge Hundewelpen. Als jedoch einem der Herren Zweifel kamen, klärte ich sie schließlich fairerweise auf. Gesundheitspapiere vermochte ich vorzuweisen, und so konnte letzten Endes die Reise dank des Verständnisses der Beamten losgehen.

Ich betrat als letzter Passagier das Flugzeug und atmete sofort erleichtert auf, da es nur zur Hälfte besetzt war. Ich nahm in der hintersten Sitzreihe Platz, stellte eine der Taschen zwischen meine Beine, die andere auf den Nebensitz und wartete ungeduldig auf das Abheben der Maschine. Zum Glück verhielten sich die Welpen verhältnismäßig ruhig. Nach dem Start öffnete ich die halb zugezogenen Reißverschlüsse der Taschen, damit die Tiere mehr frische Luft bekamen. Insgeheim hatte ich mir schon Namen ausgedacht – Polar, Hudson, Diana und Arktis.

Als ich einen Augenblick nicht auf die Tasche, die auf dem Boden stand, achtete, sah ich einen der Welpen nur noch zwischen den Sitzreihen verschwinden. Die Stewardess erblickte ihn und sprach mich auf französisch an. Ich antwortete in deutsch, aber sie verstand mich nicht, so daß wir uns schließlich in englisch verständigen konnten. Ich sagte ihr, daß es sich um einen Wolfswelpen handele, worauf sie antwortete: „Aber doch nicht hier!" Sie war überrascht und aufgeregt. Aber als ich ihr erklärte, daß ich noch drei weitere von dieser Sorte bei mir hätte und wo sie hinkommen sollten, war die Stewardess plötzlich gelöst und heiter: Sie hatte nämlich im französischen Fernsehen einen Film über mich und meine Wölfe in der Sendereihe „Unglaublich, aber wahr" gesehen. Pflichtgemäß informierte sie den Flugkapitän von der ungewöhnlichen Fracht an Bord, der dies jedoch gelassen hinnahm und nichts dagegen hatte.

Nach einer Flugzeit von einer Stunde und 45 Minuten landeten wir endlich in Saarbrükken. Kurz vor der Landung kam die Stewardess noch einmal zu mir und ließ mich wissen, daß der Flugkapitän und die Besatzung gerne meine kleinen Wölfe sehen möchten, ich solle doch nachher auf ein Bier ins Flughafenrestaurant kommen. Allzu gerne hätte ich diese Einladung angenommen. Ein großes Dankeschön für die französischen Freunde! Sie zeigten für meine Lage vollstes Verständnis.

Meine Frau, die mich am Flughafen mit dem Auto erwartete, sagte beim ersten Anblick der beiden kranken Welpen: „Mit denen werden wir noch eine Menge Arbeit bekommen." Wie recht sie hatte! Schließlich fuhren wir mit den Wolfswelpen nach Merzig in unsere Wohnung. Zu dieser Zeit befanden sich in unserer Wohnung bereits fünf europäische Wolfswelpen, die im Merziger Freigehege zur Welt gekommen waren und die wir ebenfalls großzogen.

Da auch meine Frau berufstätig ist, blieb uns nichts anderes übrig, als unseren Jahresurlaub zu nehmen, um der Aufgabe gewachsen zu sein. Den beiden gesunden Arktiswolfswelpen gaben wir Milch in einer kleinen Schüssel, und als wir ihre Schnäuzchen behutsam in die Milch tauchten, begannen sie sofort zu trinken. Gierig verschlangen sie auch

Oben: Ausgelassenes Spiel der Arktiswölfe.
Unten: Gemeinsames Heulen mit den Welpen von Arktis.

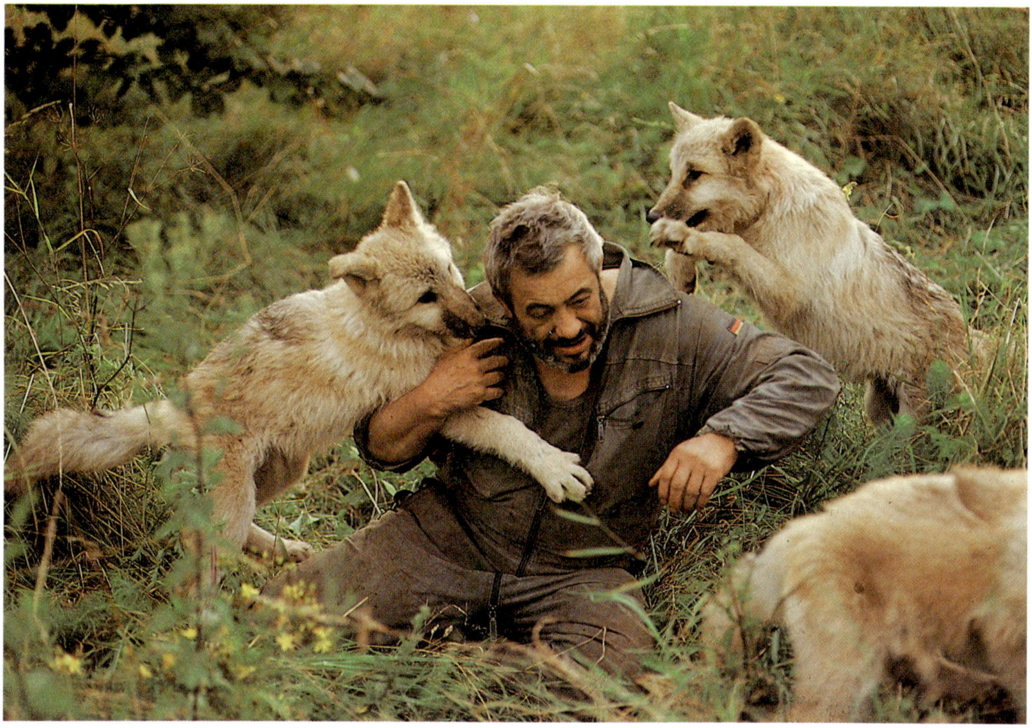

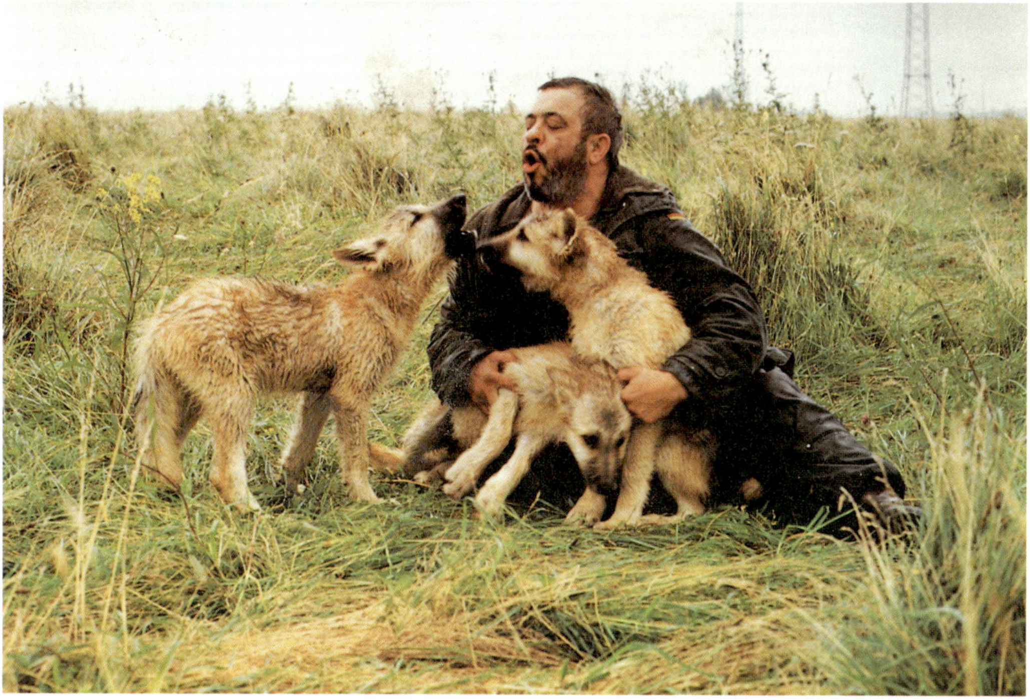

kleine Fleischbrocken, die wir ihnen reichten. Die beiden schwachen Welpen bekamen acht Tage lang die erforderliche Menge Milch mit der Magensonde, um sie möglichst schnell wieder fit zu machen. Dies alles geschah in Absprache mit unserem Tierarzt, der außerdem Aufbaupräparate verabreichte.

Bei der näheren Untersuchung stellte der Tierarzt fest, daß Diana durch den Sturz in den Graben einen Bänderriß am rechten Vorderlauf erlitten hatte. Er legte einen Gipsverband an.

Bei Polar waren vorerst hauptsächlich Schwäche auf den Beinen und unkontrollierte Bewegungen festzustellen. Erstaunlicherweise hatten mich die Welpen in kürzester Zeit als „Wolfsmutter" anerkannt. Sie zeigten keinerlei Scheu und wurden von Tag zu Tag zutraulicher. Anscheinend schlugen hier bereits meine intensiven Erfahrungen in der Aufzucht von Wölfen positiv zu Buche.

Mit den beiden gesunden Welpen hatten wir so gut wie gar keine Probleme. Die neue Umgebung war ihnen bald vertraut, doch die beiden kranken Welpen hielten uns ziemlich in Trab. Diana biß anfangs ständig in den Gipsverband, was wir natürlich dauernd zu unterbinden versuchten. Als sie sich aber nach ein paar Tagen einigermaßen an die lästige Bandage gewöhnt hatte und vitaler wurde, setzte ich sie in die Kiste zu den beiden gesunden Geschwistern, die natürlich sofort neugierig an dem Gipsverband knabberten. Um sie davon abzubringen, gab ich ihnen Knochen mit Fleisch daran, die sie dann doch bevorzugten. Dadurch gelang es, daß die drei sich an den Gips gewöhnten und nur noch selten Knabberversuche vornahmen.

Die drei machten uns nun große Freude, nur der schwache Polar bereitete uns nach wie vor Probleme, und ich gab ihm keine große Überlebenschance. Wir setzten ihn zu unserem Larvenroller (Schleichkatze) in den Holzkäfig. Die beiden verstanden sich auf Anhieb gut und lagen stundenlang aneinandergeschmiegt im Körbchen.

Nach ein paar Tagen sahen wir zu unserer großen Freude, daß Polar Spielversuche anstellte, indem er den katzengroßen Larvenroller mit den Pfötchen spielartig am Körper berührte. Erfreulich war es für uns, daß diese Bewegungsspiele von Polar ausgingen, ein Zeichen, daß er sich etwas erholt hatte. Auf Anraten unseres Tierarztes ließ ich Polar bei einem Augenarzt untersuchen, der zu meinem Entsetzen feststellte, daß er durch die Verletzung beider Sehnerven vollkommen blind war. Wir mußten uns mit diesem Umstand wohl oder übel abfinden.

Der Versuch, Polar zu den anderen drei Welpen zu setzen, mißlang, er wurde von Hudson und Arktis durch deren Körperkraft abgedrängt und laufend am Fell gezerrt. Die gleiche Situation ereignete sich, wie schon zuvor beschrieben, 1985 bei den von Else geborenen europäischen Welpen. Das Verhalten der Welpen einem Schwachen gegenüber verlief bei den europäischen Wölfen jedoch viel heftiger und aggressiver als bei den Arktiswölfen. Was sollte nun mit Polar geschehen? Er hatte sich inzwischen gut erholt und war körperlich gleich stark wie seine Geschwister, außer Diana, die eine zierlichere Statur aufwies.

In der neunten Lebenswoche zog ich mit den Welpen in einen Hundezwinger um und schlief auch nachts bei ihnen auf einer mit etwas Stroh ausgelegten Holzpritsche. Polar nahm ich in den ersten Nächten ganz in meine Nähe, da noch immer ein Abdrängen durch seine Geschwister stattfand. Dies änderte sich aber bald, da er so kräftig wurde, daß er sich seinen Geschwistern gegenüber durchsetzte und sich nichts mehr gefallen ließ. Als diese seine Stärke bemerkten, ließen sie ihn in Ruhe, und die vier Welpen kamen großartig miteinander aus.

Zur gleichen Zeit hatten wir ja, wie schon früher erwähnt, noch fünf europäische Wolfswelpen (Die „Wilden Fünf"), die inzwischen in das Aufzuchtgehege umgezogen waren. So mußte ich meine Nachtruhe aufteilen und

In unserer Schlafkiste geht es manchmal stürmisch zu.

schlief die eine Hälfte bei den Arktiswölfen und die andere Hälfte bei den europäischen Wölfen. Die beiden Gehege liegen etwa einen Kilometer voneinander entfernt.

War ich nachts bei den Arktiswölfen, so legten sie sich alle zu mir auf die Holzpritsche. Nachdem sie mich eingehend beschnuppert hatten, zogen sie an meinem Kombi, denn schließlich war dieser das Ersatzfell der Wolfsmutter. Wenn sie müde waren, schliefen sie dicht an mich gedrängt ein. Von der zehnten Lebenswoche an änderte sich ihr Verhalten in bezug auf meinen Geruch. Sie begannen sehr intensiv an mir zu schnuppern, und ich merkte, daß ihnen etwas nicht gefiel. Bis zu diesem Zeitpunkt ging ich nämlich mit dem gleichen Anzug zu den europäischen Wolfswelpen, die sich genauso verhielten, ja, mir sogar aus dem Wege gingen, wenn sie mich genügend beschnuppert hatten.

Eines nachts pinkelte mir Polar auf die Schuhe, als ich auf der Pritsche lag. Dies war für mich nun ein deutliches Zeichen, und ich

mußte mir in punkto Kleidung etwas einfallen lassen. So fuhr ich nachts nach Hause, wusch mich gründlich, wechselte meinen Anzug und meine Schuhe und machte mich wieder auf den Weg zum Nachtlager bei den Wolfswelpen. Diese Prozedur war aber auf Dauer nicht durchzuhalten, denn dadurch gingen mir einige Stunden Schlaf verloren, die ich aber dringend brauchte, da ich ja morgens zum Dienst mußte.

So entschloß ich mich, abwechselnd eine Nacht bei den Arktiswölfen und die nächste Nacht bei den europäischen Wölfen zu schlafen. So entfiel wenigstens das nächtliche Kleiderwechseln. Es klappte schließlich sehr gut, und meine Nachtruhe geriet wieder etwas länger.

Neun Wolfswelpen mußten nun täglich ausgeführt werden. Zuerst waren wir mit den Arktiswölfen abends unterwegs, anschließend mit den „Wilden Fünf". Für mich war es eine gute Gelegenheit, beide Rudel in ihrer Eigenart, ihrem Temperament und Sozialver-

79

halten zu vergleichen. Wenn es sich um Hunde handeln würde, würde ich bezüglich des Temperaments folgendes sagen: Die europäischen Wölfe sind wie Dobermänner und die Arktiswölfe wie Bernhardiner. Gleich vorsichtig sind beide Wolfsarten, jedoch geht von den Arktiswölfen mehr Ruhe aus. Futtergieriger und rücksichtsloser untereinander benehmen sich die europäischen Wölfe.

Bei Auseinandersetzungen am Beutetier oder an Fleischbrocken sind bei den Arktiswölfen die wesensstärkeren zuerst an der Beute. Sobald sie jedoch ihren ersten Hunger gestillt haben, kommen die schwächeren hinzu. Das geschieht schon meist nach kurzer Zeit. Dabei geht es oft ohne lautes Knurren und Raufen zu. Das ist bei den europäischen Welpen ganz anders, denn die stärkeren behaupten ihre Stellung beharrlicher und drängen die schwächeren immer wieder laut knurrend und zähnefletschend ab. Die Rangkämpfe sind in diesem Alter schon deutlich ausgeprägt.

Wenn wir die Wölfe außerhalb des Zwingers an der Leine führten, blieb der blinde Polar bei der Wahrnehmung von Hindernissen, z. B. Gräben oder Bäumen, davor stehen. Man merkte, daß er sich unsicher fühlte. Diese Unsicherheit legte sich aber mit der Zeit, und er orientierte sich anscheinend immer mehr nach seinem Geruchssinn und dem Gehör. Nach etwa vier bis fünf Wochen kannte er das Gelände wie seine Geschwister und wich jedem Baum oder anderen Objekten aus.

Seine Gangart unterschied sich jedoch deutlich von der seiner Geschwister. Er hob

Beim Zerren am Futterfleisch merkt man, welche Kraft in den Fängen der Wölfe steckt.

seine Beine beim Laufen höher an, um eventuellen Hindernissen auszuweichen und wirkte dadurch etwas tapsig. Erika gab ihm daher den Kosenamen „Tapsi". Bei Beobachtungen konnte ein Fremder nicht erkennen, welcher der blinde Wolf im Rudel war. Dadurch bekam ich wieder mehr Hoffnung; denn seine spätere Heimat war ja ein Waldgelände mit vielen Bäumen. Nachts lag Polar direkt an meinem Kopf, das war sein Stammplatz. Bevor wir einschliefen, spielten die Wölfe noch eine Zeitlang untereinander, dabei wurde ich mit einbezogen.

Polar hatte es besonders auf meinen Kopf als Spielzeug abgesehen: Er zog mich an den Haaren, biß mir auch manchmal in den Kopf und wurde gelegentlich ziemlich grob. Wenn es mir zuviel wurde, biß ich ihm in die Lefzen,

dann waren seine Grobheiten zu Ende, und er stellte sich auf Zärtlichkeit um. Kam ein anderer Wolfswelpe in die Nähe meines Kopfes, so wurde er von Polar angeknurrt und abgedrängt.

Um so oft wie möglich bei den Welpen zu sein, verbrachte ich auch meine Mittagspause bei ihnen. Die Bindung zu mir wurde zusehends enger. Bald war es mir gelungen, ihr ganzes Vertrauen zu erringen, und sie gingen mit mir um wie mit einem älteren Wolf.

Der Sommer 1983 protzte mit Wärme, es regnete kaum. Klimatisch bedingt, benötigen gerade Arktiswölfe kühlere Temperaturen. Die Wölfe waren jetzt zehn Wochen alt, tobten und balgten herum. Als sie eines Tages reichlich schmutzig aussahen, stellte ich im Gelände eine große Plastikwanne auf, um sie

Beim Gang durchs Gehege werde ich von allen Wölfen begleitet.

Erika sagt: „Die sanften Arktiswölfe sind meine Wölfe."

darin zu baden. Das nahm mir Hudson übel, denn er ließ sich ein zweites Mal nicht mehr in Richtung Wanne bewegen.

Ich hatte mal wieder gegen die Art der Wölfe verstoßen. Meine guten Absichten bewirkten das Gegenteil; denn in freier Natur wird ein Welpe nicht von einem älteren Wolf ins Wasser gesteckt und gewaschen. Da wir aber merkten, wie die Arktiswölfe unter der Hitze litten, installierte ich eine Anlage, die den Wölfen täglich künstlichen Regen bescherte.

Mit Polar wurde es nachts immer interessanter. Er legte Fleisch neben meinen Kopf, und wenn ein anderer Welpe sich näherte, knurrte er ihn lautstark an. Eine Atmosphäre, die manchmal bis in die späte Nacht andauerte.

Zwei Rudel in einem Sommer aufzuziehen, ergab für Erika und mich eine große Belastung, zumal wir einer Ganztagsbeschäftigung nachgingen. So existierten für uns nur noch Beruf und Wölfe, Freizeit war ein Fremdwort. Wie mit unseren anderen Wolfswelpen und Jungwölfen machten wir auch mit diesen beiden Rudeln ausgiebige Erkundungsmärsche im Gelände. Wildspuren wurden ausgelegt, die wir durch unsere Wölfe verfolgen ließen. Das ging bei den Arktiswölfen ruhiger, nicht so hastig wie bei den europäischen Wölfen vor sich, obwohl der Jagdtrieb der gleiche war.

Unsere Mühen hatten den Zweck, ständig neue Herausforderungen zu schaffen, denn Wolfswelpen und Jungwölfe, die nicht neuen Situationen ausgesetzt werden, stumpfen ab und verhalten sich weniger natürlich. Auch legte ich geschlachtete Beutetiere im Gelände aus und ließ sie von den Wölfen suchen. Interessant war, daß sich Polar an der Beute trotz seiner Blindheit gegenüber seinen Ge-

schwistern als der Alpha-Jungwolf durchsetzte. Das verdeutlicht, daß die Wesensstärke
bzw. Wesensschwäche angeboren ist und Han-
dikaps (in diesem Fall das Fehlen des Augen-
lichts) die Rangstellung nicht beeinflussen
müssen.

Im vierten Lebensmonat der Welpen unternahmen wir weitere Märsche. Als wir an großen Blechwannen vorbeikamen, in denen ein
Schäfer gewöhnlich seine Schafe tränkt, wichen die Arktiswölfe diesen Tränken in weitem Bogen aus. Die europäische Jungwölfe
dagegen und auch alle andern von mir aufgezogenen Wölfe sprangen in die Wannen hinein und tummelten sich im Wasser, allerdings
erst, nachdem sie sich beim ersten Mal vorsichtig genähert und nach möglichen Gefahren ausgespäht hatten. In der Folgezeit gingen sie schon unbekümmerter auf die Wannen zu und sprangen sofort hinein. Die Arktiswölfe hingegen konnten einfach nicht vergessen, daß ich sie in einer ähnlichen Wanne
einmal „zwangsgebadet" hatte. Ein natürli-
ches Wasserloch nahmen sie jedoch gerne an.

Mich interessierte, wie sich Polar verhalten
würde, wenn er ein lebendes Beutetier witter-
te. So setzte ich an einem frühen September-
morgen ein Huhn aus. Wir holten unsere Wölfe wie gewohnt aus dem Gehege und ließen
sie nach einer Weile frei laufen. Es dauerte
auch nicht lange, bis sie die Spur aufgenommen hatten. Nun zeigte sich ganz klar, daß Polar in dieser Situation den anderen drei Wölfen unterlegen war und er in freier Natur keine Chance gehabt hätte. Arktis tötete sofort
das Huhn, packte es und lief damit weg, weil
die beiden anderen Jungwölfe ihr die Beute
streitig machen wollten.

Das erste Jagderlebnis der Arktisjungwölfe.

Dies alles ging so schnell vor sich, daß Polar nicht registrierte, was sich da so abspielte. Er war sehr aufgeregt und bekam nicht mit, in welche Richtung die anderen Jungwölfe liefen. Er rannte hin und her, verlor immer wieder die Spur. Ich machte mir Gedanken darüber, was denn aus ihm werden würde, wenn er sich später in dem Waldgelände orientieren mußte. War es überhaupt zu verantworten, daß ich ihn aus Berlin mitgebracht hatte? Aber was wäre dort aus ihm geworden?

Ende September begannen die Vorbereitungen für das Umsetzen in das neuerbaute Freigehege. Ein paar Tage vorher waren wir mit den Jungwölfen abends länger unterwegs und bewegten uns in Richtung ihrer späteren Heimat. Somit war ihnen das Gelände bekannt. Künstliche Punkte, z. B. einen alten Bunker, umgingen wir, sobald die Wölfe Anzeichen zum Ausweichen zeigten.

Im Vergleich zu ihren europäischen Artgenossen sind Arktiswölfe im Alter von vier Monaten schon viel kräftiger und stärker, so daß sich für uns beim täglichen Ausgang in der letzten Zeit Probleme ergaben. Die jungen Wölfe fühlten sich gegenüber den Kindern überlegen, und ihre anfangs harmlosen Spielereien arteten immer mehr in Grobheiten aus.

Die blonden, langen Haare der zwölfjährigen Wiebke gehörten zu den bevorzugten Angriffsobjekten der jungen Wölfe, und sie versuchten ständig, daran zu zerren. Mitte Oktober kam eine Fotografin zu uns, um einige Aufnahmen von unserem Team zu machen. Der Jahreszeit entsprechend trug die Dame einen Mantel, der wegen des starken Windes um sie herflatterte. Hudson reagierte ängstlich und zeigte Fluchttendenzen. Ich sagte gleich zu Erika: „Morgen werden wir Schwierigkeiten haben, und es wird sehr schwer sein, Hudson in die Türschleuse zu bekommen, um ihn wie gewohnt anzuleinen."

Erika wollte das nicht glauben, wurde aber am nächsten Tag eines Besseren belehrt. Es dauerte eine halbe Stunde, bis wir Hudson in die Schleuse locken konnten und er sich anleinen ließ. Und es dauerte noch eine Weile, bis er sein Mißtrauen überwunden hatte und mit uns nach draußen ging. Unduldsamkeit wäre gerade in diesem Fall falsch gewesen, denn bei diesen hochsensiblen Tieren könnte ein Fehlverhalten unsererseits zu starken Vertrauensverlusten führen, die durch nichts mehr auszugleichen sind. Geduld und Ausdauer haben sich gelohnt, schon nach einer Woche ließ sich Hudson wieder ohne weiteres anleinen.

Rücksicht mußten wir auf das Verhalten von Hudson immer noch nehmen, denn als wir den gleichen Weg einschlugen, wo er sich vor dem flatternden Mantel erschreckt hatte, blieb er oft schnuppernd stehen und beobachtete die Gegend ausgiebig. Deshalb gingen wir künftig in eine andere Richtung, die ebenfalls zu unserem neuen Freigehege führte. Wie man sieht, ist jeder Wolf, genau wie wir Menschen, ein ausgeprägtes Individuum. Die Vorsicht gegenüber allem Fremden und Künstlichen in der Natur ist allen Wölfen eigen, nur ist sie bei den einzelnen Tieren unterschiedlich stark ausgeprägt.

Durch Einfühlungvermögen, Geduld und totale Hingabe war es mir bis zum Herbst gelungen, das volle Vertrauen der Arktiswölfe zu gewinnen. Sie erkannten mich als ihren Oberwolf an. An dieser Stellte möchte ich auch Erika, unseren Mitarbeiter Sigi Thomasin und die zwei Mädchen erwähnen, denn ohne sie wäre es nicht möglich gewesen, fünf europäische und vier Arktiswölfe innerhalb eines Jahres aufzuziehen.

Ende Oktober verließen wir für immer das Aufzuchtterrain, denn das zwei Hektar große Waldgehege war fertiggestellt. Morgens, noch in der Dunkelheit, liefen wir mit den Wölfen durch das Gelände und gelangten am Waldrand an, als es etwas hell wurde. Von den Mädchen war nur Esther dabei, weil Wiebke mit einer Erkältung im Bett bleiben mußte. So führte Esther die kleine Diana, mit der sie schon Mühe hatte, denn die Wölfe zogen stark nach vorne. An der Spitze unseres Trupps bewegte ich mich mit Polar, dann folgte Erika mit Arktis, Sigi mit Hudson und schließlich Esther mit Diana.

Für die Strecke von drei Kilometern ließen wir uns eine Stunde Zeit, unterwegs machten wir Pausen und spielten mit den Jungwölfen. Als wir am Gehege angekommen waren, nahm Sigi noch Polar, während ich behutsam vorausschritt, um einen vorher dort hingehängten geschlachteten Hasen zum Gehegeeingang zu bringen. Die Wölfe hatten sofort Witterung und folgten mir, indem sie kräftig an den Leinen zogen. Ich hielt den Hasen mit den Händen in die Luft, und die Wölfe sprangen an mir hoch, so daß sie von mir in diesem Moment überlistet wurden; denn sonst wären sie nicht so ohne weiteres durch die Eingangspforte in das Gehege gegangen.

Durch das Gerangel mit dem Hasen befanden wir uns dann plötzlich im Gehege, und es war uns allen viel wohler zumute. Sogleich beschäftigte mich aber die Frage: Was wird mit unserem blinden Polar? Wird er sich trotz seiner Behinderung zurechtfinden oder in seiner Ausgelassenheit gegen die Bäume rennen? Und es gibt sehr viele davon im Gehege. Wird er Alpha-Wolf bleiben, und wie werden sich seine Geschwister ihm gegenüber verhalten, wenn sie ihre Überlegenheit erkennen? All diese Fragen kamen jetzt plötzlich zum Tragen und zwangen mich, eine Entscheidung zu treffen.

Natürlich hatten wir uns schon lange vorher Gedanken gemacht, was mit Polar geschehen würde, wenn er sich nicht im großen Gehege zurechtfinden würde. Es gab drei Möglichkeiten: Die schlimmste Entscheidung, ihn vielleicht einschläfern zu müssen, schied vollkommen aus. Zweitens hatten wir in Erwägung gezogen, für Polar ein Gehege nahe unseres Hauses zu bauen und ihn dort alleine zu halten. Aber unsere Hoffnung, daß er sich in dem Waldgehege zurechtfinden würde, war groß, obwohl wir mit dem Gegenteil rechnen mußten.

Nachdem wir die Tür hinter uns verschlossen hatten, nahte unausweichlich die Entscheidung. Wir befreiten die Wölfe von den Halsbändern und ließen sie laufen. Sie rannten ein Stück voran zwischen den Bäumen hindurch, kamen wieder zurück zu uns, um dann wieder loszustürmen. Und siehe da, Polar wich den Bäumen aus und hielt im vollen Tempo mit den anderen Wölfen mit. Auch das Wasserbecken hatte er erkannt, denn er rannte daran vorbei, ohne hineinzustürzen.

Die ersten und laufenden Beobachtungen in den nächsten Stunden gaben mir die Gewißheit, daß Polar in diesem Gelände leben konnte, Geruchs- und Gehörsinn waren stark genug, um die Hindernisse zu erkennen und ihnen auszuweichen. Unsere Freude war unbeschreiblich, als wir die Gewißheit bekamen, daß Polar seinen Körper unter Kontrolle hatte. Welche Rolle er in Zukunft innerhalb des Rudels spielen und wie er sich weiterhin durchsetzen würde, konnte jetzt noch nicht beurteilt werden.

Nachts blieb ich im Gehege und schlief auf Stroh in der Holzhütte. Alle Jungwölfe lagen um mich herum, und es wurde sehr eng, denn die Arktiswölfe sind in diesem Alter schon wesentlich größer als die europäischen Wölfe. Zudem war es sehr warm, da die Arktiswölfe im Spätherbst eine Unterwolle haben, die mit einem Schafspelz zu vergleichen ist. Wenn es ihnen zu warm wurde, verließen sie die Kiste und legten sich davor. Nur Polar blieb immer bei mir in der Kiste. Wir beide hatten einigermaßen Platz. So blieb ich einige Zeit nachts bei den Arktiswölfen, bis ich hundertprozentig sicher sein durfte, daß sich Polar trotz seiner Blindheit zurechtfand.

In den Vollmondnächten verhielten sich beide Rudel identisch. Eines Nachts, im Januar bei Vollmond, befanden sich alle Rudelmitglieder in Bewegung, und ich beobachtete von der Kiste aus eine Jagdszene. Die Arktiswölfe erbeuteten einen Steinmarder, der sich, durch das Fleisch angelockt, im Gehege aufhielt. Ich sah, daß Hudson in der Nähe des

Marders, der unbekümmert an Fleischbrokken fraß, weilte, um diesen abzulenken. Arktis und Diana schlichen in tiefer Haltung an den Marder heran, und Arktis packte ihn blitzschnell.

Diesen Marder hatte ich schon längere Zeit im Gehege beobachtet, er war mit der Umgebung vertraut. Die Wölfe nahmen auch vorher kaum Notiz von dem Eindringling, warteten aber den richtigen Augenblick ab. Später fand ich im Gehege noch Reste eines zweiten Marders.

Wölfe sind erfolgreiche Jäger, sie jagen niemals sinnlos, packen oft dann zu, wenn das Beutetier nicht damit rechnet. Polar wurde in diese Jagd nicht mit einbezogen. Er blieb in meiner Nähe und startete erst, als er Laute von dem Marder vernahm, den Arktis bereits gepackt hatte. Später sah ich noch, wie Arktiswölfe Eichelhäher, Amseln und andere kleine Vögel im Gehege fingen. Sogar ein Eichhörnchen haben sie geschnappt.

Tiere, die sich in das Gehege der Wölfe vorwagen, haben wenig Überlebenschancen. Im Winter sind besonders in den Gehegen der „Viererbande" und der „Wilden Fünf" Bussarde, Krähen und Elstern gefährdet. Deshalb habe ich für diese Vögel eine Futterstelle außerhalb der Gehege angelegt, damit sie sich nicht, vom Hunger getrieben, in dieses Terrain begeben.

Zwei junge, scheue Hauskatzen, die in der Nähe unseres Hauses ausgesetzt worden waren und die Erika in der Wohnung fütterte, wurden nacheinander Opfer der Wölfe. Der einen rissen sie das Vorderbein ab, als diese in ihrer Unbekümmertheit versuchte, mit ihnen durch den Zaun zu spielen. Ich mußte sie sofort töten. Die andere hatten wir ein Jahr lang, dann ging sie auf Vogeljagd und sprang am Zaun empor, um auf die Bäume im Wolfsgehege zu gelangen. Die Wölfe schnitten ihr den Rückweg ab und zerrissen sie. Das ist ein Gesetz der Natur: einer frißt den anderen. Unsere vier Hauskatzen, die nun schon seit einigen Jahren bei uns leben, haben die Ge-

fährlichkeit der Wölfe erkannt und meiden die Gehege.

Auch ein Zwergpudelwelpe wurde Opfer der Wölfe. Ein junger Mann, der nicht mit Hunden umzugehen wußte, führte den jungen Zwergpudel seiner Eltern, den diese erst vierzehn Tage besaßen, am Gehege im Kammerforst bei dem „Siebengestirn" aus. Er ließ den Pudel frei laufen in der Annahme, daß er ihm folgen werde. Ohne den Hund zu beobachten, ging er weiter. Als er sich nach einer Weile umschaute, stellte er fest, daß der Pudel verschwunden war. Er ging zurück, um nach dem Hund zu suchen und sah, daß der Rumpf des Tieres am Zaun lag, der Kopf war abgebissen.

Was war geschehen? Der junge Hund hatte keine Bindung zu seinem Führer, die Wölfe lockten ihn an den Zaun, packten ihn an der Schnauze und zogen den Kopf durch den Draht. Der junge Mann warf den Rumpf des Tieres über den Zaun ins Gehege. Zuhause angekommen, fragten seine Eltern nach dem Pudel, worauf er erwiderte, den hätten die Wölfe gefressen. Erst wollte ich diesen Vorfall nicht glauben, bekam aber bei der Nachforschung die Bestätigung.

Es ist unverständlich für mich, daß sich Menschen immer wieder Hunde kaufen, ohne das geringste Grundwissen über den Umgang mit ihnen zu haben. Statussymbol, lebendes Spielzeug, andere haben so etwas auch, es ist so üblich, verkannte Tierliebe, Wachhund ohne Beziehung (also Waffe) usw. sind häufig die Motive, die zum Kauf eines Hundes führen.

Ein bekannter Wolfsforscher fragte mich, warum ich die Arktiswölfe halte, zumal sie das gleiche Verhalten wie die europäischen Wölfe hätten. Diese Meinung teile ich keineswegs. Auf allen meinen Expeditionen in die verschiedensten Regionen der Erde habe ich feststellen können, daß es große Unterschiede zwischen den einzelnen Naturvölkern gibt. Afrikaner sind anders als Indianer im Dschungel Südamerikas oder als Papuas in

Neu-Guinea. Obwohl alle menschlichen Bewohner unseres Planeten zur Art „Homo sapiens" gehören, unterscheiden sie sich doch aufgrund der Lebensbereiche und -umstände sowie des Erbgutes. In der Wolfswelt sieht das nicht anders aus. Schon bei meinen ersten Beobachtungen der Arktiswölfe im Berliner Zoo gewann ich den Eindruck, daß auch hier Unterschiede zu den europäischen Wölfen bestehen.

Meine These hat sich inzwischen bestätigt. Arktiswölfe sind in ihrer Wesensart ruhiger und ausgeglichener als europäische Wölfe. Untereinander sind sie nicht so grob, sei es beim Spiel oder auch später bei den Rangkämpfen. Es kommt kaum zu ernsthaften Bißverletzungen. Wenn ein Arktiswolf Unterwerfung dem Stärkeren gegenüber anzeigt, so wird dies von dem überlegenen Tier akzeptiert und der Kampf eingestellt. Bei den europäischen Wölfen ist das nicht immer so. Oft habe ich gesehen, daß eine Beißhemmung bei heftigen Auseinandersetzungen fehlt. Ein einziges Mal, im Januar 1987, hat Arktis Diana in den Nasenrücken gebissen. Als Diana aber ihre Unterwerfung und somit Unterordnung anzeigte, hörte der Kampf sofort auf. Sonst gab es bei den Arktiswölfen keine ernsthaften Blessuren.

Auch die Wasseraufnahme ist bei den Arktiswölfen und europäischen Wölfen verschiedenartig. Während die europäischen Wölfe ähnlich wie unsere Hunde trinken, schnappen Arktiswölfe mit ihrem Fang das Wasser, als würden sie hineinbeißen. Sie behalten so das Wasser kurze Zeit im Fang, bevor sie es herunterschlucken. Sie wärmen es also auf, da sie in freier Natur gewöhnlich Eiswasser vorfinden. Auch fressen Arktiswölfe gerne Fische und fettes Fleisch.

Ist im Winter das Wasserbecken vereist, so beginnt ein Wolf, wahrscheinlich derjenige, der am meisten Durst verspürt, an einer Stelle das Eis durch seinen Atem aufzutauen, indem er mehrmals kurz hintereinander mit seinem Fang die Eisdecke berührt. Ist ein An-

fang gemacht, so lösen sich die Wölfe ab, bis sie ein Loch im Eis haben und an das Wasser gelangen. Ich habe beobachtet, wie sie ein 20 bis 30 cm großes Wasserloch geschaffen haben. Sie fressen jedoch auch Eisstücke. Auch die europäischen Wölfe sind in der Lage, sich auf diese Weise im Winter eine Wasserstelle zu schaffen.

Arktiswölfe sollten nur in Freianlagen gehalten werden, die im Sommer möglichst viel Schatten und Wasser bieten. Sie leiden in unseren Breitengraden sehr unter der Hitze. So ist es auch zu erklären, daß Arktiswölfe eine ruhigere Gangart im Vergleich zu europäischen Wölfen haben, die auch ein erheblich größeres Laufpensum absolvieren. Arktiswölfe trotten, um Kraft bei ihren, aufgrund der Weitläufigkeit ihres Lebensraumes, ausgedehnten Streifzügen zu sparen, damit sie im richtigen Augenblick genügend Energie zum Jagen besitzen.

Bei den europäischen Wölfen werden im Jungwolfalter Machtkämpfe ausgetragen, jeder gegen jeden, zwei gegen einen, alle gegen einen. Das regeln die Arktiswölfe durch ihre ruhige Art. Es besteht bei den Arktiswölfen ein noch engeres Zusammenleben im Rudel. Meine Art kam mir im Umgang mit den europäischen Wölfen zugute, um die Position als Oberwolf zu behaupten. Arktiswölfe sind von Natur aus ausgeglichen und übertragen ihre Ruhe und Gelassenheit auf mich – also ein Ausgleich.

Das Zusammenleben mit den europäischen Wölfen ist weitaus gefährlicher – vor allem in den Aggressionsphasen. Arktiswölfe hingegen sind mir und Erika gegenüber nicht grob. Auch in den Aggressionsphasen kann Erika ins Gehege der Arktiswölfe gehen. Als „Futterwölfin" ist sie in der Gemeinschaft des Rudels voll akzeptiert.

In den Jahrtausenden der gnadenlosen Verfolgung durch den Menschen wurden europäische Wölfe zu aggressiven und unsteten Verhaltensweisen gezwungen. Dagegen haben sich Arktiswölfe, die kaum mit Men-

schen in Berührung kamen und somit in ihnen keine Konkurrenz sahen und auch keine Gefahr witterten, ihre ruhige und fast ausgeglichene Charakterart bis auf den heutigen Tag bewahrt. Obwohl Zoologen den Arktiswolf auf Grönland für ausgerottet hielten – nach dem Winter 1936/37 wurde kein Wolf mehr gesichtet –, haben zwei junge Norweger den Beweis erbracht, daß es ihn noch heute gibt. Beide verbrachten im Sommer 1983 einen viermonatigen Urlaub in Nordostgrönland. Während dieser Zeit gelangen ihnen Auffnahmen von zwei Wölfen. Sie beobachteten die Wölfe auch bei der erfolgreichen Jagd auf Moschusochsen.

Einige Eskimojäger wiesen immer wieder darauf hin, daß auf Pearyland, dem nordöstlichen Zipfel der Halbinsel, wo kaum Menschen hingelangen, noch Wölfe vorkommen. Die Wölfe zeigten keinerlei Scheu vor den jungen Männern. Sie näherten sich ihnen bis auf zwanzig Meter, fraßen am hellichten Tage Proviantreste, die unmittelbar am Lager herumlagen. Aggressivität war nicht festzustellen. Ihre Friedfertigkeit kann als Beweis dafür gelten, daß sie in dieser Region kaum einem Menschen begegnet sind. Inzwischen wurden diese Beobachtungen auch von anderen Grönlandreisenden bestätigt.

Bei den Arktiswölfen habe ich wiederholt festgestellt, daß sie intensiver in die Ferne schauen. An einem stürmischen Herbsttag lag ich mit den Wölfen auf einer Anhöhe im Gehege. Der Sturmwind wehte auf einige Leute zu, die sich etwa 600 Meter von uns entfernt befanden. Hudson und die beiden Wölfinnen schauten in diese Richtung und spitzten die Ohren. Der blinde Polar nahm davon keine Notiz. Durch den Sturm kamen Geruchs- und Gehörsinn nicht zum Tragen. Dieses „Erkennen" ist genetisch so zu verstehen, daß die Vorfahren der Arktiswölfe in den Lebensräumen der Kälteregionen unter extremen Bedingungen ihre Beute auch auf weite Entfernung ausmachen mußten.

Von links oben nach rechts unten:
Das Gähnen des Arktiswolfes zeigt Wohlbefinden an.
Vorbereitung zum Mittagsschlaf.
Oft ruhen wir zusammen.
Die Jungwölfe suchen Schnauzenkontakt zu Arktis und mir.
Arktis mit ihren drei Jungwölfen.
Früh übt sich, wer ein Meister werden will.

Unfall durch Baumsturz im Gehege

Im Spätsommer 1984 erlebten wir ein Unwetter mit starken Sturmböen über dem Kammerforst. Ich war wie üblich im Gehege und lag in der Kiste, als nacheinander immer wieder Bäume entwurzelt wurden oder abknickten. Die Wölfe liefen unruhig und nervös im Gehege herum. Als der erste Baum unter lautem Krachen umstürzte, kamen sie zu mir in die Kiste gesprungen, verließen diese aber bald wieder, bis auf Polar. Obwohl die Kiste auch nicht der sicherste Ort war – es bestand die Gefahr, daß ein umfallender Baum auf sie fallen könnte –, entschloß ich mich, darin zu bleiben. Zwei weitere große Kiefern, die zwischen den Buchen im Gehege standen, stürzten durch den Sturm unweit der Kiste um.

Als es morgens etwas hell wurde, verließ ich zusammen mit Polar die Kiste, um einen ersten Rundgang zu machen und danach zu sehen, ob ein Baum den Gehegezaun beschädigt hatte, was jedoch nicht der Fall war. Beim Verlassen der Kiste kamen die anderen drei Wölfe zu uns, und ich mußte zu meinem Schrecken feststellen, daß Diana am Rücken stark blutete. Beim näheren Hinsehen entdeckte ich, daß das Fell auf dem Rücken in Dreiecksform in der Größe von 15 cm x 15 cm bis unter die Haut aufgerissen war. Bald hatte ich auch herausgefunden, wo dies passiert war. Sie war unter einem umgefallenen Baumstamm hindurchgesaust und hatte sich an einem abgebrochenen Astansatz den Rücken aufgerissen. Die Stelle ließ sich aufgrund der hängengebliebenen Fellreste genau ermitteln.

Die anderen Wölfe waren wohlauf und leckten die Wunde von Diana, die selber nicht mit ihrer Zunge darankam. Die aufgeklappten Hautlappen hingen zur Seite herunter. Die Verletzung sah sehr schlimm aus. Es ist ein Grundsatz, daß sich im Rudel befreundete Wölfe gegenseitig die Wunden lecken. Auch mir wurde von Sascha, einem Wolf aus dem „Siebengestirn", als er mich vorher durch meine Schuld am Kopf gebissen hatte, die Wunde geleckt. Den Sinn konnte ich zum damaligen Zeitpunkt nicht beurteilen. Heute weiß ich, daß ich durch mein erlerntes wölfisches Verhalten einer von ihnen bin.

Ich verließ sogleich das Gehege, um mit meinem Tierarzt Verbindung aufzunehmen, der sich auch wenig später die Wunde ansah, nachdem Diana an den Zaun kam. Er sagte, dies sei nicht so einfach, denn die Wunde müsse geschlossen, d. h. das Fell wieder an die Haut angenäht werden. Dazu müßte die Wölfin aber betäubt werden. So verabredeten wir uns für den Nachmittag. Ich stellte einen Tisch in die Blockhütte, auf dem Diana nach der Betäubung gelegt und behandelt werden konnte. Der Tierarzt betäubte die Wölfin mittels eines Blasrohres durch den Zaun hindurch, denn ich konnte Diana durch mein Zurufen an den Zaun locken.

Die Betäubung klappte sehr gut, und nach ein paar Minuten war die Wölfin eingeschlafen. Ich nahm sie auf die Schulter, trug sie in das Blockhaus und legte sie auf den Tisch. Die Wunde wurde gereinigt und desinfiziert und anschließend die Fellteile an die Haut geheftet. Der Tierarzt gab mir aber zu bedenken, daß bei einem Aufreißen der Nähte die Gefahr einer Infektion bestehe.

Ich brachte Diana auf der Schulter wieder in das Gehege zurück und legte sie in die Kiste. Anschließend legte ich mich zu ihr und wickelte uns beide in eine warme Decke ein, um sie mit meiner Körpertemperatur zu wärmen und einer möglichen Unterkühlung oder einem Kreislaufkollaps vorzubeugen. Die anderen Wölfe mußte ich immer wieder abwehren, denn sie wollten uns die Decke wegzerren. Nach einiger Zeit kam Polar in die Kiste und schlief neben uns ein. So lagen wir aneinandergeschmiegt bis etwa 3 Uhr nachts. Diana versuchte nun aufzustehen. Das gelang jedoch nicht, sie war immer noch zu geschwächt. Gegen 5 Uhr hatte sie sich jedoch so weit erholt, daß sie wieder einigermaßen fest auf den Beinen stand und zusammen mit Polar die Kiste verließ.

Das Rudel sammelte sich. Die Wunde wurde wiederum von den Rudelmitgliedern geleckt. Aufgrund der hohen Tagestemperaturen fanden sich viele Fliegen an der Wunde ein, die für Diana zu einer starken Belästigung wurden. Aber auch in dieser Situation wußte sich die Wölfin selbst zu helfen. Sie grub sich eine angefangene Höhle weiter aus und blieb tagsüber darin liegen. Erst gegen Abend, als es kühler wurde, kam sie wieder heraus. Ich stellte mich mit der Fütterung auf den späten Abend um, damit Diana einigermaßen ungestört fressen konnte.

Zu meinem Entsetzen waren die Fäden bereits nach zwei Tagen herausgerissen. Jetzt kam der von mir zitierte Vergleich zum Tragen. Wölfe sind wie Indianer und die hochzivilisierten Menschen wie die verschiedenen Hunderassen. Jeder kann sich aussuchen, zu welcher Hunderasse er gehört. Das heißt, Wölfe sind nicht verweichlicht und haben noch Abwehrstoffe in ihrem Körper, die eine solche Wunde ohne Fremdhilfe zum Heilen bringen.

Vergleiche gehen mir durch den Kopf, wenn ich an Erlebnisse im Zuge meiner Expeditionen zu den Naturvölkern zurückdenke. Bei einer Reise in den Südwesten von Äthiopien sahen wir, wie sich Anuak-Frauen im Gesicht tätowierten. Sie nahmen dazu einen Dorn, zogen damit die Haut weg und schnitten mit einer rostigen, abgebrochenen Speerspitze die hochgezogenen Hautteile ab, dadurch entstanden erbsengroße Löcher. Am Ende der Prozedur war das ganze Gesicht eine blutende Masse, die von hunderten von Fliegen und Stechmücken umschwärmt wurde. Mit dunklem, schmutzigem Bachwasser „reinigten" sie anschließend ihre Wunden. Nach acht Tagen, als wir wieder durch das Dorf kamen, waren die Wunden verheilt und die „schönen" Narben deutlich sichtbar.

In Neu-Guinea wird beim Tod von Stammesangehörigen dem nächsten Angehörigen eines Unterstammes der Danis in einem Nebental des Balimtales ein Finger mit dem Steinbeil abgeschlagen, um so den körperlichen Schmerz über den Verlust des nahen Angehörigen bei ihm selbst herzustellen. So schreibt es das Ritual vor. Die Wunden werden mit Baumfasern verbunden. Es kommt zu keiner Infektion, geschweige zu einem Wundstarrkrampf.

Ich habe gesehen und es auch mit einer Filmkamera aufgenommen, wie junge Männer mit einem frisch verbundenen und noch blutenden Fingerstumpf herumliefen und sogar am Rande eines Baches mit Holzstangen nach Ratten gruben, diese dann mit den Händen am Schwanz packten, um sie anschließend zu verspeisen.

Ich könnte noch einige solcher Sitten von Naturvölkern aufzählen, was jedoch hier zu weit führen würde. Sinn der beiden Beispiele ist es, die Parallele zu sehen in der Empfindlichkeit bei äußeren Verletzung zwischen Naturvölkern und Wölfen. Die gab mir auch die Hoffnung, daß bei Diana alles gut verlaufen würde.

Nach vier Wochen war die Wunde dann auch verheilt, und die Hautlappen waren wieder zusammengewachsen. Wölfe sind halt wie Naturvölker!

Im Alter von zwei Jahren stellte ich eine zunehmende Aggression zwischen Arktis und Ronja fest, der schwarzen kanadischen Wölfin, die im Nebengehege zusammen mit Timber lebt. Die beiden Rudel sind nur durch einen Zaun getrennt. Sobald ich Fleisch in das Gehege der Arktiswölfe brachte, packte Arktis einen Fleischbrocken und schleppte ihn im Fang zum Zaun, um ihn Ronja demonstrativ zu zeigen. Ronja sprang dann aufgeregt am Zaun hoch. Dasselbe Verhalten zeigte Ronja gegenüber Arktis. Es war ein gegenseitiges Provozieren. Alle anderen Gehege sind so angelegt, daß keine Spannungen zwischen den einzelnen Rudeln entstehen können.

Die Alpha-Wölfin markiert das Rudelrevier.

Arktis war im zweiten Jahr läufig, doch die Wölfe zeigten kein Interesse an der Begattung. Erst im dritten Jahr paarten sich Arktis und Polar. Ob dies bei Arktiswölfen die Regel ist, kann ich nicht sagen, da mir vergleichbare Beobachtungswerte fehlen. Mitte April stellte ich fest, daß Arktis trächtig war, denn ihr Leib hatte an Umfang zugenommen. Am zweiten Mai zog sie sich in eine ausgegrabene Höhle zurück. Am nächsten Tag kam sie für kurze Zeit heraus, um Wasser zu trinken. Ich blieb von der Höhle fern, da die Wölfe des Rudels dies auch tun.

Drei Tage nach der Geburt lief Diana vor die Höhle und hob mit ihrem Fang etwas auf, trug es weg und legte es unter einem Baum ab. Dann ging sie wieder zu der Höhle. Jetzt war ich nähergekommen und sah, daß sie einen Wolfswelpen im Fang hatte. Das war für mich ein ungutes Zeichen, denn wie kommen Wolfswelpen in diesem Alter vor die Höhle, und warum war keine Reaktion von Arktis da? Als ich mich Diana näherte, deckte sie die beiden toten Welpen mit ihrem Körper ab und knurrte mich an.

Jetzt blieb mir nichts anderes übrig, als zur Höhle zu gehen. Ich entdeckte zwei tote Welpen neben der Mutter und nahm Geräusche wahr, die noch auf lebende Junge schließen ließen. Was nun? Hatte Arktis zuviele Junge, die sie nicht alle mit Milch versorgen konnte, oder hatte sie gar keine Milch?

Letzteres bestätigte sich am nächsten Morgen. Arktis verließ die Höhle und gesellte sich zu mir. Ich tastete ihr Gesäuge mit den Händen ab. Sie hatte tatsächlich keine Milch. Alle acht Welpen, die sie zur Welt gebracht hatte, waren gestorben. Arktis wirkte sehr schwach auf den Beinen, sie trank viel Wasser, nahm aber erst nach drei Tagen wieder Nahrung zu sich. Diana konnte ich in den nächsten Tagen nur mit Futter und List von den Jungen weglocken, die ich aus dem Gehege nehmen wollte. Anzumerken ist noch, daß bei den europäischen Wölfen eine rangniedrige Wölfin sich niemals in die Nähe der Geburtshöhle der Alpha-Wölfin gewagt hätte.

Der Tierarzt fand keine Erklärung für das Nichtvorhandensein der Muttermilch. Am Ernährungszustand der Wölfin lag es bestimmt nicht. Waren es für den ersten Wurf zuviele Welpen oder lag es am ständigen Streß mit der Wölfin am Nebengehege? Wir konnten nur Vermutungen anstellen. Wir hoffen, daß es bei einem kommenden Wurf besser klappt, denn in diesem großen Gehege können zehn bis fünfzehn Arktiswölfe leben.

Wölfe sind Individuen wie wir Menschen, jeder ist anders, und es bedarf meinerseits einer Einstellung auf jedes einzelne Tier. Seit Jahren mache ich über sie Aufzeichnungen. Nachfolgend habe ich die Beurteilungen der Arktiswölfe zusammengefaßt.

Polar

Von Geburt der Wesensstärkste. Er ist auch der temperamentvollste Wolf im Rudel. Als Jungtier forderte er die anderen Wölfe immer wieder zum Spiel und ließ ihnen keine Ruhe. Trotz seiner Blindheit hat er sich auch an der Beute erfolgreich durchgesetzt. Lebende Beute entgeht ihm, deshalb hätte er keine Überlebenschance in freier Natur. Erika und mir gegenüber ist er der anhänglichste Wolf. Sobald wir das Gehege betreten, freut er sich sichtlich und geht auch nicht mehr weg von uns. Bin ich nachts im Gehege, so schläft er unmittelbar neben mir. Als Welpe und auch als Jungwolf hatte er Schwierigkeiten, Hindernisse zu überwinden oder ihnen auszuweichen. Den Ausfall des Augenlichtes hat er wettgemacht, da seine anderen Sinnesorgane stark genug sind, um sich im Gelände ohne Schwierigkeiten zu bewegen: eine erstaunliche Anpassung und Umstellung. Menschen haben es in der gleichen Lage schwerer, das trifft auch bei Naturvölkern zu. Polar ist nach wie vor der Alpha-Wolf und hat sich während der Ranzzeit im dritten Lebensjahr mit Arktis gepaart.

Hudson

Ein ruhiger, sehr vorsichtiger Wolf, von Geburt wesenschwächer als Polar. Er hat kein Durchsetzungsvermögen gegenüber den anderen Rudelmitgliedern. Er ist sehr sensibel und hat bis heute nicht vergessen, daß ich ihn damals als Welpen zwangsgebadet habe. Noch heute weicht er dem großen Wasserbecken aus, das sich im Gehege befindet. Die anderen drei Wölfe trinken daraus oder baden sogar darin. Er meidet die Nähe von Polar, hat jedoch enge Verbindung zu Arktis und Diana. Schon als Welpe und Jungwolf ließ sich Hudson von Polar abdrängen, wenn sie beide meine Nähe suchten. Hudson kommt meist erst zu Erika, zu mir nur dann, wenn Polar nicht in der Nähe ist.

Arktis

Die eigenwilligste und auch die sensibelste Wölfin, die ich je kennengelernt habe. Schon als Welpe blieb sie meistens für sich, zeigte uns gegenüber auch wenig Anhänglichkeit und wich vor allem immer dem „groben" Polar aus, mit dem sie nie etwas zu tun haben wollte. Erst nachdem ich acht Wochen nachts mit den Wölfen zusammen lebte, nahm sie Körperkontakt zu mir auf. Auch als Jungwölfin beteiligte sie sich nur selten am Gerangel ihrer Geschwister. Im Freigehege hielt sie sich dann immer in der Nähe von Hudson und Diana auf. Etwa im Alter von einem Jahr, als Polar etwas ruhiger wurde, habe ich sie oft in seiner Nähe gesehen. Ein Naturgesetz – die Alpha-Wölfin ist stets in der Nähe des Alpha-Wolfes – kam immer mehr zum Tragen.

Diana

Die kleinste und schwächste unter den vier Arktiswölfen. Zurückgeblieben durch ihre Bänderverletzung am Bein, wodurch sie auch heute noch Schwierigkeiten beim Laufen hat, bemerkbar durch leichtes Hinken. Aufgrund dieser Verletzung im Welpenalter wäre sie in freier Wildbahn zum Sterben verurteilt gewesen. Sehr anhänglich Erika und mir gegenüber, hat auch engen Kontakt zu den anderen Wölfen. Erkennt Arktis als Alpha-Wölfin an und ordnet sich unter. Der Biß von Arktis in ihren Fang blieb eine Ausnahme, allerdings hatte sie sich zwischendurch in der Rangordnung etwas nach oben gewagt. Jetzt zeigt Diana wieder Unterordnung. Durch listiges Verhalten kommt sie auch bei der Versorgung nicht zu kurz. Sie wartet zunächst ab, schnappt sich dann, wenn die anderen Wölfe beim Fressen sind, einen guten Fleischbrocken, trägt ihn weg, um ihn ungestört fressen zu können. Die anderen Wölfe akzeptieren dieses Verhalten. Sie ist eine Spezialistin im Fangen von Vögeln, wobei blitzschnelle Bewegungen ihr wichtigster Trumpf sind.

Arktiswolfswelpen 1987

Da im Gehege der Arktiswölfe für mehrere Wölfe ausreichend Lebensraum vorhanden ist, stand nichts dagegen, unsere Arktis erneut wölfen zu lassen. Sollte sie jedoch wieder keine Milch haben, so würde nichts anderes übrigbleiben, als die Welpen schon kurz nach der Geburt von der Mutter zu trennen, um sie mit Spezialmilch aufzuziehen.

So ließ ich der Natur ihren Lauf mit dem Ergebnis, daß sich die Wölfin Ende Februar 1987 mit Polar paarte. Ende April schwoll das Gesäuge leicht an, und das dünne Haarkleid an dieser Stelle verschwand, Zeichen dafür, daß die Geburt bevorstand. Am 2. Mai hielt sich die Wölfin noch nachmittags in meiner Nähe auf. Ihr Bauch war nicht so dick wie im letzten Jahr. So vermutete ich und sagte dies auch Erika, daß in diesem Jahr weniger Welpen geboren würden.

Am gleichen Abend noch verschwand Arktis in einer der drei gegrabenen Höhlen im Gehege, und zwar in der Höhle unter der Schlafkiste, in der sie als Jungwolf mit mir übernachtet hatte. Das war für mich ein deutliches Zeichen, daß sie in dieser Nacht ihre Welpen zur Welt bringen würde. Übrigens helfen beim Graben einer Höhle alle anderen Wölfe des Rudels mit. Sobald die Wölfin damit angefangen hat, wechseln sie sich gegenseitig ab. Diese Arbeit beginnt schon einige Wochen vor der Ranzzeit. Sie graben jedoch nicht täglich, sondern lassen sich Zeit dabei.

Am Sonntag, dem 3. Mai 1987, begab ich mich um 6 Uhr in der Früh zur Geburtshöhle. Ich wurde von den anderen Wölfen dorthin begleitet und hörte sogleich die Welpen jammern – das war kein gutes Zeichen. Meine Besuche an der Höhle wiederholte ich stündlich. Das Jammern der Welpen wurde immer heftiger – sie waren also hungrig, und die Mutter hatte wiederum keine Milch, um die Kleinen zu säugen. So beschloß ich mit Erika, die Welpen alsbald aus der Höhle heraus-

zuholen; denn ich vermutete, daß sich das gleiche Drama wie im letzten Jahr anbahnen würde.

Das Ausgraben der Welpen mußte überraschend und in Windeseile geschehen. Die Voraussetzungen dafür schienen günstig, denn der Wurfkessel lag direkt am Ende der Kiste in einem aufgeschütteten Sandboden. Erika postierte sich in der Nähe des Höhleneinganges mit einem langen Stock, damit sie auf die Wölfin, wenn sie erschreckt die Höhle verließ, einreden und sie bei deren Annäherung auf den Stock einbeißen lassen konnte. Ein mitgebrachtes Körbchen stellte ich auf die Schlafkiste und begann vorsichtig zu graben.

Schon beim dritten Spatenstich hatte ich den Rand des Kessels erreicht. Die Wölfin verließ fluchtartig die Höhle. Ich sah die Welpen, packte blitzschnell einen nach dem anderen und legte sie in das Körbchen. Die Wölfin war im ersten Moment perplex, erkannte aber augenblicklich die Situation, und Erika hatte ganz schön zu tun, um sie mit guten Worten und mit Hilfe des Stockes fernzuhalten.

Plötzlich sprang die Wölfin wieder in die Höhle zurück. Diese Gelegenheit nutzte ich und verließ zusammen mit Erika rasch das Gehege, um das Körbchen mit den Welpen herauszubringen. Die Blitzaktion hatte keine zwei Minuten gedauert. Die Wölfin grub in dem zusammengefallenen Kessel noch nach ihren Welpen, alle anderen Wölfe sprangen aufgeregt um sie herum. Diese Aktion hatte Nerven gekostet. Bewundert habe ich Erika, gab sie mir doch die entscheidende Rückendeckung. Möglich war dies nur, weil meine Frau ebenfalls die Arktiswölfe von jung auf kennt und ständig engen Kontakt zu den Tieren pflegt.

In meiner Vermutung, daß die Anzahl der Welpen geringer sein würde, täuschte ich mich. Es handelte sich immerhin um sieben, drei männliche und vier weibliche, von denen allerdings drei ausgesprochen schwach waren. Ich zweifelte, ob mir ihre Aufzucht gelingen würde. Erfahrungen in der Betreuung von ganz frisch geborenen Welpen besaßen wir nicht. So entschloß ich mich, nach Rücksprache mit meinem Tierarzt, die Welpen in den ersten vierzehn Tagen alle zwei Stunden Tag und Nacht und in der zweiten bis vierten Woche alle zwei Stunden von 6 bis 24 Uhr mit Spezialmilch aus einem Fläschchen zu versorgen, später dann in größeren Zeitabständen.

Leider starben mir die drei sehr schwachen Welpen in den ersten vier Tagen und ein vierter wenig später. Ich machte mir Vorwürfe, fragte mich, was ich falsch gemacht hatte; aber die Welpen waren alle gleich versorgt worden. Die verbliebenen drei gediehen nämlich prächtig.

Folgendes fiel uns bei diesen kleinen Welpen auf, bevor sie die Augen öffneten: Legten wir uns im Wohnzimmer etwa ein bis zwei Meter ihnen gegenüber auf den Boden, krochen die drei Wolfswelpen jeweils in meine Richtung. Grund dafür muß der Geruch ihrer Mutter gewesen sein, mit der ich ja weiterhin täglich zusammen war.

Als unsere europäischen Wölfe etwa zehn Meter von unserer Wohnung entfernt zu heulen begannen, hob der Deborah getaufte Welpe am elften Lebenstag seinen Kopf und heulte (noch mit geschlossenen Augen) mit. Seine beiden Geschwister reagierten nicht.

Das Öffnen der Augen erfolgt in der Regel zwischen dem zwölften und vierzehnten Lebenstag nach der Geburt. Deborah tat dies am zwölften, Peter und Nicole am dreizehnten Tag. All das zeigt deutlich, daß es eine Reihenfolge bei der Entwicklung der Sinnesorgane gibt: erst der Geruch, dann das Gehör und schließlich das Sehen.

Am achtzehnten Lebenstag, als die Welpen bei uns in der Küche herumliefen, merkte ich zu meiner Überraschung, wie sie gierig aus dem Futterschälchen unserer Katzen Fleischstückchen verschlangen. Mit Fleisch hatte ich die früher aufgezogenen Welpen erst ab der vierten Woche gefüttert. Von diesem Tag an bekamen sie täglich etwas zerkleinerte Fleischstücke aus meinem Mund, was ich von den Wölfinnen abgeschaut hatte. Beim Älterwerden der Jungen brechen sie das Futter vor den Jungen aus. Dies ahmte ich natürlich nicht nach, sondern brachte ihnen mit rohem Ei vermischte kleine Fleischbrocken. Und schon bald rissen sie Fleischstücke von Knochen ab.

In der fünften Lebenswoche siedelte ich mit den Welpen in das Aufzuchtgehege um, wo ich seitdem jede Nacht mit ihnen verbrachte. Sie lagen dicht an mich geschmiegt, weil sie Wärme und Nähe brauchen; nur in den ersten Mondnächten waren sie nachts unruhig und wollten ständig mit mir spielen. Dieses Verhalten kenne ich von allen vorher großgezogenen Welpen. An zwei Nächten im Juli war es nachts so warm, daß wir außerhalb der Kiste auf dem Boden schliefen. Ich folgte den Welpen, die wegen der Hitze die Kiste verließen.

An warmen Tagen machten wir unsere täglichen Spaziergänge im Gelände erst nach 22 Uhr. Die drei ließ ich im Gelände frei laufen, da sie sich gewöhnlich in meiner Nähe aufhielten. Entfernten sie sich etwas weiter, so stimmte ich unseren Sammelruf an, und sie kamen angesaust und beleckten meinen Mund.

Im Alter von zwölf Wochen liefen sie in ihrem Spiel- und Beutetrieb schon viel weiter weg. Sowie ich heulte, antworteten sie mit ihrem jugendlich-hellen Chorheulen und kamen angestürmt. Unsere Verständigung klappte tadellos. Gelegte Wildspuren verfolgten sie, verloren sie aber oft wieder im Spieltrieb. Nur wollten sie nicht mehr ins Gehege zurück, wenn sie sich an ausgelegten Fleischstückchen von überfahrenem Wild sattgefressen hatten.

So ging ich dazu über, das Wild in der Nähe des Geheges auszulegen, und wenn sie es auf unserem Rückmarsch durch Verfolgung der Schweißspur auffanden und sich daraufstürzten, packte ich die Beute und zog sie ins Gehege. Sie bissen sich daran fest und gaben nicht nach, bis ich schließlich im Gehege die Beute freiließ.

Ich bin der einzige Wolf, der manchmal die Beute auf der Schulter trägt.

Am 9. Juli hatten zwei Freunde von mir aus der Dienstzeit bei den Fallschirmjägern die Patenschaft für die drei Arktiswölfe übernommen und für sie ein Sparbuch angelegt: der Opernstar und Rocksänger Peter Hofmann und Werner Moltke, der ehemalige Europameister im Zehnkampf. Seitdem haben die drei Welpen ihre Namen, nämlich Peter, Deborah Sasson und Nico. Deborah ist Peters Frau, eine bekannte amerikanische Sängerin, und Nico lautet der Vorname von Werners Tochter. Für mich war es ein schönes Gefühl, daß die beiden „alten" Freunde zu mir halten und meine Arbeit mit Wölfen auf diese Art unterstützten.

Im Juli legte ich eine Spur mit einem verendeten Nutria (Sumpfbiber), um auf dem Rückweg aus dem Gelände die kleinen Wölfe darauf anzusetzen. Als ich mit den dreien etwa 200 Meter an dem versteckten Tier vorbeiging und der Wind aus der Richtung des Beutetieres wehte, hob Deborah den Kopf. Die beiden anderen machten es ihr sogleich nach, schauten ebenfalls in die Richtung des abgelegten Nutrias. Die Beute konnten sie zwar nicht sehen, dafür aber wittern. Alsbald liefen sie in die Richtung, blieben mehrmals unterwegs stehen, hoben wiederum den Kopf, um die Wittrung erneut aufzunehmen. Kurz davor gelangten sie auf die Spur, der sie, mit

Opernstar Peter Hofmann ist mit mir seit gemeinsamer Dienstzeit bei den Fallschirmjägern befreundet. Er übernahm die Patenschaft für die jungen Arktiswölfe.

der Nase am Boden, folgten, zum Beutetier. Das häufige Wiederholen des Kopfhebens, der Blick in die Ferne, ist den Arktiswölfen eigen.

Nachts verhielten sie sich bei mir in der Hütte genau wie alle anderen Wolfswelpen. Wenn sie noch nicht schliefen oder aufgewacht waren, stritten sie sich um die in die Hütte mitgebrachten Fleischbrocken. Eines Nachts rissen sie einen alten, mit Federn gefüllten Schlafsack, den ich als Decke benutzte, an einer Stelle auf. Als ich mit den Füßen das Loch verdeckte, wichen sie zunächst zurück. Jedoch merkte ich im Halbschlaf, daß am Riß des Schlafsackes heimliche Bewegungen im Gange waren. Als ich plötzlich die Taschenlampe anknipste, sah ich Deborah, wie sie ganz vorsichtig eine Hühnerfeder nach der andern aus dem Schlafsack herauszog. Was blieb mir anderes übrig, als zu schmunzeln und aufzugeben. Am nächsten Morgen sah es in unserer Hütte aus, als wäre Frau Holle zu Besuch gewesen.

Wie ich immer wieder bei den Wölfen festgestellt habe, verfolgen sie ein Ziel in der ihnen eigenen Hartnäckigkeit so lange, bis sie es erreicht haben, wobei sie jede ihnen zur Verfügung stehende List anwenden. Deshalb sind sie auch später als Beutegreifer erfolgreich; sie jagen niemals sinnlos.

Da ich die drei als Welpen alleine aufgezogen hatte (Erika konnte sich aus Zeitmangel diesmal nicht an der Aufzucht beteiligen), lehnten sie es im Alter von acht Wochen ab, Milch aus der Flasche von ihr anzunehmen. Im Alter von vier Monaten war ich täglich mit ihnen im Gelände unterwegs, oft auch in der Dunkelheit. Sie liefen frei, blieben immer zusammen und entfernten sich in der Regel nicht weit von mir. Hatte ich sie nicht mehr im Auge, so ließ ich den Sammelruf ertönen, und schon kamen sie nach ein paar Sekunden angesaust.

Wenn sie eine Wildspur verfolgten und sich weiter von mir entfernten, so begann ich zu heulen, sie heulten ebenfalls und kamen zurück. Kürzlich kehrte Peter mit einer jungen Katze im Fang zurück, die ihm Deborah und Nico streitig machen wollten. Die Katze war tot, aber noch nicht lange, denn sie fühlte sich noch warm an. Ausgesetzte und verwilderte Katzen gibt es hier im Gelände mehr als in früheren Jahren Hasen. Da die Katze genau wie der Wolf ein Beutegreifer und ein wehrhaftes Tier ist, lehne ich es grundsätzlich ab, die Wölfe an Katzen zu lassen, und versuche es möglichst zu verhindern.

Ende August marschierten wir zum ersten Mal mit den drei Wolfswelpen zum Gehege, ihrer späteren Heimat. Ich wollte sehen, wie der Kontakt zwischen ihnen und ihren vierjährigen Artgenossen ausfallen würde, denn sie sollten ja später in dieses Rudel eingegliedert werden. Anfangs Vorsicht am Zaun auf beiden Seiten, dann Berühren an den Schnauzen und Wedeln mit den Ruten – ein gutes Zeichen. Ich war mir fast sicher, daß die Eingliederung erfolgreich sein würde, was sich zwei Wochen später auch bestätigen sollte.

Während eines Aufenthalts im Gelände stellte Nico eine große Ratte in den Büschen, die ihr in die Nase biß. Die blitzschnell herbeieilende Deborah packte die Ratte mit ihrem Fang von der Seite und eilte mit dem noch quickenden Nagetier davon, wurde sogleich von den beiden anderen Jungwölfen

verfolgt. Das Ganze sah aus wie ein Spiel, ist jedoch die angeborene Jagdart der Wölfe. Einer bindet oder lenkt ab, und die anderen nützen dies aus und packen überraschend zu oder greifen an – je nach Situation. Das ist das Rudelverhalten der Beutegreifer.

Menschen bezeichnen ein solches Vorgehen als listig, verschlagen oder auch hinterlistig. Aber nur durch diese Taktik kann ein Wolfsrudel überleben. Beim Militär praktiziert man sie ebenfalls. Aus meiner Bundeswehrdienstzeit kenne ich die Befehlsgebung und den Einsatz, z. B. „Erste Gruppe bindet den Feind, zweite Gruppe greift links- und dritte Gruppe rechts-umfassend an" – also nach Wolfsrudelsystem.

Leider ist es mir nicht möglich, nochmals eine Jagdgemeinschaft wie mit den „Schwarzen Teufeln" (davon mehr im nächsten Kapitel) zu bilden und die gewonnenen Erfahrungen zu erweitern. Zum einen ist das Aufzuchtgehege zu klein, zum anderen geht es mir um die Integration in das Rudel, die im Alter von einem Jahr schwierig ist oder sich überhaupt nicht mehr durchführen läßt. Ein weiteres Gehege will ich nicht mehr bauen, denn die fünf Wolfsrudel nehmen mich Tag und Nacht in Anspruch.

So beschloß ich, die drei am 18. September endgültig in das Großgehege der vierjährigen Arktiswölfe einzugliedern. Morgens um 7 Uhr am Gehege angekommen, erfolgte diesmal eine sofortige freudige Begrüßung am Zaun von beiden Seiten.

Erika und zwei Freunde, die schon öfter mit mir und den Jungwölfen unterwegs waren, somit eine enge Verbindung zu ihnen hatten, hielten sich etwa 600 Meter vom Gehege entfernt auf, als in dem Rudel der erwachsenen Arktiswölfe, in dem ich mich befand, das Nahen der Jungwölfe durch günstigen Wind gewittert wurde. Mit wedelnden Ruten liefen meine Wölfe zum Seiteneingang des Geheges, an dem die Jungwölfe das letzte Mal vor drei Wochen waren. Von der Leine losgelassen, stürmten die drei durch die Schleuse der

Die Jungwölfe Peter und Deborah mit ihrem Oberwolf und Alpha-Wölfin Arktis.

Tür ins Gehege und begrüßten mich zuerst, indem sie an meinem „Fang" leckten, gingen dann sofort zu Arktis, ihrer Mutter – und begrüßten sie auf die gleiche Art. Dann liefen sie mit Arktis weg. Die anderen Wölfe des Rudels schienen sie nur am Rande zu interessieren: ein Verhalten, als wären sie schon immer im Gehege gewesen.

Ich stellte mir folgende Fragen:

1. Haben die Jungwölfe sofort erkannt, daß Arktis ihre Mutter oder das dominante Tier im Rudel ist, und halten sie sich nach Wolfsgesetz deshalb an sie?

2. Oder richten sich Arktis und die Jungwölfe nach dem Geruch? Denn immer, wenn ich das Gehege betrat, roch Arktis an meiner Kleidung und schnupperte auffällig an mir herum, da ich vorher ihre Welpen bzw. später ihre Jungwölfe versorgt hatte. Dies hatte sich seit dem Tag, als ich die Welpen aus der Höhle genommen hatte, täglich wiederholt und war noch intensiver geworden, nachdem Arktis den ersten Kontakt mit den dreien am Zaun gehabt hatte.

Der Geruchssinn ist meines Erachtens bei den Wölfen das ausgeprägteste Sinnesorgan, denn die drei Gehege im Kammerforst sind nicht soweit voneinander entfernt, daß ein Rudel nicht merkt, wenn ich bei dem anderen bin. Zwischen den Arktiswölfen und den Timberwölfen besteht direkte Sichtverbindung.

Um bei allen Rudeln meine Stellung als Oberwolf zu behaupten, bin ich jetzt dazu übergegangen, mich vorher zu waschen und umzuziehen, wenn ich von den Arktiswölfen zu den Timberwölfen gehe, denn in letzter

Oben: Arktiswölfe mit mir an einem Wintermorgen im großen Freigehege.
Unten: Unterdrückung des Schwächeren durch den Stärkeren.

Zeit zeigten beide Rudel mir gegenüber Zurückhaltung, wenn ich mit dem gleichen Anzug von dem einen in das andere Gehege wechselte. Hätte ich mich nicht darauf eingestellt, würde ich Ende dieses oder Anfang nächsten Jahres während der Vorranzzeit und Ranzzeit von einem der Rudel abgebissen werden, wahrscheinlich von den Timberwölfen.

Nach meiner Erfahrung erstreckt sich die Erziehung von Jungwölfen nicht über längere Zeit. Sie befolgen eine Anordnung von oben sofort und nehmen eine demütige Haltung ein. Das ließ sich bei der Eingliederung der drei Arktiswölfe in das Rudel sehr gut feststellen. Das dauernde Am-Fang-Lecken der Jungwölfe, wie sie es bei mir bei jeder Gelegenheit taten, gewöhnte Arktis ihnen ab, indem sie die Jungen dauernd anknurrte. Nur wenn sie es will, dürfen sie dies. Wieder hatte ich etwas von den Wölfen gelernt, denn wenn mir die drei jetzt zu lästig wurden, knurrte ich wie Arktis, und prompt ließen sie mich in Ruhe.

Nachdem ich nun fünf Jahre mit einem Rudel Arktiswölfe zusammenlebe, weiß ich, daß erwachsene Tiere (obwohl sie im Wuchs größer als die anderen Wolfsarten sind) weniger Futter verbrauchen. Sie sind genügsamer und fressen nicht so hastig wie z. B. ihre europäischen Artgenossen.

Der geringere Nahrungsbedarf der Arktiswölfe mag darauf zurückzuführen sein, daß sie – wie der amerikanische Forscher Mech in freier Natur beobachtete – überwiegend aus dem Hinterhalt jagen und deshalb keinen so hohen Kalorienverbrauch haben wie bei der Jagd auf größere Entfernungen.

Jedenfalls sind die Arktiswölfe in ihrer Wesensart wesentlich ruhiger und in ihren Bewegungen langsamer als alle anderen Wolfsarten. Sie bevorzugen meist den Schritt oder leichten, gleichmäßigen Trab, was sich kräftesparend auswirkt. Am Beutetier zeigen sie jedoch die gleiche Schnelligkeit wie die anderen Wolfsarten.

Arktiswölfe in freier Natur

In der amerikanischen Zeitschrift „National Geographic" erschien in der Ausgabe Mai 1987 von David Mech und Jim Brandenburg ein Artikel mit einmaligen Fotos über das Leben der Arktiswölfe in ihrer Urheimat; darüber wußte man bisher sehr wenig. Die Studienergebnisse des amerikanischen Forschers David Mech decken sich völlig mit meinen Langzeitbeobachtungen.

Er hat genau wie ich festgestellt, daß diese Wolfsunterart nicht die angeborene Scheu vor dem Menschen zeigt, wie dies z. B. bei den europäischen Wölfen der Fall ist. Die gleiche Erfahrung machten vor drei Jahren, wie vorher schon erwähnt, die zwei norwegischen Forscher in Grönland.

Aus all diesen Beobachtungen ist zu schließen, daß der Mensch durch seine Verfolgung und seinen Vernichtungswahn den Wolf zu solch einem scheuen Tier hat werden lassen. Zur Erhaltung der Arktiswölfe sollte man sie baldmöglichst unter Naturschutz stellen, um ihren Fortbestand vor allen möglichen menschlichen Übergriffen zu schützen. Canis lupus arctos ist der lateinische Name dieser Wölfe, ihr Lebensraum sind die Queen-Elisabeth-Inseln und Grönland.

David Mech beobachtete längere Zeit ein Rudel Arktiswölfe auf der nordkanadischen Ellesmerc-Insel. In den kargen Polarregionen nördlich des 75. Breitengrades ist Wild rar, dazu herrschen von der Witterung her ausgesprochen harte Lebensbedingungen. Vier Monate im Jahr ist die Polarinsel in tiefste Finsternis gehüllt, so daß selbst Inuits (Eskimos) zu dieser Zeit selten im Inland dieses Gebietes auf Jagd gehen. Die Landschaft ist geprägt von welligen Hügeln, kleinen Tälern und wenig Vegetation. Im April liegt noch eine dichte Schneedecke.

Kurz nachdem die beiden Forscher Mech und Brandenburg die Wölfe entdeckten, stellten sie fest, daß die Arktiswölfe einen bestimmten Eisberg häufig aufsuchten, den die Aprilsonne schon um 3 Uhr morgens erwärmte. Die nächsten vier Monate würde dort die Sonne ohne Unterlaß scheinen.

Der Biologe David Mech arbeitet als Wolfsforscher für den „U. S. Fish- and Wildlife Service". Zu seiner Aufgabe gehörte es, Wölfe im US-Bundesstaat Minnesota zu studieren. Er hatte hunderte von ihnen mit Blechmarken gekennzeichnet und sie seit 1968 aus der Luft beobachtet, jedoch noch nie die Gelegenheit gehabt, mit einem wilden Rudel zu leben. Soweit er wisse, schreibt er, habe das auch noch kein anderer Mensch getan.

In der arktischen Polarregion studierte er nun aus nächster Nähe ein Rudel von sieben Wölfen und sechs Welpen täglich genau. Er gab den einzelnen Wölfen Namen, um sie besser auseinanderzuhalten, auch um ihre Rudeltätigkeit und Rangordnung besser beobachten und aufzeichnen zu können. Das Jagdgebiet des Rudels erstreckte sich über 1.600 Quadratkilometer mit einem Durchmesser von etwa 30 Kilometern. Soviel Land benötigte die Wolfsschar in der fast unfruchtbaren Arktis als Jagdrevier.

Moschusochsen, arktische Hasen, aber auch Seehunde, Karibus und Vögel gehören zu ihrem Beutespektrum. Der Forscher zählte allein 183 Moschusochsen im Jagdrevier des Rudels. Das Füttern von sechs schnell heranwachsenden jungen Wölfen zwang die Versorger zu verstärkten Beutezügen. Der Tagesablauf unterscheidet sich wenig von dem anderer Wolfsarten: Nahrungsbeschaffung, Begrüßungszeremonie, Kommunikation in Mimik und Gestik sowie Rangspiele, die mitunter bis zu zwei Stunden andauern.

Arktiswölfe jagen zum Teil auf Vorrat, wenn sie an eine Moschusochsenherde herankommen. So erbeutete ein Rudel kurz hintereinander drei Kälber. Als die Wölfe und Welpen satt waren, wurde ein Teil des Fleisches ausgebrochen und vergraben. Mech beobachtete auch, daß ganze Fleischstücke als Vorratsproviant vergraben wurden. Erst wenn

dieser Vorrat zur Neige ging, begann erneut die Jagd.

Die Ergebnisse von Mech und mir stehen im Widerspruch zu den Behauptungen anderer Forscher, denen zufolge Wölfe, im Gegensatz zu anderen hundeartigen Tieren, kein Fleisch auf Vorrat vergraben.

Die Arktiswölfe passen sich mit diesem Verhalten der rauhen Wirklichkeit an. So haben sie feste Lager, und zwar zwischen und unter Felsen. Von dort aus erwarten sie die vorbeiziehenden Moschusochsenrudel. Also Kampf aus dem Hinterhalt, wie man in der Militärsprache sagt. Auf der Suche nach dem kargen Futterbestand sind die Moschusochsen angewiesen, durch die Täler zu ziehen. Wenn sie die sich nähernden Wölfe bemerken, drängt sich die Herde zur Verteidigung dicht zusammen, vor allem, um ihre Kälber zu schützen. Die Wölfe umzingeln die Herde und lassen in ihren Angriffen nicht locker, so daß nach gewisser Zeit die Phalanx ermüdet, auseinandergeht und die Flucht ergreift. Das ist der Moment, in dem das Wolfsrudel zum Angriff auf alte und schwache Tiere und Kälber ansetzt. Meist mit Erfolg.

Nach meinen Beobachtungen dauert das Welpenalter der Arktiswölfe etwa drei bis vier Wochen länger als das der europäischen Wölfe. Sie müssen, bedingt durch die karge Landschaft der polaren Region, länger im Wolfslager bleiben und werden dadurch von den älteren Wölfen entsprechend länger versorgt. Deshalb sind sie beim Töten von kleineren Beutetieren gegenüber den europäischen und auch den Timberwölfen mindestens um drei bis vier Wochen zurück. Timber- und europäische Wölfe töten bereits im Alter von zehn bis zwölf Wochen Tiere in der Größe eines Hasen oder Huhnes. Arktiswölfe zeigen dagegen in diesem Alter am Beutetier noch Spielverhalten.

Auch Mech beobachtete, daß Arktiswölfe viel in die Ferne blicken. Eine Wölfin war in der Lage, aus 500 Metern Entfernung einen ruhig sitzenden Schneehasen zu erkennen.

Das Rudel der Timberwölfe

Die Schwarzen Teufel

Timber und Ronja

Anfang Mai 1984 wurden mir vom Karlsruher Zoodirektor zwei schwarze kanadische Timberwölfe – drei Wochen alt – angeboten. Die Aufzucht der Welpen war gewiß kein Problem, aber wohin mit ihnen, wenn sie dem Welpenalter entwüchsen und in einem Freigehege untergebracht werden mußten? Zwei Möglichkeiten boten sich an: Einmal neben den Arktiswölfen – das Gehege war bereits unterteilt und als Ausweichgehege gedacht –, oder die beiden mußten mit zu den Arktis-

wölfen ins Gehege. Im ersten Fall bedeutete es aber Kontakt am Zaun und würde zeitweise Spannungen zwischen den Rudeln hervorrufen. Die anderen Gehege sind so angelegt, daß die einzelnen Rudel untereinander keinen Sichtkontakt haben. Trotz einiger Bedenken entschloß ich mich aber, die beiden Welpen nach Merzig zu holen.

Bereits einen Tag nach dem Anruf befanden sich die Tiere in unserer Wohnung. Die Aufzucht erfolgte unter den gleichen Gesichtspunkten wie bei den bisherigen Wölfen. Anfangs verhielten sich die Welpen sehr scheu. Sie waren zehn Tage zu lange bei der Mutter und hatten dadurch eine entsprechen-

Menschliche Gewohnheiten werden abgelegt.

gleitete uns Erika. Sie führte dann Timber an der Leine, da sich Ronja von ihr nicht anleinen ließ.

Ich machte mir wölfische Wesensarten zueigen und paßte mein Verhalten den beiden kleinen schwarzen Wölfen an. Wenn sie Gefahr witterten, wich ich mit ihnen aus. Sie sollten sich ganz nach ihren wölfischen Anlagen entwickeln, und das bedeutete primär das Spurenaufnehmen, die Jagd, das Beutemachen. Jede freie Minute verbrachte ich mit ihnen im Gelände, ohne daß sie angeleint waren. Bei unnatürlichen äußeren Einflüssen flüchteten sie sofort ins nächste Buschgelände. Mir blieb nichts anderes übrig, als ihnen zu folgen.

Außer dem Auffinden der von mir täglich ausgelegten Fleischrationen oder toter Beutetiere sollten sie auch in einzelnen Fällen selbst lebende kleinere Tiere jagen. Verfolgten die Jungwölfe eine frische Wildspur, fanden sie nach gewisser Zeit immer wieder zu mir zurück.

Einmal hörte ich, wie sie sich beide im Buschwerk anknurrten. Ich ging den Lauten nach. Unmittelbar in ihrer Nähe knipste ich die Taschenlampe an und war überrascht, daß die Wölfe eine junge, verwilderte Katze erbeutet, auseinandergerissen und schon zum Teil aufgefressen hatten.

Mit der Zeit konnte ich feststellen, daß ihr Naturtrieb, das Beutemachen, immer mehr zum Durchbruch kam und sie nicht mehr zurück ins Aufzuchtgehege wollten. In freier Wildbahn sind die Jungwölfe im Alter von fünf Monaten ebenfalls nicht mehr an einen festen Platz gebunden. Der von mir eingeleitete Sammelruf veranlaßte sie jedoch, mit wedelnder Rute immer wieder zu mir zurückzukommen – ein Zeichen unserer Zusammengehörigkeit.

Nach längerem Aufenthalt im Gelände traten wir den Rückmarsch zum Gehege an, bei dem sie aber an der Leine gingen, denn irgendwann mußten wir ja auch wieder einmal ausruhen. „Hundemüde" kroch ich mit den

de Anfangsprägung erhalten. Ich beschäftigte mich intensiv mit ihnen, und bereits nach verhältnismäßig kurzer Zeit nahmen sie mit mir Mundkontakt auf. Wie ihre Artgenossen vor ihnen tranken sie aus dem Fläschchen, und von der vierten Woche an nahmen sie gierig kleine Stücke Rehfleisch aus meinem Mund.

In den ersten Tagen ihres Aufenthaltes in unserer Wohnung hatte Erika keine Zeit, sich mit den Welpen zu befassen. Dadurch bedingt, kam es erst nach ein paar Tagen zur Kontaktaufnahme, wobei die beiden sich ihr gegenüber sehr ängstlich verhielten und nur Timber Schritt für Schritt langsam zutraulicher wurde. Ronja dagegen blieb nach wie vor scheu.

Im Alter von fünf Wochen brachte ich beide Welpen ins Aufzuchtgehege. Nachts schlief ich bei ihnen in der Kiste. Es ließ sich jetzt schon erkennen, daß Ronja die Dominierende war. Zu anderen Menschen hatten die beiden keinen Kontakt, das geschah ganz bewußt. Ich ging auch erst bei Dämmerung oder in der Dunkelheit mit ihnen ins Gelände. Sobald es sich zeitlich einrichten ließ, be-

Die Jagdgemeinschaft mit Timber und Ronja war der Höhepunkt in meiner Forschung. Das Beutetier: eine schwarz-weiße Bergziege.

Wölfen zum Schlafen in die Kiste. In dieser Zeit hatte ich mich vollends auf die Wölfe eingestellt und lernte ständig aus ihrem Verhalten. Was auch immer sich in der Natur bewegte, es entging ihnen aufgrund ihrer Sinnesschärfe nichts. Menschen, die sie auf weitere Entfernung wahrnahmen, wichen sie sofort aus, bei Beutetieren dagegen, die sie erschnupperten, nahmen sie die Spuren sofort auf. Wo die Natur auf der Seite des Wolfes steht, ist der Mensch ihm unterlegen.

Ein Erlebnis möchte ich festhalten, das sich zutrug, als die Welpen gerade fünf Wochen alt waren. Ein junger Mann, der uns an den Wochenenden bei der Versorgung der Wölfe hilft, versuchte, sich bei unserem Ausflug im Gelände nach Indianerart an uns heranzuschleichen, indem er hinter einer Bodenwelle Deckung nahm. Als ich mit den Welpen am Versteck vorbeilief, hob der Junge den Kopf. Die kleinen Wölfe erschraken dermaßen, daß sie sofort in das Aufzuchtgehege flüchteten und sich in der Kiste verkrochen.

Erst in der Nacht verließ ich wieder mit ihnen das Gehege. Sie waren ängstlich und vorsichtig und zeigten vom Bewegungsablauf her Fluchttendenzen. Daher entschloß ich mich, mit ihnen in die entgegengesetzte Richtung zu gehen. Später, als sie schon längst Jungwölfe waren, machten sie immer noch einen großen Bogen um die Stelle, an der sie unser Mitarbeiter überrascht hatte. Welch ausgezeichnetes Erinnerungsvermögen Wölfe besitzen, unterstrichen auch die Folgeerlebnisse: Als die Wölfe ein Jahr alt waren, fuhr ich in Begleitung dieses Mitarbeiters zum Waldgehege. In dem Augenblick, als er aus dem Auto stieg, flüchteten sie ins Innere des Geheges und suchten Deckung. Ein Jahr später – zwischenzeitlich hatten sich Ronja und Timber einigermaßen an die Besucher am Wolfsfreigehege gewöhnt – stellte sich unser Mitarbeiter eines Tages unter die Besucher am Zaun. Die Wölfe erkannten ihn sofort und nahmen Reißaus.

Mein zwischenzeitlicher Entschluß, die Timberwölfe nicht in das Rudel der Arktiswölfe zu integrieren, hat sich aus den Beobachtungen der beiden Wolfsarten ergeben: Timberwölfe haben ein ausgeprägteres Temperament als Arktiswölfe, die in ihrem Verhalten ruhiger und ausgeglichener sind. Mit Sicherheit wäre es zu kämpferischen Auseinandersetzungen zwischen den schwarzen und weißen Wölfen gekommen.

Timber und Ronja sind Menschen gegenüber nach wie vor scheu und zurückhaltend. Einem an den Zaun zu dicht herangekommenen Riesenschnauzer biß Ronja ein Stück aus dem Ohr. Bei der täglichen Begrüßung im Gehege springen sie mich aus vollem Lauf an. Es bedarf schon einer besonderen Konzentration, die Sprünge abzufangen. Nach dieser Phase begrüßte mich Ronja mit ihrer Schnauze, indem sie mir über den Mund leckt. Wenn beim Begrüßungszeremoniell Timber hinzukommt, packt sie ihn am Genick und drückt ihn weg. Eifersucht!

Mit diesen beiden Wölfen bin ich einen anderen Weg gegangen als mit allen anderen zuvor. Anstatt auf den Menschen zuzugehen, wich ich mit ihnen vor den Zweibeinern aus. Deshalb ist ihre angeborene Scheu auch später geblieben. Da ich schon als Schuljunge mit unseren Jagdhunden Tag und Nacht durch die Gegend zog, weiß ich heute, daß Wölfe im vergleichbaren Alter Hunden gegenüber in der Entwicklung weit voraus sind.

Täglich war ich mit den beiden Timberwölfen auf dem Standortübungsplatz unterwegs. Kurz vor Einbruch der Dunkelheit – wir hatten Westwind – liefen die Wölfe einmal in ein nahes Buschwerk. Ich machte mich – wie immer – hinterher. Weit und breit konnte ich nichts Auffälliges entdecken, doch die Wölfe blieben unruhig. Irgendwie lag etwas in der Luft. Bei Gefahr sucht der Wolf erst einmal Deckung. Dieses Verhalten ist ihm angeboren. Mit erhobenen Köpfen spähten sie in die Windrichtung. Keine zwei Minuten später entdeckte ich in etwa 1.000 Meter Entfernung eine Gruppe von Personen. Das Verhalten der Wölfe zeigt wiederum, wie stark der Geruchssinn ausgeprägt ist und auf welch große Entfernung bei günstiger Witterung Feind und Beute unterscheidbar und erkennbar sind.

Ein anderes Mal nahmen sie bei Dämmerung und einsetzendem Sturmwind, der von hinten kam, eine Person auf etwa 400 Meter wahr. Geruchssinn und Gehörvermögen kamen bei dem Sturmwind nicht zum Tragen – sie haben die Person gesehen. Bobachtungen haben ergeben, daß Wölfe sich in erster Linie auf Geruchssinn und Gehörvermögen verlassen, dann erst auf ihre Sehkraft. Diese setzen sie dann aber um so gezielter ein, wenn durch starken Sturm oder Unwetter die Witterung für sie ungünstig ist.

Anfang Oktober war die Zeit gekommen, die Schwarzen Teufel in das für sie vorgesehene Gehege neben den Arktiswölfen zu bringen. Vorher legte ich eine Schweißspur mit einem frisch geschlachteten Huhn, die durch die geöffnete Tür ins Gehege führte. Morgens gegen 5 Uhr waren wir schon unterwegs. Ich ließ die beiden angeleint, denn bei günstigem Wind nehmen die Rudel Wittrung von mir auf und beginnen zu heulen. Das traf auch diesmal zu – auf eine Entfernung von etwa 400 Meter. Timber und Ronja wurden ganz aufgeregt, wedelten mit der Rute und sprangen mich an. Als ich zu heulen anfing, stimmten sie mit ihrem Wolfsgeheul ein. Ein mit wölfischem Verhalten Vertrauter kann an der Stimmlage des Heulens erkennen, ob es sich um ausgewachsene Wölfe, Jungwölfe oder um ein gemischtes Rudel (also alte und junge Wölfe) handelt.

Jetzt ging unser Weg weiter, und bald kamen wir auf die Hühnerspur: sofortige Umstellung vom ruhigen Verhalten in hastiges

Suchen mit der Nase auf der Spur. Mir blieb nichts anderes übrig, als ihnen im Laufschritt zu folgen. Am Gehege angekommen, kurzes Innehalten, dann weitere Verfolgung der Spur bis ins Gehege. Ich schloß die Tür hinter uns und ließ die beiden frei laufen.

Sie stürzten sich gierig auf das Huhn, bemerkten aber sogleich, daß sich hinter der Anhöhe Wölfe befanden. Vorsichtig und zugleich neugierig schlichen sie sich zur Anhöhe und näherten sich den Arktiswölfen am Zaun. Dort fand eine Begrüßung nach wölfischer Art statt. Meine Feststellung: Freude auf beiden Seiten. Eine Zusammenführung zu diesem Zeitpunkt wäre wohl kein Problem gewesen. Später hätte es jedoch bestimmt Komplikationen gegeben, denn die Charaktere der beiden Wolfsarten sind eben doch sehr unterschiedlich.

Es lag auf der Hand, mit den Schwarzen Teufeln nachts weiterhin auf den nahegelegenen Bundeswehr-Übungsplatz zu gehen, um weitere Versuche und Erkundungen durchzuführen. Dieses Vorhaben bot sich deshalb an, weil es sich nur um zwei Wölfe handelte, die bisher zu keinem größeren Rudel gehörten. Wölfe, die in einem Rudel integriert sind, haben eine stark ausgeprägte Bindung untereinander. Eine zeitweilige Trennung ist nicht möglich.

In der ersten Nacht ihres Aufenthaltes im Gehege leinte ich Timber und Ronja an und marschierte mit ihnen quer durch den Wald zum Übungsplatz. Die Wölfe verhedderten sich ständig in den Leinen, es war ein mühsames Unterfangen für alle Beteiligten. Aber wir gewöhnten uns auch daran.

Während einer Vollmondphase Anfang November sprang plötzlich ein Reh vor uns ab. Ein gewaltiger Ruck an den Leinen, ich flog mit Schwung durch die Bäume ein Stück den Hang hinunter, die Wölfe waren weg. Ich zog mir ein paar Prellungen zu und staunte, welch ungeahnte Kräfte Wölfe in solchen Situationen freisetzen können. Nach einigen Minuten kamen die Wölfe wieder zu mir zurück. Das Reh war ihnen entkommen.

In der ersten Zeit meines Zusammenlebens mit den Wölfen hätte ich diese Versuche als zu großes Risiko eingestuft, da Jungwölfe mit sieben bis acht Monaten schon als vollwertige Mitglieder im Rudel jagen. Durch meine Langzeitbeobachtung und die daraus resultierende enge Verbindung sehe ich das heute gelassener, denn auch nach ergebnisloser Jagd finden die Wölfe zu ihrem Rudelchef zurück.

In freier Wildbahn jagen Jungwölfe zusammen mit älteren Wölfen, um von deren Erfahrung im Beutemachen zu lernen. Bevor wir nun nachts ins Gelände zogen, legte ich Fleischstücke aus, die sie auch stets fanden. Sowie ich in der Dunkelheit das Gehege betrat, wedelten die beiden Schwarzen Teufel aufgeregt mit der Rute. Ein Zeichen dafür, daß sie es kaum erwarten konnten, mit mir auf Beutesuche zu gehen. Ein ähnliches Verhalten ist ja auch noch bei unseren Jagdhunden festzustellen.

Im Dezember 1985 legte ich eine Spur, indem ich ein verendetes Lamm an einem Seil etwa 600 Meter über den Übungsplatz schleifte. Nachdem der freilaufende Timber die Spur aufgenommen hatte, ließ ich auch Ronja von der Leine. Von weitem hörte ich schon das bei Wölfen übliche Anknurren an der Beute. Als ich am Ort des Geschehens eintraf, ließen beide Wölfe kurz von dem Lamm ab, schwänzelten um mich herum und sprangen mich an.

Als Timber wieder an die Beute wollte, versuchte Ronja, ihren Bruder knurrend abzudrücken. Ich kniete mich neben die Beute, um meinen Anspruch als Oberwolf zu demonstrieren. Dabei knurrte mich Ronja an, respektierte dann aber doch meine Anwesenheit. Mit ihren Fängen rissen sie Wolle aus der Haut des Lamms, um an das Fleisch zu gelangen. Nachdem sie sich sattgefressen hatten, gingen wir den gleichen Weg zurück ins Gehege. Auf dem Rückweg zeigten sie wenig Inter-

esse an Wildspuren. Dieses Verhalten unterstreicht deutlich, daß ein sattgefressener Wolf keine Lust mehr zum Jagen verspürt. Die unstillbare Beute- und Blutgier, die ihm fälschlicherweise von Menschen unterstellt wird, ist in keiner Phase meiner Arbeit zu bestätigen gewesen.

Um nachzuvollziehen, wie Steinzeitmenschen vor etwa 15.000 Jahren mit den von ihnen aufgezogenen Wölfen zusammengewirkt haben, unternahm ich einen Versuch. Der Gedanke dazu kam mir aufgrund des Jagdverhaltens der Kopfjäger vom Stamm der Nunusaku auf der Insel Ceram und durch Angehörige eines europäischen Zigeunerstamms, die mit ihren Hunden auf Beute gingen. Ich setzte ein Hauskaninchen auf dem Bundeswehrübungsplatz aus. Anschließend marschierte ich mit den Wölfen in diese Richtung. Ronja lief frei. Als ich überzeugt war, daß sie die Spur aufgenommen hatte, ließ ich Timber ebenfalls von der Leine. Zwischen dem Aussetzen des Kaninchens und unserem Eintreffen lag etwa eine Stunde, das Kaninchen war inzwischen weggehoppelt.

Auf etwa 200 Meter Entfernung vernahm ich einen kurzen Laut des Beutetieres. Demzufolge hatten die Wölfe es aufgestöbert und getötet. Sofort hörte ich auch das gegenseitige Anknurren, das mir die Richtung wies. Ronja hatte das Kaninchen schon aufgerissen, ließ aber Timber nicht an die Beute. Als er danach schnappen wollte, biß sie ihn ab. Diesen Moment nutzte ich aus. Ich packte mit der linken Hand blitzschnell die Beute und hob sie hoch. Im gleichen Augenblick zeigte Ronja auch mir gegenüber aggressives Verhalten, indem sie knurrend an mir hochsprang.

Vor solchen und ähnlichen Situationen habe ich schon oft im Verlauf meiner „Wolfsjahre" gestanden und diese Auseinandersetzungen, die ja nur Sieger oder Verlierer kennen,

Timber und Ronja – meine Jagdkameraden.

immer für mich entscheiden können. Blitzartig schlug ich ihr mit der Faust einen Kinnhaken, der sie sichtlich überraschte und verblüffte. Sie demonstrierte mir gegenüber sofort Untertänigkeit, worauf ich ihr das Kaninchen wieder überließ.

Anfang April wollte ich feststellen, wie sich die beiden Wölfe in diesem Alter gegenüber einem größeren Beutetier verhalten. Ich setzte ein Schaf aus, das Lungenentzündung hatte und am Verenden war. Eine Fährte war nicht vorhanden. Auf eine Entfernung von etwa 300 Meter nahmen die Wölfe Wittrung auf – begünstigt durch den Wind. Sie liefen direkt auf die Beute zu, dabei hoben sie mehrmals den Kopf hoch. Dort angekommen, führte Ronja sofort den Todesbiß am Halse des Schafes durch, und Timber faßte von der Seite. Dies alles ging blitzschnell, und es bewies mir, daß ein Jungwolf gezielt Beute machen kann, auch wenn jedes Beutetier eine andere Jagd- und Tötungsform verlangt. Nur die Großwildjagd muß von den Eltern gelernt werden.

Unsere nächtlichen Exkursionen führten wir noch bis Ende April auf dem Truppenübungsplatz durch. Eines Nachts waren die Wölfe dabei, Mauselöcher aufzugraben und bemerkten in ihrem Eifer nicht, daß sich eine Gruppe Soldaten näherte, die von einer Nachtübung in die Kaserne zurückkehrte. Als die Soldaten auf etwa 100 Meter heran waren, hob Ronja plötzlich den Kopf und wuffte, Timber schloß sich dem Wuffen an. Dann verschwanden sie im nächsten Buschgelände, wohin ich ihnen folgte. Als sich die Lage wieder beruhigt hatte und die Soldaten außer Riech- und Sichtweite waren, kamen die beiden zu mir, und wir verließen gemeinsam unser Versteck.

Werden Wölfe durch plötzliches Auftreten von Menschen überrascht, so ertönt als Warnlaut ein Wuffen. Vermutlich hat sich durch die Jahrtausende daraus das Bellen bei den Hunden entwickelt. Ein hundeähnliches Bellen habe ich lediglich ein paarmal bei Auseinandersetzungen an dem Trennzaun zwischen Timber- und Arktiswölfen vernommen. Dieses wölfische „Bellen" ist eine helle Tonart, ein- und mehrsilbig.

Meine beiden Wölfe erwiesen sich als äußerst geschickte Mäusefänger. Manchmal kam es vor, daß sie längere Zeit mit den Pfoten das Erdreich aufgraben mußten, um an die Beute zu gelangen. Um schneller an ihr Ziel zu kommen, praktizierten sie dabei Teamarbeit. Ronja grub, und Timber beobachtete gespannt die Umgebung, um sofort die Maus zu schnappen, die aus dem aufgegrabenen Loch schlüpfte. Später war es Timber, der grub, und Ronja, die die Beute erhaschte. Mitunter gruben sie auch zur gleichen Zeit an verschiedenen Mauselöchern.

An ihrem Verhalten erkannte ich, ob der Erfolg nahe bevorstand, denn je greifbarer die Beute wurde, um so hastiger gruben sie. Zwischendurch steckten sie immer wieder die Nasen in das Mauseloch und schnauften dabei. Selten entwich ihnen eine Maus. Die Speisekarte der Wölfe in freier Natur beginnt also beim Verzehren von Mäusen und findet ihre Fortsetzung beim Reißen von erst kleineren und dann größeren Beutetieren.

Auch Obst fressen Wölfe gerne. Ich beobachtete dies in den Gehegen der „Viererbande" und der „Wilden Fünf", in denen sich verschiedene Obstbäume befinden. Kirschen und Pflaumen wurden besonders gern genommen, Äpfel hingegen ließen sie unberührt oder bissen sie nur an, anscheinend sind sie ihnen zu sauer. Ich verließ mit meinen beiden Schwarzen Teufeln nun nachts das Gehege, nachdem ich sie vorher gefüttert hatte. Auf dem Truppenübungsplatz angekommen, löste ich die Leinen und ließ sie frei laufen. Sie blieben in meiner Nähe. Wenn sie eine Wildspur aufgenommen hatten, verfolgten sie diese nur kurz und kehrten sehr bald wieder zu mir zurück.

Für mich waren es mit die schönsten Augenblicke in meinem Leben, wenn ich meine Wölfe so frei herumlaufen sah, und ich wünschte mir, irgendwo zu leben, wo ich ihnen diese Freiheit immer hätte bieten können. Aber das ist natürlich nur ein Wunschtraum, und ich muß mich damit abfinden, in einer zivilisierten Welt zu leben; denn es gibt kaum noch einen Fleck auf der Erde, der vom Fortschritt unberührt geblieben ist.

Gäbe es in irgendeinem Gebiet für die Wölfe und mich genügend Beutetiere, wäre ich sicher, mit den beiden Schwarzen Teufeln eine funktionierende Jagdgemeinschaft bilden zu können. Fallen- und Schlingenstellen habe ich bei verschiedenen Naturvölkern gesehen und gelernt. Feuerwaffen sind dort nicht vorhanden. Ein Mensch, der unmittelbar mit Wölfen zusammenlebt, sich mit ihnen in jedem Lebensalter und jeder Situation auseinandersetzt, sieht dies anders als mancher Wissenschaftler. Wer sich durch jahrelange stufenweise Kleinarbeit in die feinfühligen Tiere hineindenkt, kann nachvollziehen, warum die Urmenschen aus dem Rudelwolf den Hauswolf-Typ und später daraus den Hund gezüchtet haben. Jagdgemeinschaft, Jagdhilfe und Bewachung sind die Gründe. Das einander ähnliche Sozialverhalten von Mensch und Wolf ergaben dafür günstige Voraussetzungen.

Diese Eindrücke habe ich auch auf meinen Expeditionen zu verschiedenen Naturvölkern, die heute noch ausschließlich vom Jagen und Sammeln leben, bestätigt gefunden. Ihre Hunde, die man nicht mit unseren zum Teil verweichlichten Haushunden vergleichen kann, haben dieselbe Aufgabe und Verwendung wie die Wölfe bei den Urmenschen.

Allein wegen der sozialen Ähnlichkeit wären sie unnütz für die Eingeborenen, denn in ihrem kargen Leben halten sie sich keine Tiere, die sie selbst noch versorgen müßten. Solche Naturvölker leben zum Teil in Großfamilien – das Beutemachen ist die Hauptlebensaufgabe. Ganz deutlich wird das, wenn man sieht, welche Freude in einem Urwalddorf herrscht, wenn die Jäger mit ihren Hunden ein größeres Beutetier zur Strecke gebracht haben. Schwer bepackt mit Teilen der erlegten Tiere, kommen sie zurück, dann folgt die gemeinsame Zubereitung oder Verteilung der Beute an die Bewohner der einzelnen Hütten. Das Fleisch wird teils roh gegessen, teils auf dem offenen Feuer angebraten oder geräuchert.

Ist der Rückweg zum Dorf zu weit, räuchern die Jäger die Fleischstücke vor Ort oder trocknen sie in der Sonne. Das tun sie wegen der großen Hitze und der schnellen Verderblichkeit des Fleisches.

Nomadisierende Stämme wechseln wie das Wild je nach Jahreszeit die Standorte. Sie folgen den Beutetieren mit ihren Hunden wie die Wölfe in Kanada den Karibuherden. Bei einem Stamm in Kamerun sah ich mit Erstaunen, daß die Eingeborenen von einem erlegten Wasserbock zuerst den vorverdauten frischen Mageninhalt verzehrten, so wie wir den gekochten Spinat. Ich stellte mir die Frage, ob sie das immer so machten oder ob ein momentaner Vitaminmangel der Grund dafür war.

Ein ähnlich gieriges Verhalten habe ich bei Wölfen beobachtet, wenn sie über längere Zeit keine ganzen Beutetiere, sondern nur Fleischrationen bekamen. Sie rissen gierig die Beutetiere auf, um als erstes die Gedärme samt Inhalt zu fressen.

Als Jagdbegleiter bei verschiedenen Eingeborenenstämmen erlebte ich immer wieder, daß die Gedärme nach dem Aufbrechen der Beutetiere den Hunden hingeworfen wurden. Im Dorf bekamen sie nur noch die abgenagten Knochen. Die Hunde helfen den Naturvölkern durch ihre hervorragenden Sinnesleistungen, an Beutetiere heranzukommen. Diese werden je nach Größe gemeinsam oder nur von den Hunden erlegt. Die Hunde sind nicht dressiert, ihre soziale Bindung zu den Dorfbewohnern ist von Stamm zu Stamm sehr verschieden.

Bei den Jivaro-Indianern, an der Grenze zwischen Ekuador und Peru, leben die Hunde mit in der Hütte und haben dort ihre eigenen Räumlichkeiten. Meist bleiben die Hunde jedoch bei den von mir besuchten Naturvölkern sich selbst überlassen und streichen um die menschlichen Behausungen. Anders als bei uns werden sie von den Eingeborenen nicht angebunden oder an der Leine geführt.

Sobald die Hunde merken, daß Vorbereitungen für die Jagd getroffen werden, indem der oder die Jäger sich mit Blasrohren, Bogen und Pfeilen oder Fallenwerkzeug rüsten, sammeln sie sich – ohne gerufen zu werden – mit wedelnder Rute um die Jagdteilnehmer. Obwohl die Hunde meistens in einem schlechten Ernährungszustand sind, verlassen sie nicht die menschliche Umgebung, um alleine zu jagen. Sie sind von den Menschen abhängig und müssen sich mit Jagdabfällen begnügen.

Der Häuptling oder Jagdführer verhält sich gegenüber den Hunden wie ein Alpha-Wolf – demonstriert also das Durchsetzen an der Beute. Ist ihm das einmal gelungen, werden es die Hunde stets akzeptieren. Genauso dominant hatte ich gehandelt, als die beiden Schwarzen Teufel das Kaninchen getötet hatten.

Zum Abschluß unserer gemeinsamen Exkursion wollte ich eine frische Wildspur über eine größere Entfernung legen. Da ich hierfür ein Stück Rehwild benötigte, mußte ich solange warten, bis mir Ende April ein Förster ein totes Reh überließ. Es war von einem Auto überfahren worden, und die Därme hingen heraus. Ich band dem Kadaver einen Strick um den Hals, schleifte ihn etwa 1.500 Meter durch das Gelände und legte ihn an einem für mich markanten Punkt ab.

Als wir uns der ausgelegten Spur näherten, ließ ich Ronja und Timber frei. Sofort hatten beide die Nase auf dem Boden und suchten. Innerhalb kurzer Zeit hatten beide die Schweißspur aufgenommen. Bald verschwanden sie in der Dunkelheit. Ich steckte mir eine Zigarre an und verharrte zwanzig Minuten an meinem Platz. Dann begann ich zu heulen, und erwartungsgemäß antworteten die beiden genau aus der Richtung, in der sich das Reh befand. Im Eilmarsch begab ich mich nun zu der Stelle. Dort angekommen, sprangen mich die Wölfe freudig an und wedelten mit der Rute. Sodann wendeten sie sich von mir ab, knurrten sich gegenseitig an und gingen wieder zum Fressen über.

Dieses Mal versuchte Ronja nicht, die Beute auch mir gegenüber durch Anknurren zu verteidigen. Sie kannte inzwischen ihre Grenzen mir, dem Oberwolf, gegenüber, aus früheren Situationen. Ronja steht im Rang unter mir und wird mir meine Rangposition als Oberwolf nicht mehr streitig machen.

Nachdem sich beide Wölfe den Bauch vollgeludert hatten, marschierte ich zum Gehege voraus. Sie liefen hinter oder neben mir her. Ich leinte sie nicht an, denn aufgrund meiner Erfahrungen aus den nächtlichen Exkursionen wußte ich, daß sie nun ohne weiteres in ihr Gehege zurückkehren würden. Darin angekommen, begaben wir uns gleich zur Ruhe, Ronja schlief bei mir in der Kiste, Timber legte sich davor.

Aus zeitlichen Gründen mußte ich unsere „Jagdgemeinschaft" beenden, denn es war inzwischen wieder Mai geworden, und ich hatte mir die Aufgabe gestellt, einen Wolfswelpen mit einem Hundewelpen zusammen aufzuziehen, was natürlich wieder viel Zeit in Anspruch nehmen würde, denn auch die anderen Wolfsrudel mußten ja jeden Tag betreut werden.

Wolf – Hund

Johnny und Ringo

Im Laufe der Jahre hatte ich über 20 Wölfe aufgezogen. Jetzt interessierte es mich, einen Hund gemeinsam mit einem Wolf großzuziehen, um durch Vergleiche festzustellen, inwieweit noch wölfische Wesensmerkmale im Hund vorhanden sind. Der Zeitraum dieses Unternehmens war begrenzt, das war von Anfang an klar, denn der Wolf mußte spätestens im Oktober in das Wolfsrudel integriert werden.

Schwerpunkte meines Vorhabens:
● Das Verhalten der beiden Welpen vom Alter von zwölf bis dreizehn Tagen (Augenöffnung) bis zur ersten Fleischfütterung in der dritten bis vierten Woche vergleichen.
● Reaktionen und Schnelligkeit zwischen den Spielpartnern und das Durchsetzen an der Beute beobachten.
● In der zehnten Lebenswoche Testen des Verhaltens an einem lebenden Beutetier.
● Die Frage klären, ob Veränderungen bei dem Hund durch die wölfische Aufzucht entstehen.

Im Karlsruher Zoo hatte sich wieder Wolfsnachwuchs eingestellt, und ich bekam einen grauen Timberwolf-Welpen, den ich im Alter von zwölf Tagen abholte. Zur gleichen Zeit erhielt ich einen Hundewelpen, dessen Mutter eine Dalmatiner-Hündin und der Vater vermutlich ein Collie ist. Den Hundewelpen suchte ich mir aus einem Wurf von vier Welpen aus. Ich beobachtete die Welpen eine Zeitlang und stellte fest, daß ein Rüde besondere Willensstärke demonstrierte, indem er seine drei Geschwister vom Gesäuge der Mutter abdrängte. Dieser schien mir geeignet, mit einem Wolf großzuwerden.

Beide Welpen wurden in der ersten Woche mit der bewährten Spezialmilch mittels einer Magensonde ernährt. Von der dritten Lebenswoche an bekamen sie die gleiche Milch in dem ebenfalls mehrfach bewährten Babyfläschchen. Beide Welpen hatten den gleichen Appetit, und die Versorgung klappte ohne Komplikationen. Gespannt war ich darauf, wie sich der Hundewelpe in der dritten Lebenswoche verhalten würde, wenn er das erste Fleisch auf wölfische Art aus meinem Mund bekäme.

Im Gegensatz zum Wolfswelpen, der sofort gierig zuschnappte, als er das erste Fleisch bekam, verhielt sich der Hundewelpe eher überrascht und packte nicht gleich zu. Erst als er nach vorsichtigem Beschnuppern und langsamem Belecken des Fleisches auf den Geschmack gekommen war, zeigte er sich an den darauffolgenden Tagen bei der Fleischfütterung genauso gierig wie der Wolf.

Nach einer Woche nahm ich ein Stück Fleisch in den Mund und gab beiden die Chance, es zur gleichen Zeit zu schnappen. Darin erwies sich der Wolfswelpe dem Hundewelpen weit überlegen. Sofortiges Erkennen des Fleisches, zielbewußtes Reagieren durch direkten Drang zur Futterquelle zeichneten das Wolfsjunge aus. Wäre nur für einen Welpen Fleisch vorhanden gewesen, so hätte der Hundewelpe verhungern müssen. Wenn der Wolfswelpe satt war, bekam der Hundewelpe anschließend seine Ration, und beide kuschelten sich mit dicken Bäuchlein zusammen. Wir nannten den Hund Ringo und den Wolf Johnny.

Im Alter von sechs Wochen übersiedelte ich mit den Welpen ins Aufzuchtgehege. Um sie nicht in der neuen Umgebung allein zu lassen und auch um den engen Kontakt zu behalten, schlief ich nachts bei ihnen. Gegen Abend nahmen wir sie an die Leine und führten sie aus, um sie nach einigen Tagen auch frei laufen zu lassen. Von diesem Zeitpunkt an bekamen sie Kalbsrippenstücke, und Johnny war stets der erste am Fleisch und versuchte, Ringo abzudrücken. Dies änderte sich ab der achten Woche. Ringo setzte sich zur Wehr, und es begann unter lautstarkem

Knurren auf beiden Seiten ein Hin- und Hergeziehe am Rippenstück.

Bisher gingen alle Wolfswelpen, die wir ausführten, abgestellten Autos aus dem Wege. Ringo dagegen lief zu den geparkten Autos ohne Scheu hin, und Johnny folgte ihm und beschnupperte mit ihm die Fahrzeuge. Dieses Verhalten änderte sich ab der achten Lebenswoche. Fast zur gleichen Zeit sichteten sie eine Person, die in ein Auto stieg. Johnny beobachtete die Situation von weitem, und auch Ringo blieb zurück. Ringo, der Hund, stellte sich zu meiner Überraschung auf Johnny, den Wolf, ein und übernahm die gleichen Verhaltensmerkmale. Auch beobachteten beide, wie Personen in ein Haus gingen. Johnny stutzte, blieb zurück, und Ringo verhielt sich ebenso scheu. Interessanterweise hat das Ringo beibehalten, auch jetzt, im Alter von drei Jahren, weicht er jedem Gebäudeeingang aus.

Johnny verfolgte schon als Welpe Spuren von Katzen, Hasen und anderen Tieren und fing im Alter von zwei Monaten Mäuse, nachdem ich ihm beim Aufgraben der Mäuselöcher mit einem kleinen Spaten half. Ringo zeigte sich in solchen Situationen unbeholfen; er wußte nicht, worum es ging. Er hat auch keine einzige Maus erwischt. Auch bei der Spurensuche entwickelte er nicht den direkten Drang zur Beute wie Johnny.

Ich legte eine Schweißspur mit einem frisch geschlachteten Huhn auf der Wiese aus. Johnny nahm die Spur sofort auf, während Ringo hinter ihm hertrottete und längst nicht das ausgeprägte Jagdfieber wie der Wolf an den Tag legte. Deutlich kam der überlegene Jagdinstinkt des Wolfes zum Tragen. Johnny packte die Beute und verteidigte sie knurrenderweise gegenüber dem Hund, der dies eher als Spielverhalten auffaßte. Es kam zu keiner Auseinandersetzung am Beutetier, wie dies unter Wolfswelpen der Fall gewesen wäre.

Acht Tage später ließ ich in einem buschigen Gelände ein lebendes Huhn laufen. Etwa eine Viertelstunde später tauchte ich mit

Johnny und Ringo in der Nähe auf. Johnny nahm sofort die Spur auf, verlor sie aber wieder in der Hast des Suchens, Ringo rannte verspielt hinter ihm her. Nach etwa 200 Metern stellte Johnny das Huhn und tötete es sofort. Als sich Ringo unbekümmert näherte, wurde Johnny geradezu aggressiv und fletschte unter lautem Knurren die Zähne. Da Ringo aber kein Interesse an dem Huhn zeigte, konnte Johnny in Ruhe fressen.

Ich stellte mir die Frage, ob sich alle Hunde so in diesem Alter verhalten. Obwohl Ringo zunehmend durchsetzungsbewußter gegenüber Johnny wurde, war der kompromißlose Tötungswille bei einem ähnlichen Versuch im Alter von fünf Monaten bei dem Hund nicht zu erkennen. Andererseits ist es offenkundig, daß sich Wölfe nach ihren von der Natur gegebenen Gesetzen schneller und zielbewußter entwickeln. Ihre „Kindheit" ist recht kurz, und auch die ist schon geprägt von rücksichtslosem Konkurrenzkampf. Für sie stellt sich die Existenzfrage schon am Gesäuge der Mutter, und die Rücksichtnahme der Alten endet im Alter von sieben bis acht Monaten, wenn die Jungwölfe in die Beutezüge des Rudels voll integriert werden.

Dagegen verläuft die Entwicklung des Hundes im ersten Lebensalter, aufgrund der Betreuung durch den Menschen, langsamer, was zugleich die Abhängigkeit des Hundes von ihm bedingt. Jedoch weiß ich von Zigeunern, daß z. B. Hunde der Kreuzung Boxer–Schnauzer–Schäferhund, wenn sie von jung an zur Jagd erzogen werden, genauso erfolgreich sein können wie Wölfe. Also ist dieses Erbgut des Wolfes in den einzelnen Hunderassen mehr oder weniger noch vorhanden und kann durch Ausbildung oder geeignete Zuchtwahl stärker oder schwächer hervorgebracht werden. Man hört auch immer wieder, daß verwilderte Hunde nach Wolfsart im Rudel (mindestens zwei an der Zahl) auf Beutejagd gehen und z. B. Schafe reißen.

Im Alter von zwölf Wochen steckte der Hund nicht mehr hinter dem Wolf zurück.

Wenn Ringo einen Fleischbrocken zu packen bekam, verteidigte er ihn Johnny gegenüber recht aggressiv. Im Gehege war der Hund dem Wolf ebenbürtig, im Gelände dagegen weit unterlegen. Auf Spurensuche entfernten sie sich zusehends weiter von uns. Betrug die Distanz mehr als 300 Meter oder gerieten sie außer Sichtweite, stimmte ich das Wolfsgeheul an, und beide kamen zurück.

Auf noch größere Entfernungen reagierte darauf jedoch nur noch der Wolf, er scheint ein besseres Hörvermögen zu besitzen. In der Schnelligkeit entpuppten sich Wolf und Hund als ebenbürtig, wobei der Wolf offensichtlich über eine größere Ausdauer verfügt. Das machte sich vor allem bemerkbar, wenn wir von unseren täglichen Ausflügen ins Gehege zurückkehrten. Während Johnny einen frischen Eindruck machte, war Ringo ziemlich müde und legte sich auf den Boden.

Die auffälligsten Eigenschaften, die vor allem Ringo von anderen Hunden unterschied, waren folgende:

Er begrüßte mich wie ein Wolf, indem er mir den Mund ableckte, wie es die Wölfe auch tun, und er zeigte die gleiche Vorsicht wie der Wolf. Im Spieltrieb nahm er oft eine aggressive Haltung an, wenn Johnny ihn dazu herausforderte. Heulte ich mit Johnny, benahm sich Ringo wie ein junger Wolf, sprang mich an, jaulte und bellte.

Im Alter von vier Monaten gab es regelrechte Auseinandersetzungen um meine Person. Beide wollten mir zugleich am Mund lecken, wenn ich das Gehege betrat. Beide Tiere schliefen nach wir vor mit mir in der Kiste. Ringo lag eng an mich gekuschelt. Johnny verlegte seinen Schlafplatz wegen der sommerlichen Wärme an die Tür der Kiste. Wie bei allen Wölfen, mit denen ich nachts schlief, brachten auch sie Knochen mit in die Kiste, und es kam immer wieder zu nächtlichen Streitereien.

Eifersuchtsszenen gehörten zum Tagesablauf. Sobald einer der beiden zu mir kommen wollte, wurde er von dem anderen abgedrängt. Oft artete es zu einer groben Keilerei aus. Der Hund steckte in keiner Hinsicht zurück. Ja, er war manchmal noch aggressiver als der Wolf. Das verblüffte mich außerordentlich.

Wenn der Wolf Fleischbrocken im Gehege vergraben hatte, buddelte sie der Hund wieder aus. Ringo dagegen vergrub – im Gegensatz auch zu vielen anderen Hunden – fast nie Fleischbrocken. Aufgrund seiner schnelleren körperlichen Entwicklung verschlang der Wolf dreimal mehr Fleisch als sein Kompagnon. Wenn auch der Hund vom Wolf abstammt, so haben sich doch wichtige Wesensmerkmale im Laufe der Jahrtausende verändert. In den einzelnen Lebensphasen ist ein anderes Individuum entstanden. Frühere Beobachtungen unserer Jagd- und Hütehunde und intensive tägliche Beobachtungen von Ringo lassen mich zu diesem Schluß kommen.

Ringo hatte ich seinerzeit für dieses Vorhaben ausgewählt, weil es sich seinen Geschwistern gegenüber am Gesäuge der Mutter durchsetzte. Ein „Kopfhund", wie Jäger und Hundeführer sagen. Darüber sprach ich mit Experten des deutschen Schweißhundeverbandes, die mich in Merzig besuchten. Sie sind der gleichen Meinung. Kopfhunde bringen Höchstleistungen bei der Spurensuche und auf der Jagd. Übrigens sind nur wenige Betreuer in der Lage, einen Kopfhund zu führen. Auch Hundeführer vom französischen Bergrettungsdienst haben mir gesagt, daß Kopfhunde in allen Bereichen höhere Leistungen vollbringen. Vom frühen Welpenalter an leben sie mit ihren Hundeführern zusammen. Von der Ausbildung und Prägung her dürfen die Hunde nicht mehr in andere Hände gegeben werden, weil sie nur auf einen Menschen fixiert sind.

Bis zur zwölften Woche lief der Hund dem Wolf nach, danach war es umgekehrt. Der Wolf hielt sich jetzt an den Hund. Ein Zeichen dafür, daß Johnny nicht so wesensstark war wie Ringo. Diesen Vergleich kann ich durch meine langjährige Erfahrung in der Aufzucht von verschiedenen Wolfsrudeln begründen; denn wer als Welpe ein Alpha-Typ ist, bleibt es auch später. In unserem Falle ist Johnny kein Alpha-Wolf-Typ, Ringo dagegen ein Kopfhund.

Weil über das Vergraben von Beutestücken immer wieder unterschiedliche Ansichten geäußert werden, hier meine Erfahrungen:

Ein bekannter Wolfsforscher behauptet, daß Wölfe im Gegensatz zu Hunden keinen Fraß vergraben. Ich habe jedoch oft beobachtet, wie Wölfe kleinere Beutetiere oder Fleischstücke vergraben haben, wenn sie bereits satt waren. Der Wolf wird als Aasfresser hingestellt. Von Hunden behauptet man, daß sie Fleisch und Knochen vergraben, um später das übelriechende Aas auszugraben und zu fressen. Diese Ansicht kann ich in keiner Hinsicht teilen, denn ich habe immer wieder erlebt, daß Wölfe und Hunde frisches Fleisch am liebsten fressen, und erst wenn sie satt sind, verbuddeln sie die Reste, um sie dann später zu fressen, wenn nicht genügend Frischfleisch vorhanden ist.

Anfang September hatten beide im Gehege ein kurz zuvor überfahrenes Rehkitz verzehrt, sie waren vollkommen gesättigt. Im Gelände gab ich dann noch jedem ein totes Huhn, sie rissen die Federn heraus, hatten aber keinen Hunger mehr. Zuerst begann der Wolf, sein Huhn zu vergraben, später tat es auch der Hund. Als wir einen Tag später wieder an der Stelle vorbeikamen (Wolf und Hund waren in der Zwischenzeit nicht gefüttert worden), scharrten beide die Erde weg und fingen an, das Huhn zu fressen. Zu diesem Zeitpunkt stritten die beiden sich selten um ein Stück Fleisch. Im Gegenteil, ich konnte einen gegenseitigen Respekt feststellen, denn wenn der eine an einem Knochen fraß, hielt der andere räumlichen Abstand.

Erst drei Wochen später setzte sich das Wölfische gegenüber dem Hundeartigen durch. Es ging um eine lebende Beute. Eine verletzte Ente wurde mir gebracht, die ich vor unserem Ausmarsch im Gelände aussetzte. In der Nähe der Beute nahmen beide die Spur auf, der Wolf war aber schneller und tötete die Ente. Aggressiv knurrend und zu allem entschlossen, verteidigte Johnny seine Beute, um diese allein zu fressen. Am frisch getöteten Beutetier setzte sich also der Wolf durch.

Am 12. Oktober wollte ich wissen, ob Johnny sich mit seinen um ein Jahr älteren Geschwistern Timber und Ronja im Gehege vertragen würde. Erika, mein Mitarbeiter Sigi Thomasin und ich marschierten mit den beiden durch den Wald zum Freigehege. Sigi lief mit Ringo an der Einzäunung vorbei, Erika blieb am Zaun mit Johnny stehen. Ich ging vorher schon in das Gehege hinein, um das Verhalten von innen genauestens zu beobachten. Timber und Ronja standen am Zaun, wedelten mit der Rute und jaunerten. Nasenkontakt am Zaun kam zustande, und Johnny leckte beide am Fang. Hier lag es klar auf der Hand, daß Johnny zum Rudel wollte und auch aufgenommen würde.

Am 19. Oktober hatte ich einen toten Hasen im Gelände versteckt. Als wir etwa zwanzig Meter vom Versteck entfernt waren – beide Tiere hatten Wittrung aufgenommen –, ließ ich Ringo von der Leine. Er lief auf den Hasen zu, packte ihn mit dem Fang, um ihn wieder fallenzulassen. Er spielte regelrecht damit. Johnny, der immer noch an der Leine war, begann, kräftig in Richtung Ringo und Hase zu ziehen. Mir blieb nichts anderes übrig, als mich von ihm mitziehen zu lassen. Im Vergleich zu den Jagdhunden (Deutsch-Drahthaar), die ich als Junge auf der Jagd führte und die, wenn Wild geschossen wurde, auch heftig nach vorne zogen, entwickelte der Wolf in solchen Situationen das Mehrfache seiner normalen Kraft. Er sieht und riecht nur noch die Beute und hat einen ungestümen, gierigen Trieb dorthin.

Ringo nahm den Hasen daraufhin in den Fang und lief im großen Bogen um uns herum. Je näher Johnny und ich an Ringo und seine Beute herankamen, desto mehr zog der

Wolf an der Leine. Ich wurde also im Laufschritt mitgezogen. Derlei Erfahrungen hatte ich ja schon mit den beiden Schwarzen Teufeln und dem Reh gemacht. Aber daß ein halbjähriger Wolf schon solch eine Kraft entwickeln konnte, überraschte mich. Als ich den Wolf am Halsband packte, um die Leinenschnalle zu öffnen, knurrte er mich an und biß um sich. Vorher versuchte er, die Leine zu durchbeißen, was aber nicht möglich ist, da ich bei allen meinen Wölfen in diesem Alter in starkes Segeltuch eingenähte Ketten verwende.

Nachdem ich den Wolf laufen ließ, sprang er direkt auf Ringo zu, und ehe der sich versehen hatte, riß er ihm den Hasen aus dem Fang. Johnny trug ihn in das Buschgelände, um ihn dort aufzureißen und zu fressen. Der Hund sprang um den Wolf herum, traute sich aber nicht heran. Dieses Ereignis zeigte wieder deutlich, wie grundverschieden Wolf und Hund sich verhalten, wenn es um ein Beutetier geht.

Inwieweit sich diese Aussagen übertragen lassen, ist schwer zu sagen, denn mir sind keine anderen Erfahrungen bekannt, denen ein ähnliches enges Zusammenleben von Wolf und Hund zugrunde liegt wie bei besagtem Timberwolf und der Hundekreuzung aus Dalmatiner und Colli, die beide jetzt sechs Monate alt waren.

Obwohl Johnny bei weitem nicht so wesensstark wie Ringo ist, hatte er doch seine jagdlichen Vorteile am Beutetier erkannt und für sich ausgenutzt. Wäre Johnny ein Alpha-Wolf-Typ, hätte er dieses skrupellose Verhalten Ringo gegenüber schon früher gezeigt. Denn Wölfe kennen keine Rücksichtnahme in ihrem Kampf um das Lebensvorrecht.

Am frühen Morgen des nächsten Tages nahm ich beide Tiere aus dem Aufzuchtgehege und ließ sie auf der Wiese frei laufen. Im Spielverhalten wurde der Wolf dem Hund gegenüber dermaßen grob, daß dieser Reißaus nahm. Nun war der Zeitpunkt gekommen, die beiden Tiere zu trennen. Ich entschloß

Johnny und Ringo beim Kräftemessen – noch steckt keiner zurück.

mich kurzerhand, Johnny ins Freigehege zu Timber und Ronja zu bringen. Sigi, unser Mitarbeiter, ging mit Ringo an der Leine in eine andere Richtung, und Erika und ich marschierten mit Johnny zum Waldgehege. Die Begrüßung am Zaun fiel genauso freundlich aus wie vor einer Woche. Daraufhin öffnete ich die Tür zum Gehege, und wir gingen mit Johnny in sein neues Revier.

Die beiden Schwarzen Teufel kamen zu uns, rochen bei Johnny an der Analdrüse, und es kam schließlich zum Schnauzenkontakt. Dabei verhielt sich Johnny untertänig: Er wedelte mit der Rute ebenso wie die beiden anderen – unter Wölfen ein deutliches Zeichen der Freude –, und Johnny betastete beide mit seinen Pfoten. Dieses gegenseitige Pfotenbetasten habe ich wiederholt bei meinen Wolfsrudeln beobachtet. Das machen in der Rangordnung niedrigstehende Jungwölfe und ältere Wölfe gegenüber ranghöheren bei spielerischen Auseinandersetzungen und während der Paarungszeit praktiziert es die Alpha-Wölfin gegenüber dem Alpha-Wolf; gelegentlich erwidert der Alpha-Wolf diese Kommunikationsform. Auch mir als ihrem Oberwolf wird diese Geste ab und an zuteil.

Bei den Hunden nennt man so etwas „Pfötchengeben". Viele Hundebesitzer sind stolz darauf, wenn ihre Hunde entweder nach freundlicher Aufmunterung oder auf Befehl Pfötchen geben. Das ist – wie wir hieran sehen – jedoch kein unnatürlicher Lernakt, sondern fördert lediglich eine Verhaltensweise zutage, die der Hund noch von seinem „Urvater", dem Wolf, besitzt.

Ebenso verhält es sich mit dem Apportieren: Der Mensch bewertet das Herbeibringen von Gegenständen als eine besondere Dressurleistung und weiß nicht, daß besagtes Verhalten des Hundes Erbgut des Wolfes ist. Hier bedeutet es Imponiergehabe und Untertänigkeitsbeweis. Verschiedene Hunde führen dies aus eigenem Antrieb aus, indem sie ihrem Herrchen oder Frauchen z. B. Holzstücke, alte Lappen, Schuhe oder sonst etwas bringen. Beim Pfötchengeben und/oder Anstoßen mit der Schnauze will der Hund seinen Herrn auf sich aufmerksam machen, er soll mit ihm „Gassi" gehen oder ihm Futter geben. Wer die Verhaltensweise des Wolfes kennt, hat es deshalb leichter, die Sprache seines Hundes richtig zu verstehen.

Zurück ins Gehege der Schwarzen Teufel: Nachdem ich mir nun sicher war, daß Zuneigung auf beiden Seiten bestand, ließ ich Johnny frei. Er rannte gleich hinter den Schwarzen Teufeln her, so daß man das Gefühl bekam, er habe schon immer zum Rudel gehört. Anfangs ließen Timber und Ronja seine Jungwolf-Frechheiten noch zu, er durfte sich die besten Fleischbrocken wegschnappen und so tun, als wäre er Chef im Gehege. Doch im Januar 1986 wies ihn Timber in seine Schranken. Nachdem im Herbst des gleichen Jahres noch Iff und Natascha ins Gehege nachrückten, steht er seit März 1987 an vierter Stelle in der Rangordnung.

Für Ringo wurde ein größerer Zwinger mit einer wetterfesten Hütte auf dem Grundstück unseres Hauses gebaut. Er wird seitdem nur noch von Erika betreut, da sich unweit seines Zwingers das Gehege der „Viererbande" befindet. Es könnte mir zum Verhängnis werden, wenn die Wölfe mich zusammen mit dem Hund sehen würden – ihren Oberwolf bei einem anderen Rudel. Das würden sie nicht dulden und es mich mit Sicherheit spüren lassen, indem sie sich eines Tages auflehnen würden. So ist Erika täglich etwa zwei Stunden mit Ringo im Gelände unterwegs, wo er freien Lauf hat. Obwohl er nie das Gehorchen gelernt hat, bleibt er meistens in ihrer Nähe. Entfernt er sich einmal etwas weiter, so kommt er bald wieder ohne Rufen zurück und springt mit Freude an ihr hoch.

Er ist ein sehr temperamentvoller Hund und braucht viel Auslauf, wobei er eine außerordentliche Schnelligkeit entwickelt. Wenn er sich ausgetobt hat, läßt er sich auch wieder ohne weiteres an die Leine nehmen und marschiert in seinen Zwinger zurück. Der Versuch, Ringo mit in die Wohnung zu nehmen, schlug fehl; er weigerte sich, durch die Tür zu gehen. Hört er mich von weitem heulen, so läuft er schnellstens auf mich zu, springt mich an und begrüßt mich nach untertäniger Wolfsart, indem er an meinem Mund leckt. Nach kurzem Aufenthalt bei mir kehrt er wieder zu Erika zurück; sie ist inzwischen die engste Kontaktperson für ihn geworden.

Heulen die zwei in der Nähe unseres Hauses lebenden Wolfsrudel, bellt er in diesem Chor, oft versucht er auch, mit rauher Stimme mitzuheulen. Im Alter von sieben Monaten riß er – zu unserem Erstaunen – eines unserer Hühner, er zeigte dabei die gleiche Handlungsweise wie Johnny im Alter von zehn Wochen. Auch ist er sehr „raubwildscharf" geworden – wie es in Jägerkreisen heißt –, was auch unsere fünf Hauskatzen einschließt, die deshalb auch sofort auf die Bäume flüchten, wenn sie ihn erblicken.

Wolfswelpen 1986

Iff und Natascha

Am 23. April 1986 machte ich, von einer Fernsehsendung aus München kommend, Zwischenstation im Karlsruher Zoo, um meinem Kodiakbären Johnny, mit dem ich vor Jahren zusammengelebt hatte, einen Besuch abzustatten. Er erkannte mich auf Anhieb. Und als ich ihn dann mit der ihm vertrauten Stimme und den Worten: „Johnny, mein alter Junge" ansprach, stutzte er einen Moment, lief auf das breitflächige Gitter zu, stellte sich hoch, drückte zur Begrüßung seinen Kopf an die Stäbe, ließ sich von mir kraulen und fraß – wie früher – meinen Zigarrenstummel.

Im Zoo befindet sich neben der Bärenabteilung das Wolfsgehege. Ich ging mit der zuständigen Tierpflegerin dorthin. Zu unserer Überraschung sahen wir, daß eine Wölfin gerade einen Welpen im Fang trug und diesen in einer Mulde des Geheges ablegte. Frühere Beobachtungen hatten mir gezeigt, daß der Mutterinstinkt Wölfe, Füchse und auch Katzenartige dazu treibt, die Geburtsstätte zu wechseln, wenn sie das Gefühl haben, mit ihren Jungen erkannt worden zu sein. Wahrscheinlich wurde die Wölfin durch Besucher beunruhigt.

Auf der Fahrt nach Merzig entstand die Idee, zwei dieser Welpen zu übernehmen und sie im Herbst zu den anderen drei Timberwölfen, die ja auch aus dem Karlsruher Zoo stammen, ins Gehege umzusiedeln. Als ich am nächsten Tag im Zoo anrief, berichtete man mir, daß der Wurf einen männlichen und drei weibliche Welpen umfaßte. Zehn Tage nach der Geburt fuhr ich wieder nach Karlsruhe, um einen männlichen grauen und den einzigen weiblichen Welpen des Wurfes mit schwarzem Fell zu holen. Wir gaben ihnen die Namen Iff und Natascha.

Obwohl Wölfe im Gegensatz zu Hunden auf ihre Namen nicht folgen, habe ich allen meinen Wölfen Namen gegeben. Wenn sie sich in meiner Nähe aufhalten und ich das Gefühl habe, daß sie zu mir wollen, um mir ihre Zuneigung, Unterwürfigkeit oder Imponiergehabe zu demonstrieren, dann spreche ich sie mit ihren Namen an. So z. B. mit langgezogenem Tonfall: „Wo ist denn Igor, mein Junge?" Die vertrauten Laute sollen nichts weiter bezwecken, als eine Kommunikation zwischen ihnen und mir herzustellen. Durch meine Langzeitbeobachtung kenne ich die momentane Stimmung der einzelnen Wölfe und verfahre damit ebenso wie der Leitwolf des Rudels.

Durch Mimik und seine langgezogenen, hellen auf- und abschwebenden Tönen, die er bei geschlossenem Fang von sich gibt, zeigt der Alpha-Wolf seinem Rudel – oder auch einzelnen Wölfen – an, daß sie zu ihm kommen dürfen. Rangniedere Wölfe bieten sich durch Gesten und gleiche Laute gegenüber dem Leitwolf an. Sobald er diese Gebärden erwidert, laufen sie mit wedelnder Rute auf ihn zu und lecken ihm seinen Fang. Bei älteren Wölfen ist dieser Ablauf relativ kurz. Bei

Erika bei der Aufzucht eines Timberwolfswelpen.

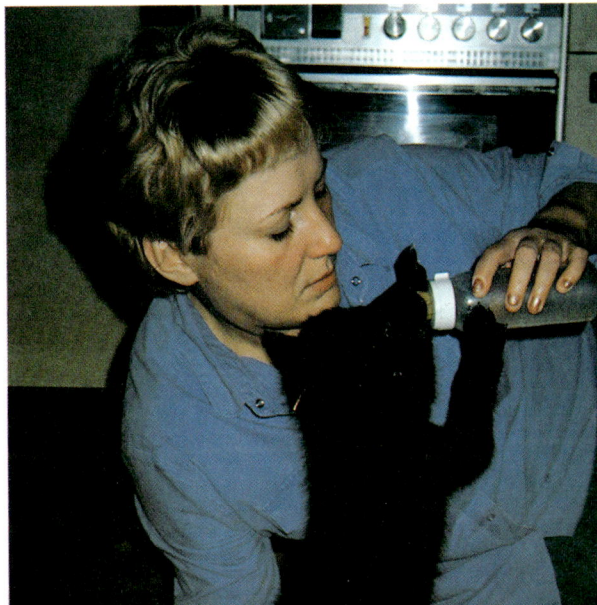

Jungwölfen gestaltet sich das Zeremoniell der Unterwürfigkeit etwas länger.

Beide Wölfe wuchsen prächtig heran – die Aufzucht von Wolfswelpen ist für mich inzwischen zur Routine geworden, obwohl jedes Individuum sehr sorgsam von mir behandelt und beobachtet wird; denn daraus kann ich mir schon ein Bild über ihr späteres Leben im Rudel machen.

Mehrarbeit kündigte sich an, da drei Wochen später Kathrin als Einzelwelpe geboren wurde. Trotz Pille hatte nämlich Else vom Rudel der „Wilden Fünf" gewölft. Die bevorstehende Geburt hatte sich durch Anwachsen des Gesäuges abgezeichnet, obwohl an ihrem Körperumfang kaum etwas zu bemerken war. Als ich am Morgen des 12. Mai 1986 ins Gehege trat, begrüßte mich Else freundlich, entfernte sich aber gleich wieder. Sonst hielt sie sich immer für längere Zeit in meiner Nähe auf. Dieses Verhalten zeigte mir, daß die Geburt unmittelbar bevorstand. Drei Stunden später beobachtete ich, wie sie einen neugeborenen Welpen unter einem umgefallenen Baumstamm leckte. Da ich die zu erwartenden Welpen aus dem Gehege herausnehmen wollte, verschloß ich vorher die schon bestehende Höhle unter dem Wasserbassin mit einem Drahtgitter.

Einen Tag später brachte ich Fleisch ins Gehege. Else verschlang einige Stücke davon und lief wieder zurück ins Welpenlager unter den Baumstamm. Ich postierte mich in der Nähe und sah, daß nur ein Welpe saugte. Zehn Tage nach der Geburt – es regnete in Strömen – hatte die Wolfsmutter den Welpen in den Fang genommen und ihn nahe der Eingangstür unter einem Busch abgesetzt. Während Else zum nahegelegenen Wasserbecken lief, packte ich blitzschnell den Welpen, steckte ihn in die Öffnung meines Kombianzuges und verließ umgehend das Revier. Ich wollte

Die ersten und entscheidenden Vertrauenskontakte werden in unserer Wohnung vollzogen.

Werden Wölfe am Futterplatz irritiert, blicken sie sofort in Richtung der Störquelle.

den Wolfswelpen mit der Flasche aufziehen, um ihn dann später in ein europäisches Rudel zu integrieren. Die angeborene Scheu und Vorsicht gegenüber dem Menschen und seinen zivilisatorischen Errungenschaften verängstigen die Tiere in dieser entscheidenden Prägungsphase. Diese Erfahrung machte ich bei dem vorhergehenden Wurf von Else. In unserer Wohnung versorgten wir den Welpen, und da er keine Spielkameraden hatte, mußte ich auch diese ersetzen, was sehr viel Zeit in Anspruch nahm. Ich mußte die Jungwölfe leider getrennt aufziehen, weil der „Drei-Wochen-Vorsprung" der beiden Timberwölfe gegenüber Kathrin in der Anfangsentwicklung zu groß war. Erst im Alter von acht Wochen ließ ich Kathrin zu Iff und Natascha ins Aufzuchtgehege. Hier wurde das kleine, freche Mädchen anfangs freundlich aufgenommen. Etwa drei Monate lang vertrugen sich die drei

recht gut. Nachts schliefen sie eng an mich gekuschelt in der Kiste.

Eines Tages begannnen Eifersüchteleien zwischen der europäischen und der Timberwölfin. Es ging um meine Gunst und um die von Iff. Wollte sich Kathrin zum Schlafen zu mir in die Kiste legen, dauerte es nicht lange, bis sich auch Natascha einfand. Beide versuchten dann, sich gegenseitig unter andauerndem Geknurre abzudrücken. Iff zeigte gegenüber Kathrin mehr Zuneigung. Aus Eifersucht wurde die körperlich stärkere Natascha dadurch gegen ihre Rivalin zusehends aggressiver, drückte sie unter lautem Geknurre und Zähnefletschen ständig zu Boden. Dies wurde vor allem bei unseren täglichen Ausmärschen augenfällig. Es sollte ja von Anfang an nur während der Hauptspielphase ein begrenztes Zusammenleben der drei Jungwölfe sein. Mein Entschluß stand damit fest:

121

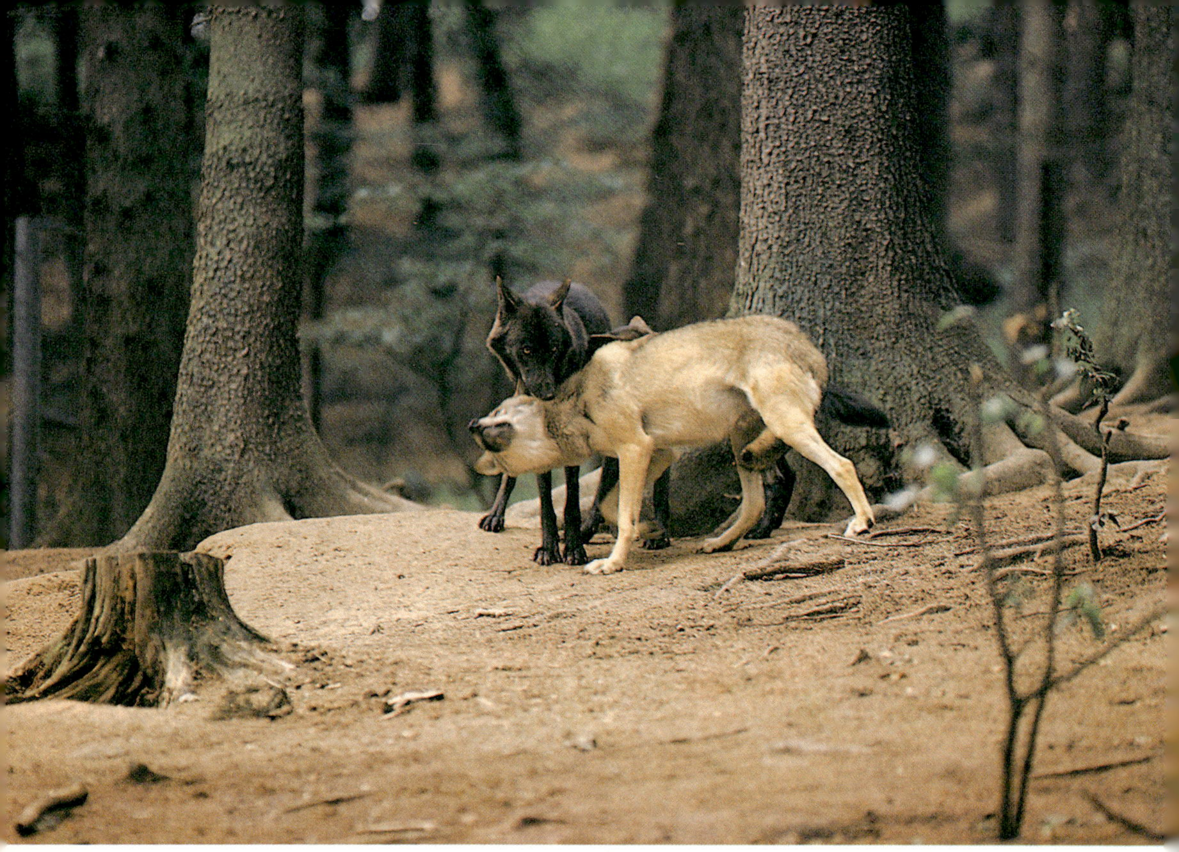

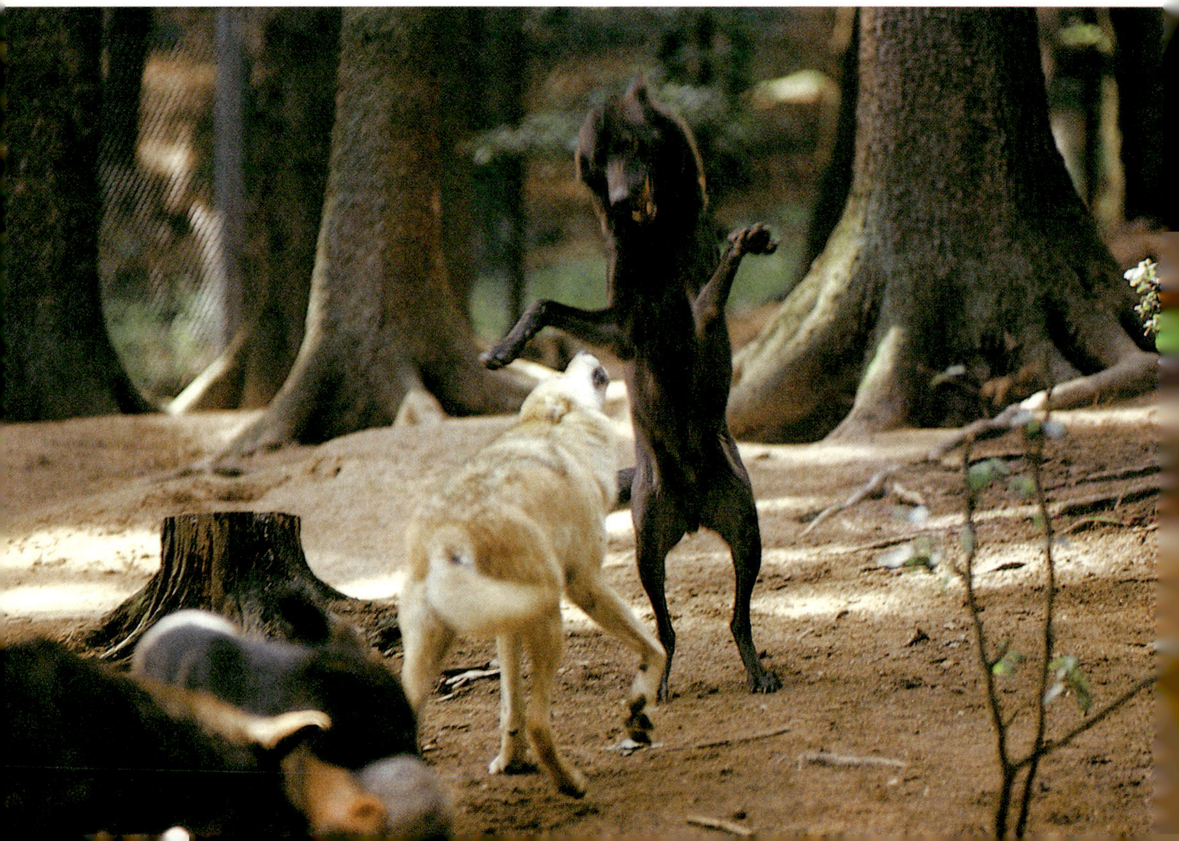

Umgeben von meinen Timberwölfen.

Kathrin sollte im Gehege der siebenjährigen Wölfe Riese, Strolch und Knurrhans integriert werden, was mir dann auch gelang.

Als Iff und Natascha sechs Wochen alt waren, wollte einer meiner Mitarbeiter die beiden fotografieren. Natascha erschrak vor der hochgehaltenen Kamera, klemmte die Rute zwischen die Beine und lief fluchtartig ins Aufzuchtgehege zurück. Auf einem späteren Erkundungsgang – die Wölfe waren jetzt fünf Monate alt – begegnete uns derselbe Mitarbeiter wieder. Ich führte Natascha an der Lei-

ne. Der Abstand zu dem Mann betrug etwa 100 Meter. Bei seiner Wahrnehmung zeigte Natascha sofort Fluchttendenzen. An einen anderen Mitarbeiter hatten sich die Wölfe hingegen gewöhnt. Sie erkannten ihn bereits von weitem. Mit wedelnder Rute liefen sie auf ihn zu, wenn wir sie von der Leine ließen.

Iff störte das Fotografieren überhaupt nicht. So wie die Menschen verschieden reagieren, ist auch von den Wesensmerkmalen her Wolf nicht gleich Wolf. Beide Jungtiere haben guten Kontakt zu Erika, weil sie ja diese Welpen von Anfang an mit aufgezogen hat.

Eines Tages unternahmen wir auch den Versuch, Ringo zusammen mit den beiden acht Wochen alten Welpen als ein Rudel zu halten. Der Hund zeigte noch einige wölfische Verhaltensweisen, die er bis heute nicht abgelegt hat und wahrscheinlich auch nie mehr able-

Seite 122 oben: Angst vor einem stärkeren Wolf ist vor allem an der Rutenhaltung abzulesen.
Seite 122 unten: Timberwölfe bei der alltäglichen Spielstunde.

123

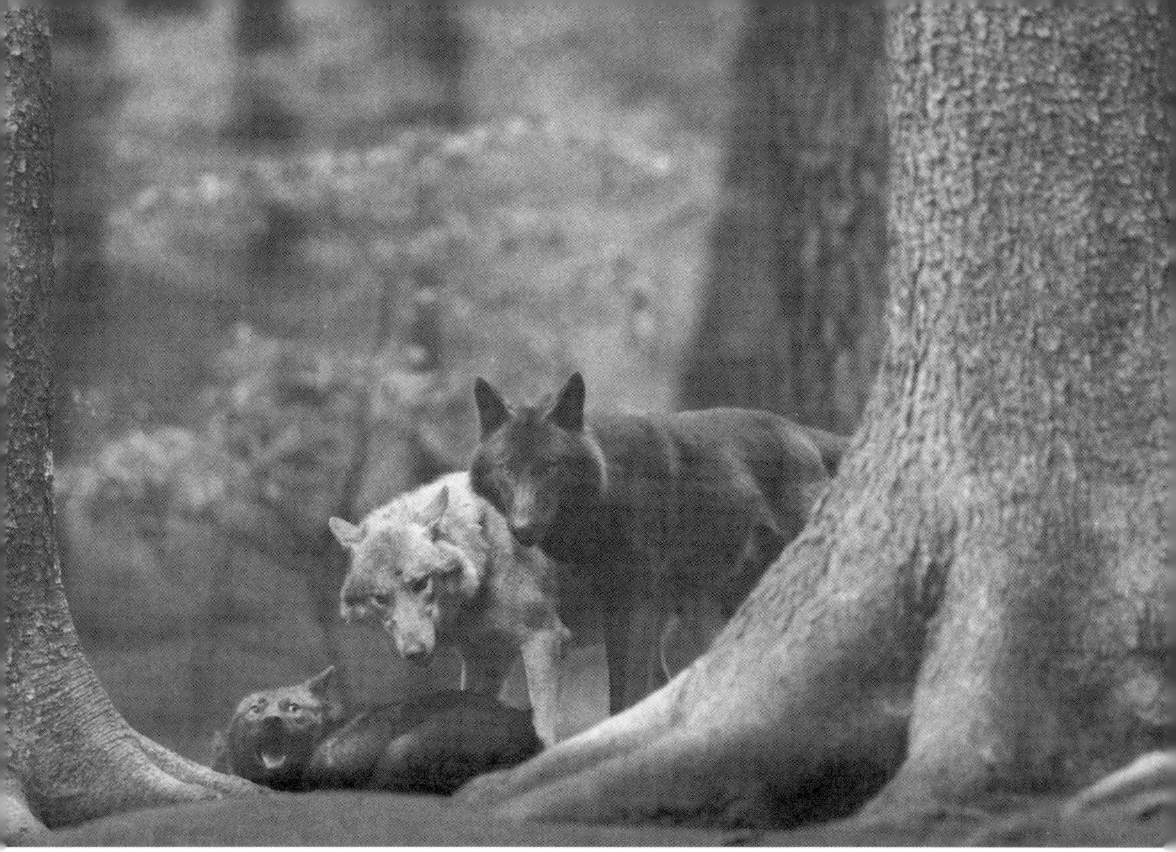

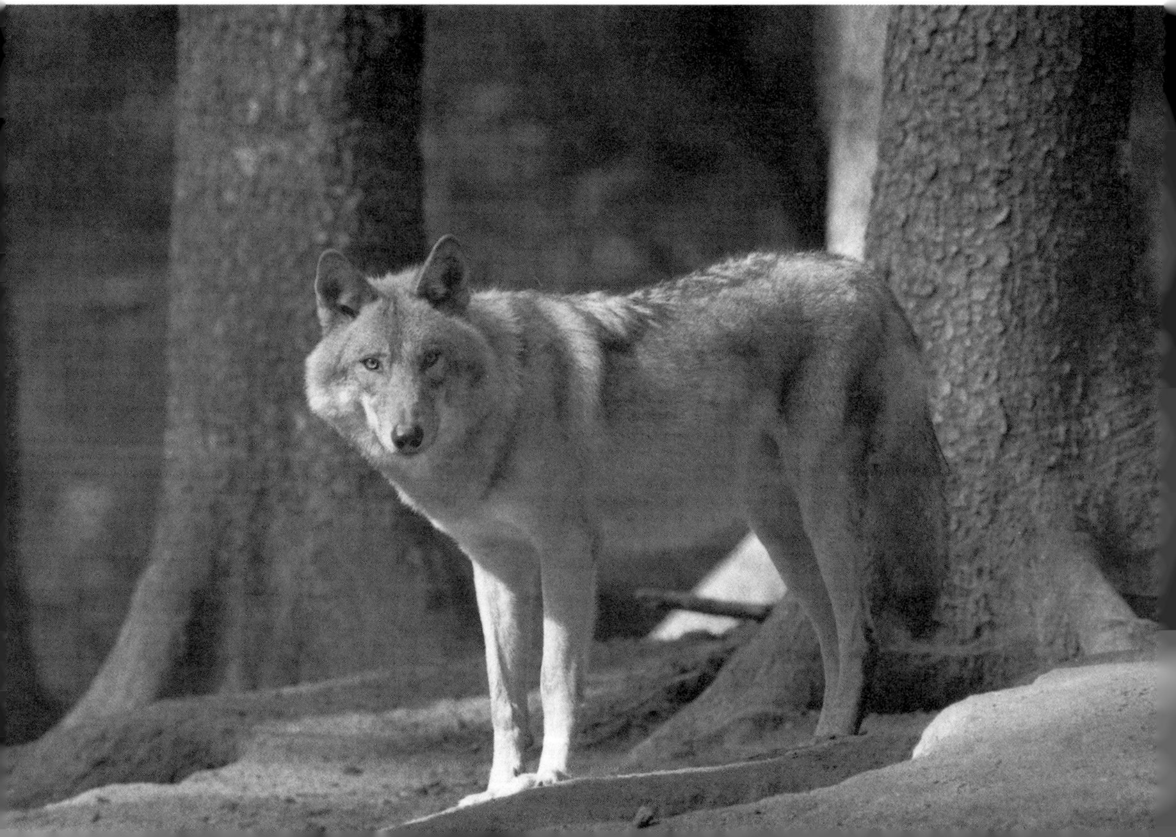

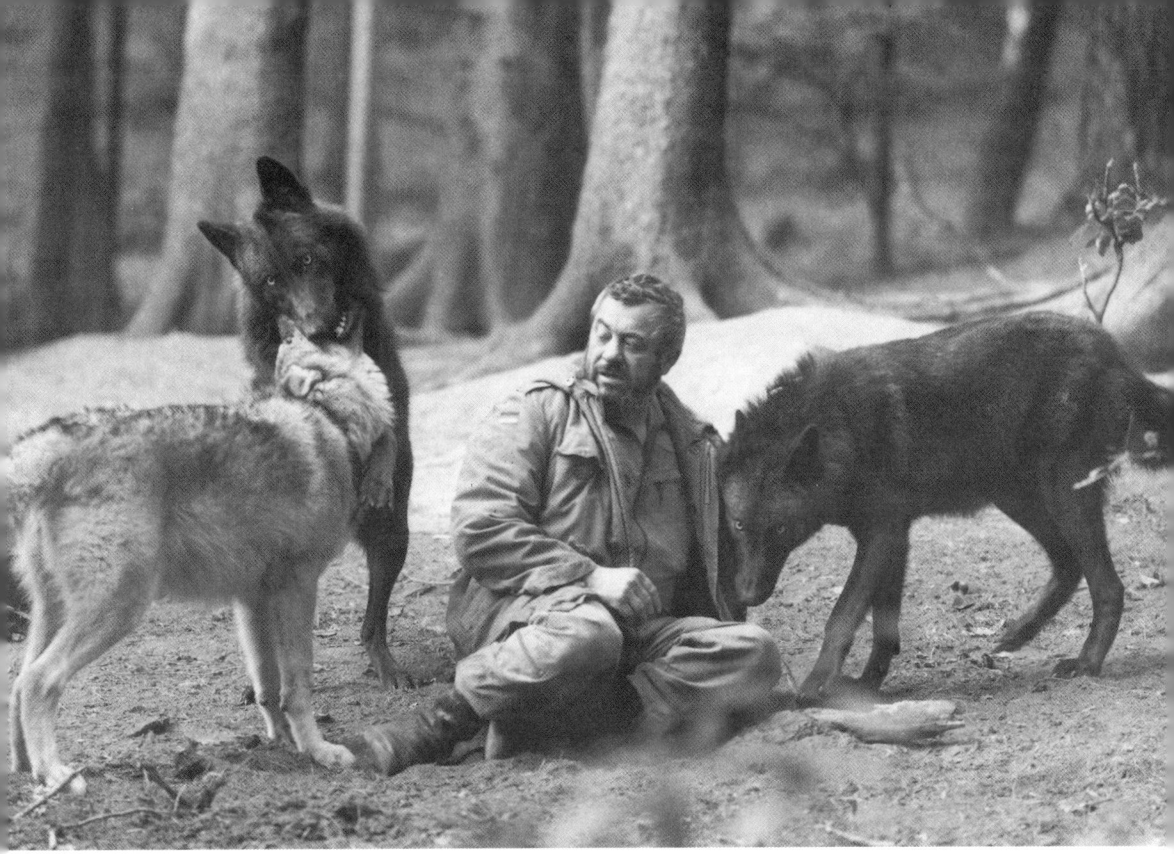

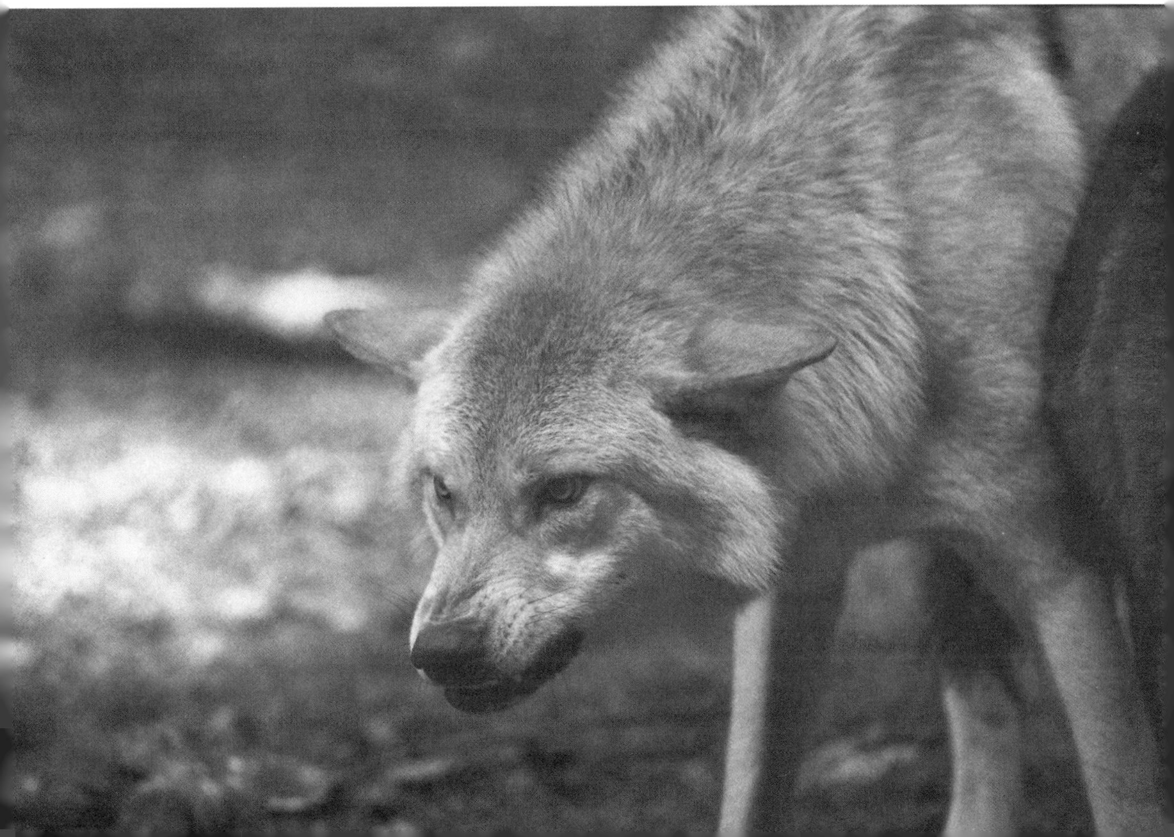

gen wird. Auf die Annäherungs- und Spielversuche des Hundes reagierten die Wolfsjungen mit Zähnefletschen und ängstlicher Abwehrhaltung. Mit wurde klar, daß ein Zusammenleben nicht möglich sein würde. Iff und Natascha begegneten später noch einmal Ringo, allerdings durch einen Zaun getrennt. Die Wölfe legten dann sogar heftiges Angriffsverhalten dem Hund gegenüber an den Tag.

Bei unseren täglichen Spaziergängen mit den Jungwölfen war Stefan, der neunjährige Sohn einer mit uns befreundeten Familie, mit von der Partie. Wölfe spielen gerne mit Kindern. Doch mit einem Alter von vier bis fünf Monaten werden die Kraftproben unter den Jungwölfen heftiger und grober. In solchen Rangeleien beziehen sie Kinder, auch wenn sie bis dahin mit ihnen herangewachsen sind, mit ein. Erkennt man dies nicht, kann es für sie durchaus problematisch werden.

Meine ersten Erfahrungen machte ich damals bei der „Viererbande", als uns auf unseren täglichen Erkundungsgängen drei Jungen im Alter von vierzehn bis fünfzehn begleiteten. Sowie die Wölfe grob zu den Jungen wurden, sagte ich zu ihnen in meiner rauhen Art: „Stellt euch nicht so an!". Heute weiß ich, daß das ein Vortasten der Wölfe war – die Vorstufe des Abdrückens und Abbeißens von Schwächeren. Obwohl Stefan vor den Wölfen keine Angst hatte, versuchte Iff bei jeder sich bietenden Gelegenheit, ihn umzuspringen, am Genick und an der Jacke zu packen und mit seinen Zähnen daran zu zerren.

Am 29. September 1986 war es soweit. Der Marsch zum Waldgehege stand an. Ich war fest überzeugt, daß es mir genauso wie im vergangenen Jahr mit Johnny auch dieses Jahr gelingen würde, Iff und Natascha in das bestehende Rudel einzugliedern und es somit auf fünf Mitglieder zu vergrößern. Am Gehege angekommen, liefen die drei darin lebenden Wölfe (Ronja, Timber und Johnny) direkt zu uns an den Zaun. Iff und Natascha zogen mit aller Macht an der Leine, um schnellstens ebenso dorthin zu gelangen. Hier fand die obligatorische Schnauzenberührung statt. Nur Natascha war im ersten Moment etwas vorsichtig, zeigte mal Freude, mal Zähnefletschen.

Ich öffnete die Tür des Freigeheges und trat zusammen mit Iff in das für die beiden neue Revier. Erika folgte mit Natascha. Die üblichen Begrüßungsrituale wurden ausgetauscht mit dem Ergebnis, daß beide schließlich vom Rudel akzeptiert wurden. Als wir sie von der Leine ließen, rannten sie mit den älteren Wölfen durch das Waldgelände. Nach etwa einer Stunde traten Iff und Natascha frech und selbstbewußt gegenüber den älteren Wölfen auf, die sich das gefallen ließen. Erst im Alter von sieben bis acht Monaten wurden sie in die Schranken verwiesen und gleichzeitig ihre Rangposition im Rudel festgelegt.

Aber dies galt in diesem Falle bei der sehr wesensstarken, machtbesessenen, schlauen und rücksichtslosen Natascha nur bis zum Februar 1987; denn dann wurde sie die Alpha-Wölfin des Rudels. Hierüber ausführlicher im nächsten Kapitel.

Seite 124 oben: Dieses Umfeld paßt gut zu den kanadischen Waldwölfen (Timberwölfe).
Seite 124 unten: Dreijähriger Timberwolf. Helle und schwarze Wölfe leben auch in freier Wildbahn in einen Rudel.

Seite 125 oben: Der Alpha-Wolf drückt ein anderes Rudelmitglied ab, das mich vor ihm begrüßen will.
Seite 125 unten: Angstverhalten gegenüber einem stärkeren Wolf.

Ranzzeit

In der Vorranzzeit und Ranzzeit kommt es stets zu Spannungen innerhalb des Rudels. Falls Rangordnungen vorher nicht gefestigt waren, können sie sich jetzt verändern. Eine dominierende Rolle spielt in diesen Auseinandersetzungen die Alpha-Wölfin.

Sie ist an der Festlegung der Rangordnung innerhalb des Rudels maßgeblich beteiligt, indem sie das Abdrücken und Abbeißen nicht nur gegen andere Wölfinnen, sondern auch gegenüber Rüden einleitet. Unterstützung bekommt sie dabei vom Alpha-Wolf und sodann vom ganzen Rudel. Obwohl das Rudel in der Regel von einem Alpha-Wolf dominiert wird, führt die Alpha-Wölfin bei den Auseinandersetzungen meist Regie. Noch nie habe ich den Angriff eines Wolfes auf eine Wölfin beobachtet, wenn diese Attacke nicht von der Alpha-Wölfin eingeleitet wurde. Wenn man sagt, das Sozialverhalten von Wölfen sei dem der Menschen sehr ähnlich, so wird das besonders in der engen Zusammenarbeit, dem Delegieren, Taktieren und Diktieren des Alpha-Wolfes und der Alpha-Wölfin deutlich. Alle anderen Wölfe spielen eine mehr oder weniger untergeordnete Rolle. Allerdings kommen im Gegensatz zur zivilisierten menschlichen Gesellschaft keine „Radfahrer" oder Blender, sondern nur die wirklich Wesens- und Führungsstarken in die „Chefetage".

Trotz meiner langjährigen Erfahrung mit Wölfen war ich überrascht, daß die europäische Wölfin Kathrin und die Timberwölfin Natascha mit neun Monaten innerhalb ihrer Rudel den Ton angaben.

Kathrin im europäischen Rudel

Anfangs hatte ich einige Bedenken, die kleine, zierliche europäische Wölfin in die Gemeinschaft der alten und körperlich starken Wölfe zu lassen. Kathrin präsentierte sich anfangs untertänig gegenüber den Wolfsrüden und wurde in das Rudel aufgenommen. Aber nach kurzer Zeit spielte sie mit ihrer für Wölfinnen typischen List die anderen aus, und erwarb so die Stellung als Alpha-Wölfin ohne Rangkampf. Anfang Januar versuchte sie, Knurrhans abzudrücken und abzubeißen. Sie leitete einen Angriff auf ihn ein und bekam sofort Unterstützung von Riese und Strolch. Das wiederholte sie bis Mitte Februar mehrmals, so daß sich Knurrhans nun abseits des Rudels aufhalten mußte. Würde ich nicht an verschiedenen Stellen im Gehege Fleisch hinwerfen, ließe Kathrin ihn nicht an das Futter. Sie nimmt ihm regelrecht das Fleisch weg. Knurrhans holt sich dann wieder ein anderes Stück und kommt so doch zu seinem Teil. Der von Erika gegebene Name „Kathrin" paßt gar nicht zu dieser Wölfin. Ich würde sie eher „Giftnudel" nennen.

Am 20. Februar begrüßte Kathrin mich nur ganz kurz am Zaun, indem sie meine hingehaltene Hand leckte und lief dann wieder zu Riese und Strolch zurück. Ich merkte an ihrer Mimik und den unruhigen Augen, daß sie etwas im Schilde führte und eine Aktion kurz bevorstand. Im nächsten Moment gewann ich Klarheit über ihre Absicht. Ich legte ein verendetes Lamm ins Gehege, und als Strolch sich zusammen mit Riese darauf stürzte, griff Kathrin ohne Ankündigung Strolch an. Riese und der abseits stehende Knurrhans kamen hinzu, und alle drückten Strolch zu Boden und bissen auf ihn ein.

Mir blieb nichts anderes übrig, als dazwischenzutreten. Das Lamm interessierte die Wölfe in diesem Moment nicht mehr. Strolch war Kathrin gegenüber zu dominant geworden, so daß sie ihn sofort wieder auf seinen Platz verwies. In solch eine Auseinandersetzung greift auch ein in der Rangordnung unten stehender Wolf mit ein, wie in diesem Fall Knurrhans. Derartige Attacken auf einen anderen Wolf im Rudel kann man in keiner Weise mit dem Angriff auf ein Beutetier vergleichen, das getötet werden soll. Es ähnelt mehr einer Schlägerei in der menschlichen Gesellschaft oder einer Keilerei zwischen rivalisierenden Wildschweinen, wobei es ja auch Verletzungen gibt. In den nächsten Tagen hielt sich Strolch wieder in der Nähe von Kathrin auf. Also wollte sie ihm nur eine Lektion erteilen, die besagte: Du kommst nach mir!

In ihrer dominanten Haltung wird Kathrin von Natascha noch übertroffen, denn diese mußte sich alleine gegen die dreijährige Ronja durchsetzen, während Kathrin von Anfang an vom Alpha-Wolf Riese Unterstützung erhielt.

Natascha im Rudel der Timberwölfe

Ganz unerwartet kam es zwischen Ronja und Natascha Anfang Januar 1987 zu temperamentvollen, harten, listigen und rücksichtslosen Auseinandersetzungen um die Gunst des Oberwolfes – also um mich. Das hatte sich schon lange vorher abgezeichnet, denn bevor Natascha zum Rudel gehörte, war beim Betreten des Reviers Ronja bei mir. Das änderte sich, beide Wölfinnen wichen sich aus, denn wenn die eine in meiner Nähe weilte, blieb die andere weg. Hielt Natascha sich in meiner Nähe auf, kam jetzt Ronja hinzu, die sich vorher sonst eher etwas zurückhielt. Natascha begann, Ronja anzuknurren und abzudrücken, diese jedoch ließ sich nicht beeinflussen und folgte ihrem Drang zu mir. Daraufhin ging Natascha zum Angriff über, drückte und biß Ronja ab und kam wieder schutzsuchend zu mir zurück.

Nach etwa drei Wochen war die Situation wieder umgekehrt, und ich glaubte, jetzt habe die dreijährige Ronja Natascha endgültig in ihre Schranken verwiesen. Doch ich hatte mich getäuscht, denn vom 16. Februar an war Natascha wieder die Dominierende. Ist sie von Natur aus die Wesensstärkere mit einem ausgeprägten Durchsetzungsvermögen? Die Attacken wurden immer heftiger, und einige Tage später erfolgte der direkte Angriff von Natascha. Die beiden Wölfinnen verbissen sich am Kopf. Als Ronja am Verlieren war und vor Natascha flüchtete, griffen Timber und die anderen beiden Wölfe auf Nataschas Seite ein.

Um diese Auseinandersetzung, die für beide Wölfinnen blutig verlief, zu beenden, mußte ich dazwischenspringen und mit Fußtritten gegen die angreifenden Wölfe vorgehen – sie ließen dann ab. Für mich ist dieses Einschreiten unumgänglich, denn abgebissene und unterlegene Wölfe haben, auch wenn die Freigehege noch so groß sind, keine Ausweich-

möglichkeiten. Meine Machtposition im Rudel erlaubt mir diesen Eingriff, in dessen Folge eine Beißhemmung hervorgerufen wird.

In der Regel finden solche Rangkämpfe immer statt, wenn ich mich im Revier aufhalte. So übertragen sich Spannungen innerhalb der Rudel während der unruhigen Zeit von Dezember bis März eines jeden Jahres auch auf mich, und ich werde als ranghöchster Wolf mit in das Geschehen einbezogen. Bei fünf Wolfsrudeln setzt das Nerven wie Drahtseile voraus, den in der Wolfswelt gibt es keine schwachen Führer.

Natascha war jetzt trotz ihrer physischen Unterlegenheit gegenüber Ronja die Alpha-Wölfin im Rudel. Ein Zeichen dafür, daß bei den Wölfen (genau wie bei den Menschen) nicht immer die äußerlich stark wirkenden Typen bei Machtkämpfen dominieren. Seit diesen Auseinandersetzungen hält sich Ronja am Rande des Rudels auf. Nach erfolgtem gegenseitigen Abdrängen kam jeweils die Siegerin zu mir, um heftig an meinem Mund zu lekken. Dabei waren beide sehr aufgeregt. Natascha vollzog diese Geste so überschwenglich, wie ich es bisher noch bei keinem Wolf erlebte. Beide Wölfinnen zeigten in dem Moment des Sieges über die Rivalin mir als ihrem Oberwolf deutlich an, daß sie Alpha-Wölfin im Rudel sind. Bei den Kämpfen

In den verschiedenen Phasen auf den Fotos der folgenden Seiten ist deutlich zu erkennen, daß es zu Beginn der Ranzzeit aggressive Auseinandersetzungen der beiden Wölfinnen um die Gunst des Oberwolfes gibt. Natascha drückt mit den Vorderläufen und der Brust meinen Kopf herunter, um Ronja abzuwehren. Obwohl Natascha im Alter von neun Monaten die dreijährige Ronja in der Rangordnung zurückgedrängt hatte, kam es, als Natascha mit zwei geschlechtsreif wurde, zu erneuten erbitterten Kämpfen, die Natascha für sich entschied. Die Rüden des Rudels wurden bei diesen Rangkämpfen mit durcheinandergewirbelt. Als Natascha sich durchgesetzt hatte, stellte sich der Alpha-Wolf mit seinem Rudel auf ihre Seite. Von nun an war Natascha endgültig die Chefin im Rudel.

hat Natascha durch ihr giftiges Gebaren Ronja übertroffen.

Kaum war sie Alpha-Wölfin, hielt sie sich nur noch in der Nähe von Timber auf. Als dieser wegen eines Fleischbrockens eine kleine Auseinandersetzung mit Johnny hatte, griff sie diesen sofort an, und die anderen Wölfe unterstützten sie. Damit machte sie deutlich, daß sie nach dem Alpha-Wolf an zweiter Stelle rangiert.

Nach dem Erringen des oberen Rangplatzes erfolgte das Belecken meines „Fanges" – denn ich bin ja für das Rudel ein Wolf, der ranghöchste. Dabei wedeln die jeweiligen Wölfinnen aufgeregt mit der Rute – ein direktes Zeichen der Machtposition, die mir vor dem Alpha-Wolf angezeigt wird. Die gleichen Beobachtungen und Erfahrungen machte ich bei Anuschka, der Chefin im „Siebengestirn", und Else, der Alpha-Wölfin bei den „Wilden Fünf".

Sobald die Wölfin eine Rivalin zurückgedrängt hat, kommt diese auch nicht mehr an das Beutetier. In freier Natur würde das bedeuten, daß dieses Tier das Rudel verlassen müßte, um zu überleben. Da ein Verlassen des Rudels im Gehege nicht möglich ist, verteile ich die Fleischstücke von zerlegten Tieren an verschiedene Stellen. So kommt die Unterlegene auch an das Futter, wenn die Alpha-Wölfin an anderer Stelle frißt. Hat die Alpha-Wölfin die ersten Fleischbrocken verschlungen, läuft sie direkt zum Futterplatz der anderen, drängt diese vom Fleisch ab, trägt es weg oder uriniert darauf. Ich machte diese Beobachtungen bei verschiedenen Wolfsrudeln, und zwar immer in der ersten Zeit nach dem Abbeißen, danach nur noch ab und zu. Bei Alpha-Wölfen habe ich dieses Futterwegschnappen ebenfalls beobachtet, sie tun es aber nicht so energisch und nicht so häufig.

Nach meiner Erfahrung kann es in freier Natur normalerweise nur eine Mutterwölfin im Rudel geben, denn das Sozialverhalten eines Wolfsrudels hat sich im Freigehege kaum geändert. Rangkämpfe unter Wölfinnen sind so ausgeprägt, daß es daran keine Zweifel gibt. Die Jungwölfe werden von den Alpha-Wölfen schon beim Heranwachsen in ihre Schranken verwiesen.

Die Timberwölfin Natascha ist eine Ausnahme. Eine solch außergewöhnliche Wesensstärke mit rigorosem Durchsetzungsvermögen habe ich nur noch bei dem inzwischen verstorbenen Siegfried im Rudel der „Wilden Fünf" erkennen können.

Die jetzige Rangordnung im Rudel der Timberwölfe verläuft in dieser Reihenfolge: Timber ist Alpha-Wolf, gefolgt von Natascha, Iff, Johnny und Ronja. Daraus ist zu ersehen, daß das Alter im Wolfsrudel keine wesentliche Rolle bei der Rangordnung spielt. Nur die von Natur aus fähigsten Wölfe setzen sich durch. Junge wesensstarke Tiere beobachten sehr genau ältere ranghöhere Wölfe. Erkennen sie eine Schwäche, so nutzen sie diese für sich aus, um in der Rangordnung nach oben zu kommen oder sogar den Alpha-Wolf oder die Alpha-Wölfin abzulösen. In freier Natur überleben nur Wölfe, die jederzeit solche

Leitwölfe werden können. Alle anderen sterben schon als Welpen oder Jungtiere.

Ganz eindeutig ging es bei dem Rangkampf zwischen Ronja und Natascha in erster Linie um meine Gunst, d. h. um die ihres Oberwolfes, denn die Kämpfe kamen zum Höhepunkt, wenn ich das Gehege betrat und wurden direkt neben mir ausgetragen, wie auch auf der Bildserie (Seiten 130 bis 133) zu sehen.

Mitte April 1987 ließ Natascha Ronja wieder genug Bewegungsfreiheit im Revier. Sobald ich in die Nähe des Geheges kam, drückte Natascha Ronja zurück, die dann auf unsere große Schlafkiste springt und sich von oben herab gegen die hochspringende Natascha verteidigt. Vor Timber, dem Alpha-Wolf, springt Natascha an mir hoch, um mich zu belecken. Ob Nataschas Dominanz über Timber bestehen bleibt, wird sich zeigen, denn im Hintergrund gibt es noch Iff, den Wesensstärkeren, der eines Tages Timber ablösen könnte. Timber ist ein ruhiger und „besonnener" Alpha-Wolf und bestimmt das Geschehen im Rudel bei weitem nicht so wie z. B. Igor im Rudel der europäischen Wölfe.

Alle meine Alpha-Wölfinnen drängen zu mir, wenn ich das Gehege betrete. Jedoch wird dies zum Teil von den jeweiligen Alpha-Wölfen abgeblockt, denn sie nehmen für sich in Anspruch, als erste bei mir zu sein.

Forschungsergebnisse

Im Laufe meines 15jährigen Zusammenlebens mit den Wölfen beobachtete und dokumentierte ich etliche Verhaltensweisen, die in dieser Form noch nicht bekannt waren. Hier einige dieser Erkenntnisse:

1. Wesensstarke Welpen und Jungwölfe drücken rücksichtslos andere Welpen von Milchquelle, Fleischbrocken oder Beutetier ab. Dadurch werden die sowieso schon schwachen Wurfgeschwister weiter geschwächt und verhungern schließlich. Es kommt bei diesem Verdrängungswettbewerb schwachen Wurfgenossen gegenüber sogar zum direkten Abbeißen und Abdrücken mit dem Körper unter Einsatz der Fänge. Besonders deutlich wurde das bei einem Welpen, der – wie sich später herausstellte – auf beiden Augen grauen Star hatte.

2. Unangenehme Erfahrungen gegen die Art der Wölfe prägen selbst vier bis sechs Wochen alte Welpen in ihrem Verhalten bis ins hohe Alter.

3. Der Sammelruf ist nicht angeboren, sondern wird erlernt. Normalerweise geschieht diese Prägung durch die Wolfseltern. Werden die Welpen von Menschen aufgezogen, ist auch eine Prägung auf den menschlichen Ruf möglich.

4. Wölfe, die in der Lage sind, die Führung eines Rudels zu übernehmen, zeigen dies schon früh durch Fleischbringen gegenüber dem Alpha-Wolf an. Dies beginnt etwa im dritten bis vierten Lebensmonat. Ab und zu tragen mir – als Oberwolf – auch Alpha-Wölfe Fleisch zu. Die Anlage zum Apportieren, wie wir es von den Hunden kennen, ist also bereits beim Wolf vorhanden.

5. Auch das Pfötchengeben der Hunde ist beim Stammvater Wolf bereits vorgegeben. Es wird von den Jungwölfen gegenüber dominierenden älteren Wölfen praktiziert, und auch in der Ranzzeit wendet die Alpha-Wölfin dieses Verhaltensmuster gegenüber ihrem Partner an, indem sie dem Alpha-Wolf in geduckter Haltung mit der Pfote über das Fell streicht.

6. Wölfe sind im Alter von zehn bis zwölf Wochen in der Lage, ein Tier von der Größe eines Huhnes zu töten. Arktiswolfswelpen entwickeln sich langsamer. Ihr Tötungstrieb zeigt sich erst drei bis vier Wochen später als bei ihren europäischen und kanadischen Artgenossen.

7. Die Alpha-Wölfin nimmt normalerweise immer die zweite Stelle in einem Rudel ein. Wird der Alpha-Wolf abgelöst, wechselt sie zu dem neuen Rudelführer über.

8. Während der Vollmondnächte sind die Wölfe auffällig aktiv. Sie gleichen das durch vermehrten Schlaf am Tage aus.

9. Schlafende Wölfe werden von keinem Rudelmitglied gestört.

10. Außer dem auch von den Hunden bekannten „Wuffen" habe ich bei Auseinandersetzungen am Trennzaun zwischen Arktis- und Timberwölfen oft ein hundeartiges Gebell registriert, das der Revierverteidigung dient.

11. Arktiswölfe trinken anders als europäische Wölfe. Sie beißen regelrecht ins Wasser, füllen somit den Fang, um es etwas später zu schlucken. Es erfolgt also eine Aufwärmung des „Eiswassers" im Fang.

12. Durch Aufzucht in Menschenhand läßt sich eine Jagdgemeinschaft zwischen Mensch und Wolf herstellen, so wie sie vor etwa 15.000 Jahren entstanden ist.

13. Wolfswelpen sind in der Lage, schon vor dem Öffnen der Augen durch Heulen Stimmkontakt mit Artgenossen aufzunehmen.

Menschen und Wölfe

Sie sind seit ihrer Entstehung Raubtiere; im fachlichen Sprachgebrauch nennt man Raubtiere auch Beutegreifer. Als der Mensch lediglich ein hochqualifiziertes Raubtier war, erkannte er, daß die dem Wolf eigenen Sinnesorgane ausgeprägter und auch die körperlichen Eigenschaften beim Jagen denen des Menschen überlegen sind. Beide jagten unabhängig voneinander die gleichen Beutetiere, ihr Sozialverhalten ist ähnlich. Dies für sich ausnutzend, zogen die Urmenschen Wolfswelpen bei sich auf, und nach Generationen entwickelte sich mit der Zeit der Hauswolf-Typ, der immer mehr in die Abhängigkeit des Menschen geriet und aus dem sich in der weiteren Entwicklung der Haushund herausbildete. Eine Jagdgemeinschaft entstand, in der die Menschen zunehmend die Führung übernahmen und die besten Fleischstücke der Beute für sich beanspruchten.

Im Jahre 1983 wurde vom Westdeutschen Fernsehen der Dokumentarfilm „Boss der Wölfe" über eines meiner europäischen Rudel, die „Wilden Fünf", gedreht. Es wurden Zeitabschnitte meines Zusammenlebens mit ihnen gefilmt: Von der Zeit, als die Wölfe mit zwölf Tagen die Augen öffneten, bis zum Lebensalter von einem Jahr. Im Film sollte dargestellt werden, wie es wohl vor 15.000 Jahren gewesen sein mochte. Wir sehen uns mit der Frage konfrontiert, ob das Zähmen der Wölfe zugleich auch eine der ersten Erforschungen (Erfindungen) der Urmenschen war. Begann von nun an der Auszug aus dem Paradies?

Die Jagdgemeinschaft Mensch-Wolf endete, als die Jäger und Sammler zu Ackerbau und Viehzucht übergingen. Der Wolf, der jetzt auch die leicht zu erbeutenden Weidetiere begehrte, wurde zum Nahrungskonkurrenten und vom Menschen rücksichtslos verfolgt.

Der inzwischen von dem Wolf abstammende Hund wurde zur Verfolgung seiner Urväter eingesetzt. Auf meinen 15 Expeditionen, speziell zu den Naturvölkern in tropischen Ländern, fand ich die Jagdgemeinschaft Mensch-Hund noch vor, die vor Tausenden von Jahren zwischen Mensch und Wolf bestand.

Ein mir bekannter Zigeunerstamm versorgte in den letzten Jahrhunderten seine Familien mit Wildfleisch durch die Jagdgemeinschaft Zigeuner-Hund, und das ohne Schußwaffen. Selbständig jagende Hunde töten Wild und Weidetiere, vor allem Schafe, auf die gleiche Art wie die Wölfe. Bei Naturvölkern habe ich die Jagdgemeinschaft beobachtet und von einem Zigeuner die gleiche Überlieferung erfahren. Der Fernsehfilm „Boss der Wölfe" mit dem Verhältnis zwischen Mensch und Wolf als Leitthema, gab mir den Anstoß, eine Jagdgemeinschaft mit zwei kanadischen Timberwölfen zu bilden, um zu erkunden, wie die Urmenschen in etwa mit den Wölfen gejagt haben könnten. Dieses Experiment habe ich dann – wie an anderer Stelle ausführlich beschrieben – mit Erfolg nächtelang mit den beiden „Schwarzen Teufeln" 1984/1985 durchgeführt.

Sechs Bedingungen muß ein Mensch erfüllen, um das komplizierte, feinfühlige Sozialverhalten von Canis lupus, dem Wolf, zu erkennen und es sich selber anzueignen. Nur dann hat er die Chance, als Oberwolf vom Rudel anerkannt zu werden. Diese sechs Punkte sind:

- Naturinstinkt
- Ablegen von menschlichen Angewohnheiten
- Einfühlungsvermögen
- Mut zum Risiko
- Annehmen von wölfischem Verhalten
- Sekundenschnelles Reagieren

Mensch und Hund haben sich auf ihren Ebenen über Jahrtausende hinweg gleichermaßen entwickelt. Aus den qualifizierten Raubtieren Urmensch und Wolf sind in unserer heutigen Zeit Individuen geworden, die aus dem Supermarkt mit ihrer ureigenen Nahrung, dem Fleisch (in Plastik und Dosen verpackt), versorgt werden.

Während meiner Reisen waren wir auf uns selbst gestellt und lebten nach einigen Tagen auf der Stufe der Jäger und Sammler mit der gleichen Nahrung. Selbst beim Jagen und Beutemachen hatten wir unter Anleitung der Eingeborenen Erfolg. Schußwaffen waren nicht vorhanden.

Hunde, die in unseren Gegenden selbständig nach Wolfsart jagen und töten, nennt man wildernde Hunde. Das Erbgut des Wolfes ist durchgebrochen. Sie werden von den Jägern verfolgt, da sie Wild und Weidetiere (besonders Schafe) reißen. Es ergeht ihnen ähnlich wie ihren Urvätern, von denen die letzten Stammwölfe vor etwa 100 Jahren in Deutschland erlegt oder vergiftet wurden. Allerdings vermögen wildernde Hunde nicht mehr eine Beute nach Wolfsart zu töten. So können beispielsweise Hirten und Bergbauern in den italienischen Abruzzen, wo der Wolf noch vorkommt, ohne weiteres feststellen, ob ein Schaf von einem Hund oder einem Wolf gerissen wurde.

Ist es nicht eigenartig, daß der Mensch noch in unserer heutigen Zeit einen Komplex gegenüber dem Wolf hat? Wenn Menschen mutig sein wollen oder es wirklich sind, so vergleichen sie sich mit Wölfen oder werden mit ihnen verglichen. Mal wird der Wolf als die böse, hinterhältige, feige Bestie, mal als der listige, schlaue, überlegene oder starke Beutegreifer hingestellt.

Schon den Kindern wird durch das Märchen „Rotkäppchen und der böse Wolf" das Verhältnis zu dieser Tierart eingedrillt. Hitler wollte selber stark sein, über alles in der Welt; das gab er zum Ausdruck, indem er sein Hauptquartier „Wolfsschanze" nannte. Den erfolgreichsten U-Boot-Fahrer im 2. Weltkrieg, Kapitän Kretschmer, nannte man „Wolf der Meere". Eine Übung der Bundeswehr wurde mit „Starker Wolf" bezeichnet. Russische Zeichnungen auf Postkarten zeigen das Verfolgen von Pferdeschlitten durch ein Wolfsrudel. Die Landesjägerschaft Niedersachsen stellte einen großen Gedenkstein auf, als dort 1948 ein Wolf erlegt wurde. Das Mahnmal trägt die Aufschrift: „An dieser Stelle wurde am 27. August 1948 der 'Würger vom Lichtenmoor', ein starker Wolfsrüde, vom Bauern Hermann Gnatz aus Elfte erlegt. Errichtet von der Landesjägerschaft Niedersachsen im DJV." Sowjetische Jäger gaben in einem Fernseh-Interview zu, daß zwei Drittel der Wölfe nicht mit Waffen, sondern durch Gift zur Strecke gebracht werden – und das in einem Zeitalter, in dem die Welt vor Waffen nur so strotzt. Wo die Natur auf der Seite des Wolfes steht, ist er dem Menschen durch seine ausgeprägten Sinnesorgane völlig überlegen.

Während einer Unterhaltung mit einem Wolfsjäger aus Jugoslawien am Gehege meiner jugoslawischen Wölfe erzählte dieser mir, daß in einem Winter mit sehr hohem Schnee, als sich Mensch und Tier kaum fortbewegen konnten, ein Rudel von neun Wölfen von zahlreichen Jägern aus der ganzen Umgebung eingekesselt wurde. Man war sehr zuversichtlich über den zu erwartenden Jagdverlauf, aber nur ein Wolf wurde geschossen, die anderen konnten entkommen. Beobachtungen von Bauern in Jugoslawien besagen, daß ein Wolf, der über ein Hindernis in eine Stallung springt, um ein Schaf zu reißen, sofort wieder zurückspringt, um zu überprüfen, ob er auf dem gleichen Weg wieder herauskommt. Erst dann reißt er seine Beute.

In Bosnien (Jugoslawien) hatte eine Wölfin in einer Hecke inmitten eines großen Schafspferches, in den nachts die Schafe zusammengetrieben wurden, eine Höhle gegraben und gewölft. Dies merkte der Schäfer durch Zufall nach vierzehn Tagen. Es war jedoch kein einziges Schaf der Herde gerissen worden. Vom Fuchs ist dieses Verhalten auch bekannt. Man sagt, ein Fuchs fängt nie seine Beute in der Nähe seiner Burg (Burgfrieden), weil er sonst seine Feinde auf sich lenkt.

Auf den Forschungsreisen zu den Naturvölkern habe ich mir, so wie ich das heute sehe, für meine Wolfsforschung viele Grundlagen geschaffen. Naturvölker, also Jäger und Sammler, praktizieren ein ähnliches Sozialverhalten wie ein Wolfsrudel. Hier der Häuptling, dort der Alpha-Wolf – nur sie haben Macht und geben den Ton an. Den Plan, nach meinem Ausscheiden aus der Bundeswehr 1986 für längere Zeit wieder bei einem oder mehreren Naturvölkern zu leben, habe ich aufgegeben. Die Wölfe haben mein Leben gänzlich verändert, ich bin einer von ihnen geworden.

Meine Verbindung zu den fünf Wolfsrudeln ist zu eng, ich kann sie nicht verlassen und lebe für sie und mit ihnen. Das verpflichtet. Nur durch das jahrelange, kompromißlose Zusammenleben in den verschiedenen Rudeln als Oberwolf und die damit verbundene Langzeitbeobachtung in allen Lebensphasen wurden diese Einblicke in die wölfische Lebensform möglich.

Vom Dorfjungen
zum Wolfsrudelführer

Wenn ich mein Leben überblicke, wird mir bewußt, daß meine Entwicklung durch familiäre Herkunft vorgezeichnet war. Ich komme aus dem oberhessischen Ort Garbenteich bei Gießen, wo ich 1933 geboren wurde. Väterlicherseits entstamme ich einer Schäfer- und mütterlicherseits einer Försterfamilie. Unsere Hauskatzen, Schweine und Ziegen waren meine ersten Freunde. Meine Mutter hatte alle Last mit mir; denn ohne ihre Aufsicht lief ich sofort in den Stall, um die Tiere zu streicheln und mit ihnen Kontakt aufzunehmen. Schon als kleiner Junge kannte ich keine Angst vor den Tieren.

Als Sechsjähriger hielt ich mich bei der Schafherde meines Onkels auf und half bei der Fütterung der Mutterschafe, die zum Ablammen im Winter in den Schafstall gebracht wurden. Zu dieser Zeit knüpfte ich auch den ersten Kontakt zu Hütehunden. Ich freundete mich besonders mit einer Hündin an, die gerade Nachwuchs aufzog und war ständig mitten zwischen den Welpen in der Hütte. Gegen den Verkauf der jungen Hunde an andere Schäfer begehrte ich weinend auf, denn keiner der Erwachsenen hatte solch eine enge Beziehung zu den Junghunden wie ich. So setzte ich mich gegenüber meinem Onkel durch, und er behielt eine junge altdeutsche Schäferhündin, die ich auf den Namen Flora taufte. Mein Onkel sagte zu mir: „Das ist dein Hund!" – Oh, war ich da stolz!

Sowie ich auf den Bauernhof oder zur Schafherde kam, lief mir Flora mit wedelnder Rute entgegen. Sie wurde als Hütehund ausgebildet. Das meiste lernte sie jedoch in der Praxis von den beiden älteren Hunden. Flora

Seite 140: Zwischen den stolzen Boyas im Südsudan.

und ich waren bald ein Team: Die Hündin achtete auf meine Zeichen, ohne daß ich dabei viel sprechen mußte.

Vom zehnten Lebensjahr an hatte ich auch mit verschiedenen Jagdhunden zu tun, die dem Revierpächter im Dorf gehörten und die ich häufig ausführte. Nach dem Krieg – ich war gerade zwölf – schenkte mir ein Jäger einen hochläufigen Deutsch-Drahthaar-Rüden, einen Welpen von acht Wochen. Alf war, wie ich es heute sehe, ein ausgesprochener Kopfhund, ein Alpha-Tier.

Als er noch Junghund war, kam ich einigermaßen mit ihm klar. Er war sehr willensstark und – wie die Jäger sagen – absolut raubwildscharf. Alles was er erwischte, sei es eine Katze oder einen Fuchs, tötete er, ohne daß ich es verhindern konnte. Als er mit anderthalb Jahren ein junges Reh riß und ich ihn auf frischer

Meine Mutter legte mir die Gabe, sich in Tiere hineinzufühlen, mit in die Wiege.

Tat ertappte, knurrte er mich an und sprang zähnefletschend auf mich zu, um seine Beute zu verteidigen.

Kurz entschlossen schlug ich ihm mit einem Stock, den ich in der Hand hatte, heftig auf den Kopf. Er änderte sofort sein Verhalten und zeigte sich mir gegenüber untertänig. Ob ich instinktiv reagiert habe oder es mehr aus reiner Angst zur Abwehr geschah, kann ich heute nicht mehr sagen.

Jedenfalls wurde bald klar, daß ich als Junge einem solchen Kopfhund nicht gewachsen war. Zuhause waren wir gute Freunde, aber im Gelände machte er, was er wollte. Nachdem er unsere Gänse und die Hühner des Nachbarn getötet hatte, riß meinem Vater der Geduldsfaden. Für einen Sack Weizen verkaufte er Alf unter meinem heftigen Protest an einen Jäger. Heute weiß ich, daß ein solcher Hund nicht in die Hand eines Jungen gehört. Die Trennung zeichnet sich irgendwann ab, und am meisten davon betroffen ist das Tier.

Da ich mich nicht mit dem Verkauf von Alf abfinden konnte, besuchte ich ihn öfter im Nachbardorf – der Abschied war dann jedesmal für beide schwer. Zu meinem Trost überredete meine Mutter den Vater dazu, daß ich mir aus einem Wurf zwölfwöchiger Rauhhaardackel eine Hündin aussuchen durfte. Sie bekam den Namen Alfa und durfte von Anfang an in unserem Haus bleiben, wo sie sich auch bald mit den zwei Katzen gut vertrug.

Sie bekam mit ihnen aus einer Schüssel das Futter. Mit mir hatte die Hündin engsten Kontakt, und schon im Alter von sechs Monaten nahm ich sie mit in den Wald. Da der Weg zu weit war für die kurzen Dackelbeine, fertigte mein Vater ein Körbchen an, das an meinem Fahrrad befestigt wurde. So verschwanden wir beide an vielen Nachmittagen im Wald, anfangs zur Belustigung der Dorfbewohner; denn einen Hundetransport auf dem Fahrrad hatten die Leute anscheinend noch nie gesehen. Mit dem Förster unserer Gemeinde war ich befreundet. Er stammte aus den Karpaten, und von ihm habe ich viel über die Tierwelt des Waldes gelernt.

Mich faszinierten vor allem die jungen Füchse, wenn sie ab Mai vor dem Bau spielten. In den ersten Jahren beobachtete ich sie zusammen mit dem Förster, dann gemeinsam mit Alfa. Bald stellte ich fest, daß Jungfüchse ausgeprägte individuelle Merkmale aufweisen. Sie zeigten ein ähnliches Spielverhalten, wie ich es später bei den Wölfen feststellte. In den letzten Tagen, bevor die Füchse den Bau verließen, änderte sich ihr Spielverhalten. Es wurde zu einer Art Offensivdrohung, da sie ja von Natur aus Einzelgänger sind.

Wurde ein Beutetier von der Fuchsfähe unzerteilt gebracht, benahmen sich die Fuchswelpen genauso egoistisch wie Wolfswelpen. Jungfüchse können im Alter von wenigen Wochen bereits ohne Anleitung kleinere Beutetiere töten und gehen schon weit vom Bau entfernt auf Beutesuche. Soweit vom Bau bewegt sich ein Jungfuchs recht vorsichtig in der Natur, denn überall lauert Gefahr. Die Scheu vor Feinden, insbesondere vor dem Menschen, ist ihnen genauso angeboren wie jungen Wölfen.

Inzwischen war ich vierzehn Jahre alt und hatte den Volksschulabschluß. Aber welchen Beruf sollte ich erlernen? Für die Försterlaufbahn fehlte mir die Schulbildung. Der Schäferberuf versprach nur einträglich zu werden, wenn man sich später einmal eine eigene Herde kaufen konnte. Dafür aber fehlte uns das Geld.

Abgesehen davon bestand zwischen dem Beruf des Försters und dem des Schäfers ein beachtlicher Standesunterschied. Bürgermeister, Lehrer, Pfarrer und Förster zählten zusammen mit den reichen Bauern zur gehobenen Schicht. So erinnere ich mich an ein karges Häuschen, in dem mein Urgroßvater wohnte und das der Gemeindeschäferei gehörte. Das war gerade gut genug für einen Schäfer – kein anderer Dofbewohner wäre dort eingezogen, außer mir, denn seit meiner Kindheit fühle ich mich zum einfachen Leben hingezogen. Ähnliche Hütten habe ich später auf meinen Expeditionen bei armen Leuten in unterentwickelten Regionen gesehen.

Da ich für einen technischen oder handwerklichen Beruf keine Neigung zeigte, begann ich mit fünfzehn eine Gärtnerlehre in einer Baumschule und Staudengärtnerei in Gießen. Unter der Obhut des Betriebsleiters wuchs mein Interesse auf diesem Gebiet. Ich begann zu arbeiten und mich für die vielfältige Pflanzenwelt zu interessieren. Obwohl ich nie Latein in der Schule hatte, fiel es mir leicht, die lateinischen Namen der Gewächse zu lernen, und ich bewies eine glückliche Hand bei deren Fortpflanzung. Aufgrund der attestierten überdurchschnittlichen Leistung wurde mir das letzte halbe Jahr der dreijährigen Lehrzeit erlassen, und ich bestand vor der Landwirtschaftskammer Frankfurt die Gärtnergehilfenprüfung mit der Note „Sehr gut". Während dieser Lehrzeit habe ich die Verbindung zu meinem Hund und zur Schäferei nie verloren und die Tiere des Waldes weiter beobachtet.

Anläßlich des Besuches der Bundesgartenschau 1950 in Stuttgart besichtigten wir mit den Junggärtnern auch die „Wilhelma" – damals mehr ein Botanischer Garten, heute ein großer Zoo. Das herrliche Stückchen Erde mit den Tieren und exotischen Pflanzen faszinierte mich so, daß ich mich um eine Gehilfenstelle bewarb. Mit Erfolg. Im Frühjahr 1951 wurde ich als Ausbildungsgehilfe eingestellt: Zimmer frei, 120 DM Lohn – für Verpflegung mußte ich selbst aufkommen. Nachts hantierte ich als Heizer in den Gewächshäusern, und sonntags machte ich freiwillig Aufsichtsdienst im Park. So konnte ich noch etwas dazuverdienen, denn das Leben in der Großstadt war auch damals schon wesentlich teurer als auf dem Land.

In der Wilhelma hielt man unter anderem auch Raubkatzen, Bären und Wölfe. Es gab jedoch keinen erfahrenen Pfleger für die Tiere. Der Zoodirektor war Gartenbaudirektor, der Oberpfleger ein ehemaliger Berufssoldat, und einer der beiden Tierpfleger hatte früher nur Pferde betreut.

Schon kurz nach meiner Anstellung passierte eine Panne. Ich hatte sonntags Aufsichtsdienst im Park – plötzlich erhob sich ein großes Geschrei: „Da ist er!" Was war geschehen? Ein Rehbock war aus seinem Gehege ausgebrochen, und mehrere Leute jagten hinter ihm her, um ihn wieder einzufangen. Das verschreckte Tier flüchtete in eine Mauerecke neben der Zookasse. Die Fänger rannten keuchend auf ihn los. Ich rief ihnen zu: „Halt – warten!" Denn keiner wußte, wie vorzugehen war.

Ich dagegen hatte Erfahrung durch das Einfangen von Hammeln in meiner Jugendzeit in Oberhessen gesammelt. Ich drängte den Rehbock immer mehr in die Ecke, bis er zum Ausbruchsprung über mich ansetzte. Darauf gefaßt, packte ich blitzschnell zu und schnappte mit meinen Händen das Tier am Hinterlauf. Einer der Herren kam auf mich zugelaufen und fragte erstaunt: „Mensch, was bist du denn für einer?" und lud mich zu einem Bier in die Wilhelma-Gaststätte ein.

Diese Fangepisode und das nachfolgende Gespräch sollten richtungsweisend für mein späteres Leben sein. Mein Gegenüber, Obertierpfleger Gustav Adolf Baron von Maydel, fragte mich gleich, ob ich ihm in meiner Freizeit nicht helfen könne. Es wäre auch kein Problem, mich für spezielle Belange in der Zooabteilung freizustellen. Ohne lange zu überlegen, sagte ich zu und merkte schon vierzehn Tage später, daß ich mich langsam von meinem Gärtnerberuf, dem ich auch gerne nachging, verabschieden mußte.

Ich fühlte, daß der Umgang mit Tieren für mich mehr als ein Beruf ist, nämlich wirkliche Berufung.

Gustav Adolf von Maydel stammte aus dem heute sowjetischen Baltikum. Er war im Herzen ein Deutscher, pflegte aber eine russische Lebensweise. Seine Eltern besaßen ein großes Rittergut, und seine Vorfahren hatten sich, wie er immer wieder mit Vorliebe betonte, als Raubritter betätigt. Während des Krieges war er Hauptmann und Träger höchster Tapferkeitsauszeichnungen. An der rechten Hand fehlten ihm zwei Finger, und sein Arm war durch eine Kriegsverletzung steif. Die Stellung des Obertierpflegers hatte er übernommen, um Erfahrungen zu sammeln für seine spätere Tätigkeit als Expeditionsleiter und Tierfänger, die er im Auftrag des Hamburger Tropeninstituts durchzuführen gedachte.

Gustav Adolf von Maydel wurde mein Vorbild und Freund. Geist, Ehrlichkeit, Einfachheit, Mut, Kameradschaft, Draufgängertum und Feingefühl: diese Tugenden zeichneten ihn aus. Ein Mann wie er wollte ich auch einmal werden, und bald duzten wir uns. Kurz darauf gab ich meinen Gärtnerberuf auf und wechselte zu ihm in die Tierabteilung. Nach zwei Jahren folgte er dem Ruf des Hamburger Tropeninstituts und spezialisierte sich bei den von ihm geführten Expeditionen auf Giftschlangenfang.

Als „Alpha-Typ" lenkte Gustav Adolf meinen Lebensweg wesentlich mit. Ich hielt mich an seine Ratschläge. Doch bald gab er mir zu verstehen, daß ich ihm im Umgang mit Tieren, in Tierpsychologie und praxisnahem Einfühlungsvermögen weit überlegen sei. Er sagte mir immer: „Werner, du bist auf diesem Gebiet ein Naturtalent!"

Die Zeit in der Stuttgarter Wilhelma war für mich richtungsweisend für den späteren Umgang mit Bären und Wölfen. Während der drei Jahre, in denen ich als Tierpfleger beim Aufbau des Zoologischen Gartens mitbestimmen konnte, gab es viele Probleme fachlicher Art. Durch falschen Gehegebau brachen Tiere aus. Kranke Tiere oder solche, die nur leihweise von einer Tierhandlung im Zoo untergebracht waren, mußten nach selbsterdachten Methoden eingefangen werden. Oft ging es bei uns zu wie im Wilden Westen.

Eine meiner ersten tierpflegerischen Aufgaben war das Beobachten einer Löwengeburt. Die Löwin sollte nach dem Wurf von ihrem Nachwuchs getrennt werden, da sie im Jahr zuvor gleich die Jungen aufgefressen hatte. So lag ich auf der Lauer und wartete auf das bevorstehende Ereignis. Als sich das gleiche wie im Vorjahr zu ereignen drohte, sprang ich blitzschnell und für die Löwin überraschend gerade in dem Moment, als ein Löwenjunges das Licht der Welt erblickte, in den Käfig und nahm das Junge aus dem Gehege. Der direkt darauffolgende Prankenschlag der Löwin schloß die Tür hinter mir. Einen zweiten Versuch wagte ich jedoch nicht mehr.

Der Grund für das Verhalten der Löwin gegenüber ihren Jungen könnte ein nicht geeigneter Wurfraum gewesen sein. Der kleine Löwe sollte von einer Hundeamme großgezogen werden. Als das nicht klappte, ernährten die Tochter des Direktors und ich das Löwenbaby mit einem Milchfläschchen. Die Aufzucht gelang, und später schenkte uns eine Filmschauspielerin noch zwei junge Löwen dazu. Die drei Löwen wurden meine Freunde. Jede freie Minute war ich bei ihnen im Gehege, auch nachts schlief ich oft bei ihnen im Stroh.

Als die Löwen etwa eineinhalb Jahre alt waren, kam ich nachts leicht angetrunken von einem Volksfest zurück und bemerkte, daß mein Hausschlüssel fehlte. Mein Zimmer lag unmittelbar neben dem Raubtierhaus. Leichtsinnigerweise entschloß ich mich, bei den Löwen im Stroh zu schlafen. Kurz nach Betreten des Geheges versetzte mir der eine Löwe einen heftigen Prankenschlag, der mich an der Hüfte erwischte. Blutend verließ ich das Gehege. Ich war plötzlich wieder nüchtern. Bei den Verletzungen handelte es sich um Hautrisse, wobei durch die scharfen Krallen das Hemd zerfetzt worden war. Die Wunden konnte ich selbst behandeln. Seitdem ist es ein Grundsatz von mir. Wenn ich bei einer Feier Alkohol getrunken habe, be-

Seite 145: Freundschaft mit einem mächtigen Löwen in der der Stuttgarter Wilhelma.

trete ich anschließend kein Raubtiergehege mehr!

Am nächsten Tag begrüßten mich die Löwen wie immer, indem sie an mir hochsprangen und mit mir rangelten. Einige Tage später machte ein Reporter Fotos von mir und den Löwen. Er fragte, woher ich komme, und schickte ohne mein Wissen die Reportage samt Foto an die Heimatzeitung. Nun endlich wußten auch meine Eltern, daß ich aus der Botanik ausgebrochen und in die Zooabteilung übergewechselt war. Es gab kein Zurück mehr, die Bindung zu den Raubtieren war zu stark.

Von einer Tierhandlung aus Ulm wurden Bären geliefert und eine Zeitlang als Schautiere gehalten. Als die Tierhandlung einen Käufer fand, mußte das unausgebildete Zoopersonal die Tiere einfangen. Dazu waren vier Mann auserkoren: Adolf von Maydel, die beiden älteren Tierpfleger und ich. Die jungen Bären – alle nicht zahm – sprangen ängstlich am Gitter hoch, als wir vier das Gehege betraten. Ich sollte die am Gitter hängenden Bären von hinten am Hals packen und gegen das Gitter drücken, damit sie nicht um sich bissen und ihre Pranken einsetzten. Die drei anderen Kameraden – Gustav Adolf mutig voran – zogen die Bären vom Gitter herunter, und zu viert drückten wir sie einzeln auf den Boden, um sie in die bereitstehende Kiste zu schieben.

Noch viel schwieriger gestaltete sich das mit ausgewachsenen Bären. Versuche, sie in eine Kiste zu treiben, schlugen fehl. Die Ergebnisse fielen dementsprechend aus: Ein Tierpfleger wurde durch Bißwunden am Bein krankenhausreif und mir ein Finger krummgeschlagen. Nach reiflicher Überlegung wurden die Transportkisten zu einer Falle umgebaut und die Petze mit Futter hineingelockt, was natürlich auch wieder nicht so reibungslos verlief, da Bären sehr schlaue Tiere sind und unser Vorhaben bald durchschauten. Nach unseren Verletzungen wurde „das Einstellen von Raubtieren" (Zoojargon) von der

Russische Braunbärin Kalinka und deutscher Feldwebel.

Direktion nicht mehr praktiziert. Später (1961 bis 1978) betreute ich bei den Fallschirmjägern als Maskottchen zwei Lippenbärinnen, eine russische Braunbärin und einen Kodiakbären und lebte mit ihnen, wie jetzt mit den Wölfen, hautnah zusammen. Da die Bären mit mir und den Soldaten ständig zusammen waren, konnte ich nur mit Kopfschütteln an die früheren Erfahrungen im Zoo zurückdenken.

Cella und Wilja hießen unsere beiden indischen Elefantenkühe im Zoo. Sie waren acht Jahre alt und nicht dressiert, hatten kaum Unterordnung gelernt. Obwohl es schon schwierig war, sie nachts an die Beinketten zu legen, kam die Direktion auf die verrückte Idee, die Elefanten zum Reiten für Zoobesucher auszubilden. Gustav Adolf, mein verantwortlicher Freund, sagte, wie es Soldaten so gewohnt sind: „Jawohl, das machen wir!"

Nachdem ich schon einige Überraschungen erlebt hatte, wurde ich skeptisch, nahm es aber mit Humor. Richard und Wilhelm lancierten die Dickhäuter Wilja und Cella mit einem Eisenhaken, der hinter dem Ohr angesetzt wird, aus dem Gehege zum ersten Zoorundgang. Gustav Adolf führte die Regie. Als wir etwa 300 Meter marschiert waren, wurde angehalten, und ich bekam den Auftrag, mich auf Cella zu setzen. Das Beinhochheben zum Darauftreten und dem anschließenden Aufsitzen, hatte man Cella schon im Gehege beigebracht, im Gegensatz zu Wilja, die dies grundsätzlich ablehnte. Unser Chef meinte in seiner humorvollen Art, daß wir das auch noch schaffen würden.

Keine 100 Meter weiter geschah das Fiasko. Am Ententeich scheute Wilja vor einem flatternden Schwan, schob Richard beiseite, begann zu trompeten und loszustürmen, Cella drängte Wilhelm ab und tat das gleiche. Dabei versuchte sie kopfschüttelnd mich abzuwerfen. Wie das „Tapfere Schneiderlein" griff ich, als sie durch die Platanenallee lief, nach einem Ast, um mich festzuhalten, wurde aber abgestreift und flog in hohem Bogen zum Teichrand. Instinktiv hatte ich den Kopf angezogen, rollte über die Schulter ab und landete in dem schmutzigen Ententeich. Außer einigen Prellungen hatte ich gottlob nichts abbekommen.

Die Elefanten stürmten durch die Blumenbeete in ihr Gehege zurück. Als die drei Kameraden angelaufen kamen, um nach mir zu sehen, stieg ich lachend aus dem Wasser, worauf auch sie erleichtert in Gelächter ausbrachen. Das Emperiment war beendet und wurde auch nicht wiederholt. Jedenfalls hatte ich erstmals erlebt, wie schnell Elefanten laufen können.

Aus dieser Annäherung zwischen mir und einer ausgewachsenen Streifenhyäne kam es zum Streichelkontakt in der Stuttgarter Wilhelma.

Freundschaft mit einer ausgewachsenen Hyäne schloß ich durch das Füttern mit Zuckerstücken. Auf die Idee kam ich durch eine Zoobesucherin, die täglich der Hyäne Zuckerstückchen ins Gehege warf, die diese gierig verschlang. Das gleiche tat ich, indem ich Zuckerstücke an einem Stock befestigte und damit nach Beendigung der Arbeitszeit abends ins Gehege ging. Die Hyäne nahm zuerst vorsichtig den Zucker vom Stock, doch wurde sie von Tag zu Tag zutraulicher, und ich hielt den Stock immer etwas kürzer.

Nach etwa vier Wochen nahm sie den Zucker aus meiner Hand und ließ sich von mir den Rücken kraulen. Dabei stellte sie die Haare und begann ihr „Äh, äh, äh" - Gelächter, das einem, der es nicht gewohnt ist, durch Mark und Bein geht. Da es ein Einzeltier war, wurde es zur Zucht an den Frankfurter Zoo verkauft. Als ich diesen Tierpark und meine Hyäne besuchte, erkannte das Tier mich gleich wieder und verschlang sofort erfreut die mitgebrachten Zuckerstücke.

Im Raubtierhaus traf ich den Pfleger, den ich von einem Besuch in Stuttgart her kannte. Wir fachsimpelten und kamen dabei auch auf unsere Direktoren zu sprechen. Er erzählte mir, das Professor Grzimek nicht nur ein fähiger Zoodirektor, sondern auch ein ausgezeichneter Tierpfleger sei, der besondere Begabung im Umgang mit Tieren habe. Wenn ich noch Zeit hätte, könnte ich Professor Grzimek nach seinem täglichen Zoorundgang in einer Stunde im Raubtierhaus sprechen. Selbstverständlich nahm ich mir die Zeit.

Ich wurde Professor Grzimek vorgestellt, und wir führten angeregte fachliche Gespräche, die wir dann noch bei einem Glas Bier im Zoorestaurant vertieften. So kamen wir auch auf die Hyäne zu sprechen, und er wunderte sich darüber, daß es mir gelungen war, solch eine enge Beziehung mit einem ausgewachsenen Tier zu bekommen, das vorher überhaupt keinen Menschenkontakt gehabt hatte.

Vor drei Jahren bekam ich nun zufällig eine Illustrierte in die Hand, in der ein Bericht über einen Äthiopier stand, der mit zwei Tüpfelhyänen engen Kontakt pflegte. In diesem Bericht war unter anderem auch zu lesen, daß es Anfang der fünfziger Jahre dem achtzehnjährigen Werner Freund in der Stuttgarter Wilhelma gelungen sei, eine ausgewachsene Streifenhyäne zu zähmen.

Da ich mich in erster Linie für die Raubtiere des Zoos interessierte, wurde mir schon als Achtzehnjährigem die Verantwortung für diese Tiere übertragen. Bei der Geburt von zwei Leopardenjungen gab es Probleme, denn die Mutter nahm nur das gefleckte Baby an, das schwarze lehnte sie ab – den Grund habe ich nicht herausfinden können. Leoparden und Panther sind die gleichen Tiere, nur daß die einen hell gefleckt und die anderen schwarz sind. Wenn die schwarzen Tiere in der Sonne liegen, kann man übrigens auch deren gefleckte Zeichnung deutlich sehen.

Jedenfalls mußte schnell gehandelt werden, denn die Leopardenmutter ließ das

Meine Dackelhündin Alfa säugte als Amme einen verwaisten jungen Panther.

schwarze Pantherjunge nicht an ihr Gesäuge und kümmerte sich nur um das hell gefleckte Baby. Da bei uns zuhause in Garbenteich unsere Rauhaardackelhündin Alfa drei junge Welpen bekommen hatte, lag es nahe, sie als Amme für den jungen Panther zu verwenden. Meine Eltern waren damit einverstanden, und auch die Zoodirektion akzeptierte meinen Vorschlag.

Zwei Hundewelpen wurden mit der Flasche aufgezogen, und die Dackelhündin kam mit dem dritten Welpen nach Stuttgart. Es herrschte Winter, und es gab nur einen beheizten Raum auf dem Speicher des Raubtierhauses, in dem in Blechkisten 500 weiße Ratten zur Fütterung der Schlangen gezüchtet wurden. Da es mir um das Leben des kleinen Panthers ging, stellte ich kurz entschlossen im Speicherraum ein Feldbett auf. Es war höchste Zeit, daß das Pantherjunge Milch bekam. Ich nahm es aus dem Raubtierhaus, indem ich den Schieber zog und die Mutter ins Außengehege ließ.

Von der Geburt bis zu diesem Moment waren bereits zwei Tage vergangen. Die Wiedersehensfreude mit meiner Dackelhündin Alfa war groß, aber wie sollte ich vorgehen und ihr beibringen, an ihrem Gesäuge eine Katze trinken zu lassen? Ohne viel zu überlegen, rieb ich den kleinen Panther mit Urin der Hündin ein und brachte die beiden zusammen. Anfangs knurrte sie den Kleinen an, gehorchte mir dann aber, als ich ihn an das Gesäuge legte. Die kleine Raubkatze versuchte daran zu trinken, bekam jedoch keine Milch aus dem Gesäuge. Das konnte ich anfangs nicht verstehen und melkte mit Daumen und Zeigefinger Milch in ihr Mäulchen. Der Grund lag wohl darin, daß sich die Saugwarzen der Dackelhündin durch das Trinken der Hundewelpen, die ja zehn Tage älter waren, vergrößert hatten und für das kleine Mäulchen des Katzenbabys zu groß waren.

Der zwölf Tage alte Hundewelpe konnte zuerst noch am Muttergesäuge trinken, wurde aber dann mit einem Fläschchen aufgezogen, da ich die Muttermilch für das Pantherjunge benötigte. Der kleinen Raubkatze pumpte ich zwei Wochen lang, Tag und Nacht, Milch aus den Zitzen der Hündin, was sie sich geduldig gefallen ließ. Als ich mir das Gesäuge der Leopardin genau ansah, stellte ich fest, daß deren Zitzen viel schmaler waren als die der Dackelhündin.

Nach vierzehn Tagen war das Mäulchen des kleinen Panthers endlich so groß, daß es an die Saugwarzen der Hündin paßte. Von nun an trank er ohne meine Hilfe und wuchs prächtig heran. Ganze sechs Wochen blieb ich mit der Hündin, ihrem eigenen Welpen und dem Pantherjungen in dem Rattenzuchtraum. Den Hundewelpen verschenkte ich an einen Gärtner der Wilhelma. Nachts war ich bei den beiden, und wenn die Dackelhündin Auslauf bekam, wollte der kleine Panther mit, was wegen der Kälte aber nicht ging.

Im Raubtierhaus spielten die beiden zusammen, jedoch wurde es der Hündin mit der Zeit zu viel. Nach vier Monaten mußte ich beide trennen, denn der Panther wurde grob und benutzte beim Spiel seine scharfen Krallen. Später hätte er seine Pflegemutter sicherlich getötet und gefressen.

Nach dem Weggang von Gustav Adolf Baron von Maydel gab es einige Veränderungen im Zoo. Ein Reptilienexperte übernahm seine Stelle. Neue Tierpfleger und Lehrlinge wurden eingestellt; mit dem Ausbau des Zoos ging es aufwärts, da jetzt auch Geld vorhanden war. Sonntags versammelten sich die Besucher im Zoo, wenn ich mit den heranwachsenden Löwen im Außengehege herumrangelte.

Der neue Oberpfleger, auch „Zooinspektor" genannt, versuchte, der Direktion klarzumachen, daß mein Umgang mit den Raubkatzen zu gefährlich sei. Wasser auf die Mühle goß ich selber, als ich unter Anleitung eines Dompteurs, der 1953 in Stuttgart mit dem französischen Zirkus Bouglion gastierte, morgens gegen 5 Uhr versuchte, die beiden aus dem Zirkus stammenden älteren Löwen zu dressieren, und dabei beobachtet wurde. Mein jugendlicher Tatendrang hatte zur Folge, daß Zoodirektor Schöchle mir den persönlichen Umgang mit den Raubtieren verbot.

Mir wurde klar, daß meine Zeit in der Wilhelma abgelaufen war. Ein Tierpfleger, der keinen engen Kontakt zu seinen Raubtieren hat, ist für mich ein bezahlter Wärter. Und das wollte ich auf keinen Fall sein.

Ich erinnerte mich plötzlich, daß mich vor einem Jahr „Altmeister" Orth vom Zirkus Krone, ein Dompteur und Raubtierspezialist, ansprach und sagte: „Junge, komm zu mir, Du hast das gewisse Etwas im Umgang mit Raubtieren, aus dir mache ich einen guten Dompteur!" Darüber sprach ich mit meinen Eltern, die das jedoch kategorisch mit dem Argument ablehnten, daß sie ihren Sohn nicht dazu großgezogen hätten, damit er eines Tages womöglich im Zirkus von Raubtieren zerfleischt werde.

Dennoch spürte ich die Verlockung, Dompteur zu werden, andererseits wollte ich die engen Bande zu meinen Eltern nicht zerstören. Auf ihren Vorschlag, als Gärtner weiterzuarbeiten, konnte ich nicht eingehen. Zu meinem Mentor, Gustav Adolf, hatte ich momentan keine Verbindung, da er auf Expedition in Indien weilte.

Eines Tages lud mich ein Australier, der auf Urlaub hier war und meine Vorführungen mit den Junglöwen im Zoo gesehen hatte, in die Wilhelma-Gaststätte zum Essen ein. Wir unterhielten uns ausführlich, auch über meine Kindheitserlebnisse in unserer Schäferei. Daraufhin schlug er vor, ich solle nach Australien auswandern, da er einige tausend Schafe besäße und ich so in freier Natur eine mich ausfüllende Aufgabe übernehmen könnte. Ich sagte ihm zwar, daß ich mich nicht von den Raubtieren trennen wolle, doch davon unbeeindruckt und von meinem Kommen überzeugt, gab er mir seine Adresse.

Da ich von der Zoodirektion sowieso Raubtierverbot hatte, kam mir seine Offerte nicht ungelegen. Er schrieb mir einen langen Brief und bat mich, einen Antrag auf Auswanderung beim Australischen Auswanderungsbüro in Hanau zu stellen. Dort wurde ich untersucht, man stellte mir einige Fragen, und nach zwei Stunden erfuhr ich, die Auswanderung sei genehmigt. Das Schiff fahre im November 1953 von Bremen ab, man brauche nur noch die Unterschrift meiner Eltern, da ich noch keine einundzwanzig Jahre alt sei. Freudig fuhr ich mit der Bahn in meinen Heimatort, der nur 80 Kilometer von Hanau entfernt liegt.

Meine Eltern waren über meinen unangekündigten Besuch erfreut, aber mein Vater ahnte schon, daß ich wieder eine Überraschung parat hatte. Die Mutter wollte mir keinen Stein in den Weg legen, doch der Vater hielt nichts davon, daß ich, wie er sagte, in die „Wildnis" gehe, und verweigerte die Unterschrift. So blieb mir nichts anderes übrig, als zu warten, bis ich am 2. März 1954 einundzwanzig Jahre alt wurde.

Noch im Dezember 1953 traf ich Gustav Adolf, der gerade von seiner Expedition zurückgekehrt war. Er sagte, daß er mit den zuständigen Herren des Hamburger Tropeninstitutes gesprochen habe und in drei Jahren eine Planstelle frei werde; dann könne ich mit ihm auf Expedition gehen. Bis dahin solle ich mich zwei Jahre beim Bundesgrenzschutz verpflichten, denn die Lebensart bei einer Truppe könne keinem jungen Menschen schaden. Seine Ratschläge waren mir heilig.

Als ich mich beim Bundesgrenzschutz bewarb, teilte man mir mit, daß erst ab 1955 eine Aussicht auf Einstellung bestünde. Ich unterhielt mich darüber mit dem Briefträger, und er sagte mir, daß ganz in der Nähe ein „hohes Tier" vom Grenzschutz wohne, dem er viel Post bringe. Am nächsten Tag begab ich mich dorthin. Als ich an der Tür klingelte, begrüßte mich ein Herr Grasser mit den Worten: „Mensch, Raubtierbändiger!" Er kannte mich von meiner Tätigkeit in der Wilhelma.

150

Ich trug mein Anliegen vor. Er meinte, es sei schade, daß die Wilhelma einen solchen passionierten Tierpfleger verliere. Es war General Grasser, der im Auftrag von Bundeskanzler Adenauer den Bundesgrenzschutz aufbaute. Dieser Kontakt hat mir sehr geholfen. Im Februar 1954 legte ich in Regensburg einen mündlichen sowie einen schriftlichen und sportlichen Test ab. Da es mehr als genug Bewerber gab, stellte der BGS nur junge Männer ein, die polizeitauglich „eins" waren. Mir wurde klar, was Beziehungen doch ausmachen.

Am 1. April 1954 trat ich als Grenzschutzjäger auf Widerruf im oberpfälzischen Amberg meinen Dienst an. In der ersten Zeit bedeutete es eine gewaltige Umstellung für mich, denn an den militärischen Ton muß man sich erst einmal gewöhnen. Nicht selten sagte ich mir: „Wärst du doch lieber als Dompteur zum Zirkus gegangen oder als Schafzüchter nach Australien."

Aber bald lernte ich eine Kameradschaft kennen, in der jeder auf den anderen angewiesen ist. Nach einem halben Jahr Grundausbildung wurden wir nach Stadtsteinach in Oberfranken verlegt. Und nach einem Jahr schickte man mich mit den ersten Kameraden auf einen Unterführerlehrgang. Nachdem ich ihn bestanden hatte, wurde ich als Gruppenführer Vorgesetzter von zehn Grenzjägern.

Als die Bundeswehr gegründet wurde, riet mir Gustav Adolf, mit dem ich weiter korrespondierte, zu der neuen Truppe zu wechseln, um dort die Sprungausbildung als Fallschirmjäger zu absolvieren. Danach gehe es mit ihm auf Expedition. So wechselte ich 1956 zur Bundeswehr über. Doch dann kam ein schwerer Schlag: Mein Freund Gustav Adolf von Maydel verunglückte tödlich – für mich ein großer Schmerz. In seinem Geiste wirkte ich später weiter, blieb den Prinzipien treu, die er mich gelehrt hatte.

Am 15. Februar 1957 wurde ich als Unteroffizier zum Luftlandebataillon nach Kempten im Allgäu versetzt. Bald wurde mir klar,

daß ich die richtige Entscheidung getroffen hatte. Dort galt für den Ausbilder der Grundsatz, als Vorbild von den Untergebenen nur das zu verlangen, was man selber vormachen konnte. Überlegtes, schnelles Handeln, Entschlußkraft, Kameradschaft, harte Ausbildung und körperlich durchtrainiert sein: das waren die Voraussetzungen, um über die Hürden zu kommen.

Alle Unteroffiziere mußten sich einem körperlichen und sportlichen Eignungstest unterziehen. Die zwei besten jeder Kompanie durften im Juni nach München auf den Springerlehrgang gehen: Ich war einer davon und absolvierte meine ersten fünf Fallschirmsprünge. Im Winter 1958 nahm ich an einem sechswöchigen Einzelkämpferlehrgang teil. „Ranger" (Waldläufer) nennt man diese Ausbildungsrichtung bei den Amerikanern.

Es war für mich eine Erweiterung meiner Kenntnisse als Jugendwaldläufer. Dazu kam noch das Erlernen des Überlebens in freier Natur. Auch die Verbindung zu Tieren ging nicht verloren. Bereits im Mai 1957 war ich in den Besitz einer jungen Fuchsfähe gekommen: Ich war allein auf dem Übungsplatz, um für die Ausbildung Vorbereitungen zu treffen, als ich plötzlich einen Geruch wahrnahm, der mich sofort an einen Fuchsbau erinnerte. Dem Geruch nachgehend, fand ich vier Fuchswelpen in einer Mulde. In diesem Gelände konnten Füchse keinen Bau graben, denn der Untergrund bestand aus feuchtem Moor.

Ich nahm einen weiblichen Welpen mit und zog ihn mit Milch und Fleisch auf. Die mir unterstellten Sodaten unterstützten mich dabei. Es wurde dann unsere Füchsin, die wir auf den Namen Minka tauften. In der Kemptener Kaserne bekam sie ein Gehege, und später nahm ich sie mit auf unsere Übungsplätze. Minka war eine Ausnahme unter Füchsen, sie lief nie weg. Machte sie einmal einen Ausflug, so kam sie stets wieder zurück.

Auf ihren Streifzügen brachte sie eines Tages ein Huhn im Fang. Kurz darauf meldete sich aufgeregt dessen Besitzer und schrie zornig: „Den Fuchs sollte man totschlagen!" Angeblich hatte Minka noch mehr von seinen Hühnern totgebissen und eines mitgenommen. Als ich bereit war, den Schaden zu ersetzen, war er zufrieden. Die Soldaten beteiligten sich freiwillig an der Bezahlung der Hühner, denn es war ja, wie sie sagten, unsere Füchsin.

Ein ähnlicher Vorfall wiederholte sich nochmals auf dem Truppenübungsplatz Heuberg. Tagsüber schlief die Füchsin im Keller des Kompaniegebäudes, und nachts ging sie auf Jagd. Diesmal handelte es sich bei dem Geschädigten um einen Bauern, der sein Gehöft neben dem Truppenlager hatte und in dessen Hühnerstall Minka eingedrungen war. Ihrer Natur entsprechend konnte sie das Beutemachen nicht lassen, obwohl sie genügend Futter von uns bekam. Fuchs, Wolf und andere Raubtiere haben bei eingezäunt lebenden Herdentieren einen natürlichen Tötungsdrang.

Zwei Jahre lebte die Füchsin mit mir und meinen Kameraden. Während ich an einem Lehrgang teilnahm, hatte sie sich aus ihrem Gehege durchgegraben und wurde in der Nähe der Kaserne in einem Hühnerstall getötet. Die Soldaten und ich waren traurig, hatten wir doch ein Tier verloren, das schon fest zu unserer Gemeinschaft gehörte.

Inzwischen war ich Stabsunteroffizier und als Zugführer für die Ausbildung und Führung von zweiunddreißig Soldaten verantwortlich.

Im Jahre 1960 wurde unser Bataillon nach Bad Bergzabern/Pfalz verlegt. Von nun an leitete ich die Einzelkämpferlager im Pfälzer Wald. Nach einem bestandenen Lehrgang wurde ich am 15. Juni 1961 zum Feldwebel befördert.

Eines Tages sprach mich Oberstleutnant Genz, unser Bataillons-Kommandeur, an und meinte, daß andere Bataillone als Maskottchen Esel, Ziegen, Wildschweine usw. hätten und daß ich, als früherer Raubtierbändiger, für unsere Truppe ein Raubtier auftreiben solle. Ich sagte sofort: „Alles klar, Herr Oberstleutnant!" In einer Tierhandlung kaufte ich eine junge Lippenbärin. Das Bataillon sammelte das Geld dafür.

Das Tier wurde aus der Truppenküche versorgt. Bei einem Bataillonsappell wurde die Bärin als Maskottchen vorgestellt und auf den Namen Alfred, den Vornamen unseres Kommandeurs, getauft. Dieses Tier bekam in der Kaserne ein ausreichend großes Gehege und begleitete uns zu den Truppenübungsplätzen. Meist lief die Bärin zwischen den Soldaten frei umher. Wir nahmen sie sogar im Flugzeug zu einer Nato-Übung in Sardinien mit, wo sie die herrenlosen Hunde aus unserem Zeltlager vertrieb. Während unserer Einzelkämpferausbildung im Pfälzer Wald schlief sie mit mir in Sandsteinhöhlen. Aufgrund der häufigen Aufenthalte in dieser Gegend nannten mich die Einheimischen „Waldmensch".

Im Jahre 1969 unterlief mir ein Fehler: Ich wurde von der Bärin angegriffen und erheblich an der rechten Hüfte und am rechten Arm verletzt, so daß ich in der Uniklinik Homburg behandelt werden mußte. Zwei Dompteure, die ich kannte, rieten mir, mich von der Bärin zu trennen und sie einem Zoo zu überlassen. Sie sagten, wenn ein Bär einmal angegriffen habe, wiederhole er dies. Schweren Herzens trennte ich mich von Alfred.

Kurz danach erwarb ich eine andere Lippenbärin, eine russische Braunbärin und einen Kodiakbären, wodurch ich bis 1979 einiges über Bären lernen konnte. Nach Veröffentlichung dieses Buches gedenke ich ein weiteres Buch mit dem Titel „Bären und ich" zu schreiben.

Zwischen 1964 und 1979 konnte ich meinen großen Traum verwirklichen: Ich unternahm 15 Expeditionen. Anfangs interessierte mich mehr die Tier- und Pflanzenwelt tropischer Länder, später fesselten mich zusehends die dort lebenden Naturvölker. In den ersten drei Jahren ging ich jeweils einmal für sechs Wo-

Schon elf Jahre ist die Puma-Dame Chaco meine Freundin.

chen auf Expedition. In den folgenden zwölf Jahren bekam ich von den jeweiligen Kommandeuren noch zwölf Tage Sonderurlaub, so daß ich immer acht Wochen unterwegs sein konnte. Begleitet wurde ich von Offizieren, Unteroffizieren und Soldaten des Bataillons, die den gleichen Sonderurlaub erhielten. Ansonsten blieb es ein reines Privatunternehmen. Ich suchte mir die Teilnehmer aus; denn es gab viele Interessenten, auch Freunde aus dem Zivilleben.

Die Expeditionsgebiete waren Südtunesien/Algerien, Uganda, Ceylon, Nord- und Südkamerun, Äquatorial-Guinea, Paraguay/Bolivien, Irian Jaya (der indonesische Teil von Neu-Guinea), Äthiopien, Ekuador/Peru, Papua-Neu-Guinea, Brasilien/Venezuela, Süd-Sudan, Kolumbien/Brasilien, Bangladesh/Burma, die Philippineninsel Palawan und die Molukkeninsel Ceram. Die Expeditionen verlangten von den Teilnehmern gro-

ßenteils extreme körperliche Anstrengungen. Weitab von jeglicher Zivilisation besuchten wir Stämme von Naturvölkern, die keine Landesgrenzen kennen und in Rückzuggebieten leben. Dorthin gelangten wir zu Fuß oder im Boot.

Bis zur Ausgangsbasis erreichten wir die Gebiete innerhalb des Landes mit gemieteten Geländefahrzeugen oder kleinen Flugzeugen. An Ausrüstung und Verpflegung hatten wir nur das dabei, was wir tragen konnten. Wir ernährten uns von dem, was das Land hervorbrachte und was auch die Eingeborenen aßen. Probleme und Auseinandersetzungen innerhalb der Expeditionsgruppe blieben nicht aus.

So traf ich in der Vorbereitungsphase zu meiner zweiten Expedition in Kampala, der Hauptstadt von Uganda, eine Entscheidung, die ich bei allen nachfolgenden Expeditionen beibehielt. Wir hatten uns ein größeres Ge-

153

Bei der Expedition im Urwald von Kolumbien hatte immer einer von uns das Gewehr schußbereit, um Verpflegung zu besorgen.

ländefahrzeug gemietet, um zu den Stämmen im Norden des Landes zu gelangen und waren dabei, die für die Weiterreise noch benötigten Gegenstände zu kaufen. Das Vorhaben klappte in keiner Weise, da zu viele verschiedene Ansichten und Meinungen aufeinandertrafen. Was ich für lebenswichtig hielt, wurde einfach abgelehnt. Wir waren sieben Mann, überwiegend Fallschirmjäger. Am Vorabend hatten wir festgelegt, daß wir es nicht wie bei der Bundeswehr halten wollten, d. h., daß nur einer befiehlt. Stattdessen sollten in jeder Situation die Entscheidungen nach vorheriger Beratung gemeinsam getroffen werden. Aufgrund der Vorkommnisse kam ich zu dem Schluß, daß die Expedition durch ständiges Debattieren zu keinem guten Ziel führen konnte. Daraufhin erklärte ich den Teilnehmern: „Ihr habt zehn Minuten Zeit, um Euch zu überlegen, ob Ihr weiter so verfahren wollt oder ob zukünftig das Kommando bei mir liegt. Falls Ihr weiter nach dem rein demokratischen Prinzip verfahren wollt, verlasse ich sofort die Gruppe und gehe alleine!"

In der Zwischenzeit ging ich aus dem Raum, steckte mir eine Zigarre an und wartete auf das Ergebnis der Beratung. Meine Gefährten sahen ein, daß nur einer anordnen und führen kann. In diesem Sinne habe ich von nun an diese und alle darauffolgenden Expeditionen organisiert und geleitet. Natürlich konnte jeder seine Vorschläge einbringen, aber die letzte Entscheidung lag bei mir.

Als es im Dschungel von Ekuador zu Meinungsverschiedenheiten kam, blieben drei Mann zurück. Wir anderen drei stießen mit einem Eingeborenen namens Pujo zu den Kopfjägern vom Stamm der Jivaro an der

Lebenswichtige Freundschaft: Häuptling der Jivaro-Indianer (Kopfjäger) und Autor im Dschungel von Ekuador.

Grenze zu Peru vor. Unterwegs wurde Horst Gruber krank, er blieb in einem Dorf zurück, Wolfgang Ziebrecht und ich zogen mit dem Indianer Pujo durch Flüsse und auf schmalen Dschungelpfaden weiter bis zu den Jivaros. Beide Kameraden waren Feldwebel und Angehörige unserer Fallschirmjäger-Einheit.

Beim Überqueren eines Flusses kletterten wir über Bäume, die von Eingeborenen geschlagen worden waren. Wolfgang Ziebrecht rutschte aus, konnte sich aber noch mit den Händen an einem Ast festhalten, hing jedoch mit dem Körper im Wasser. Das war gefährlich, denn in diesen Flüssen wimmelte es von freßgierigen Piranhas. Pujo und ich zogen ihn sofort heraus, mußten dabei aber äußerst aufpassen, um nicht selber abzustürzen.

Brücken kennt man dort nicht. Um sich vor Piranhas zu schützen, werden die Urwaldrie-

sen auf beiden Seiten des Flusses gefällt, und je nach Lage balanciert man über die Stämme oder kriecht auf den Ästen entlang. Piranhas waren für uns deshalb besonders bedrohlich, weil sie durch blutige Verletzungen an unseren Beinen angelockt werden konnten, die von Blutegeln und unzähligen Insektenstichen verursacht wurden.

Neben den Strapazen und Risiken beim Überqueren der zahlreichen Flüsse bekamen wir zusätzlich große Probleme, weil wir zu wenig Kochsalz dabei hatten. Durch das ständige Schwitzen in dem treibhausfeuchten Urwald verlor der Körper viel Salz. Mein Urin verfärbte sich weiß, und ich wurde sehr müde, mitunter sogar ohnmächtig. Endlich beim Jivaro-Stamm angekommen, nahmen uns die Indianer nicht sehr freundlich auf und gaben

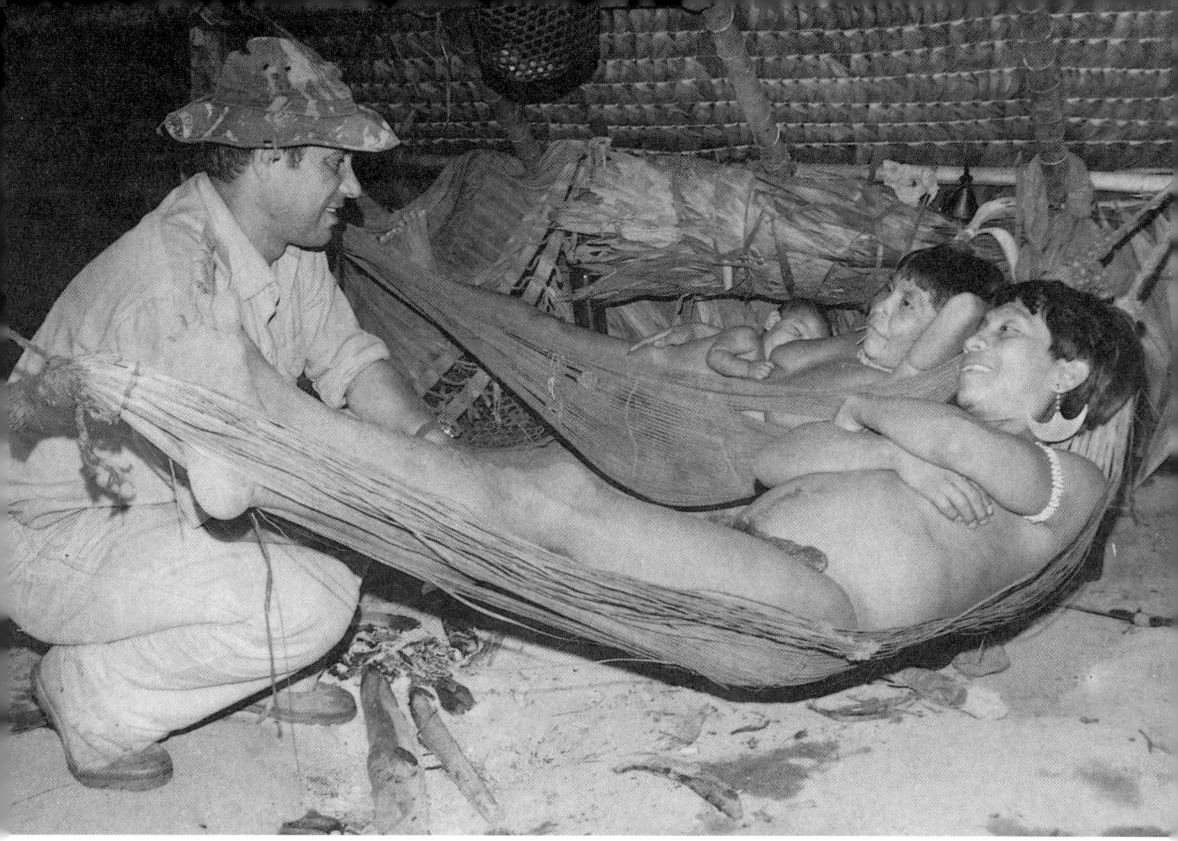

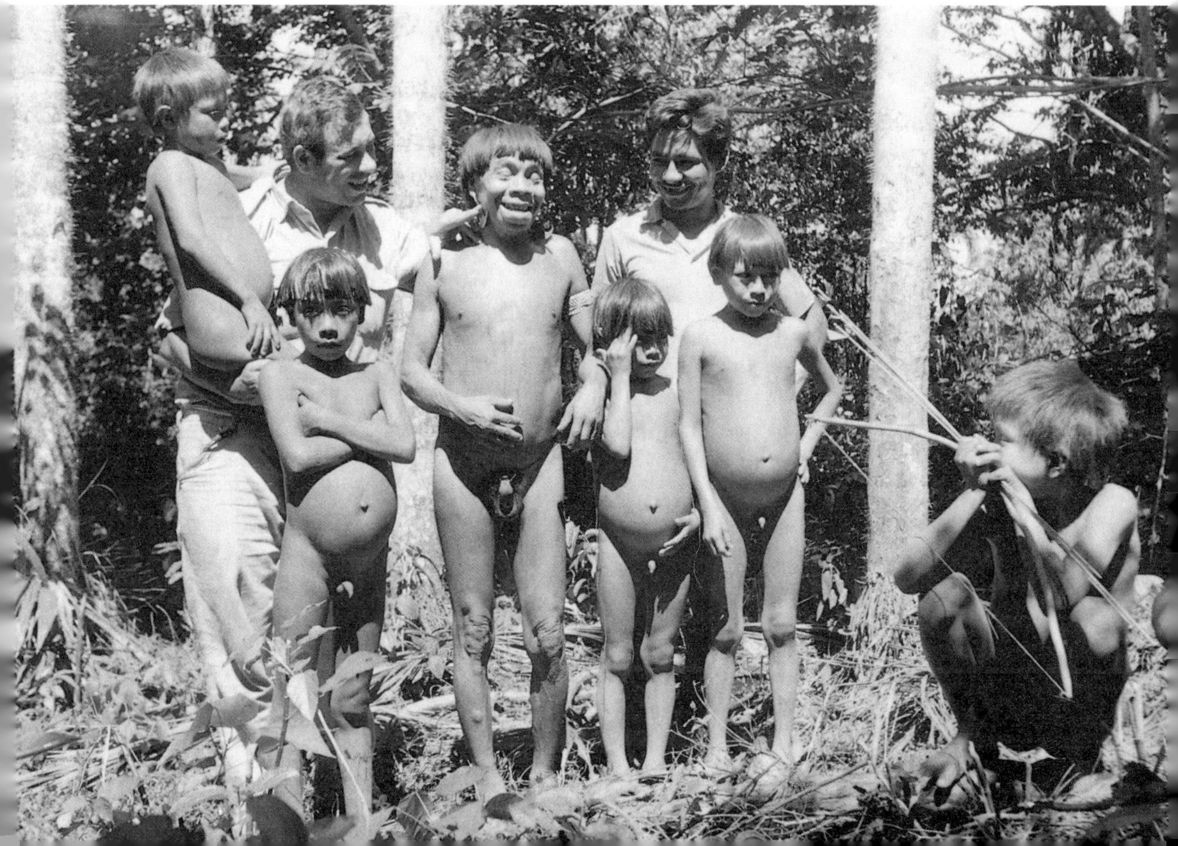

Pujo zu verstehen, daß wir das Gebiet schnellstens wieder verlassen sollten.

Schwach wie ich war, konnte ich mich nur langsam fortbewegen. Bei schweren Dschungelhindernissen stützten mich Wolfgang und Pujo. Nach viertägigem Marsch erreichten wir das Dorf, in dem wir Horst zurückgelassen hatten; er war inzwischen wieder auf den Beinen. In diesem Dorf verhielten sich die Jivaros freundlich. Da Horst noch einige Beutel gesalzene Trockensuppen, unsere eiserne Ration, besaß, besserte sich mein Zustand, und nach zwei Tagen Aufenthalt marschierten wir wieder zurück.

In Irian Jaya, dem indonesischen Teil Neu-Guineas, trennte sich unsere Drei-Mann-Expedition einvernehmlich, denn ich wollte noch weiter, während meine beiden Kameraden auf gut deutsch „die Schnauze voll hatten". Mit zwei einheimischen Dani als Geländekundigen und Trägern war ich noch vierzehn Tage unterwegs und drehte dabei einmalige Aufnahmen mit der Filmkamera.

Ein junger Mandobo lag in der Hütte im Sterben – er hatte hohes Fieber. Jochen Mähr, ein erfahrener Expeditionsteilnehmer, ließ sich nicht davon abbringen, dem Kranken Malariatabletten zu verabreichen, obwohl mir durch Daumendruck auf die Augen des Schwerkranken bewußt war, daß der Tod kurz bevorstand. Eine halbe Stunde später verstarb der Eingeborene. Infolgedessen entstand in dem kleinen, nur aus sechs Hütten bestehenden Dorf Unruhe.

Die Frauen warfen bei Einbruch der Dunkelheit Feuerfackeln gegen unsere am Ortsrand stehende Hütte. Unsere Träger bekamen Angst und wollten aufbrechen, was ich in der Dunkelheit für sinnlos hielt. Für die Nacht teilte ich ständige Wachen ein. Richtig geschlafen hatte keiner von uns, denn die Mandobos versammelten sich in einer Hütte, aus der wir ihre erregten und aufgebrachten Stimmen hörten. Wir konnten uns denken, daß man uns nach der Verabreichung der Tabletten für den Tod des jungen Mannes verantwortlich machte.

Bei Sonnenaufgang liefen die Männer mit Pfeil und Bogen im Dorf umher. Es braute sich etwas zusammen. Als sie sich vor unserer Hütte versammelten, ging ich zwischen sie, packte den Anführer – vermutlich war es der Häuptling – im Seemannsgriff mit dem rechten Arm zwischen den Beinen und schwenkte ihn auf meine Schulter. Darüber verblüfft, zogen sich die Mandobos nach kurzem Palaver in ihre Hütten zurück – so etwas kannten sie wohl nicht. Das war für uns die Gelegenheit zum Aufbruch. Unsere Träger waren sichtlich erleichtert, als wir das Dorf verließen.

In Äthiopien wiederum verließ ich die anderen Expeditionsteilnehmer, um das Ziel, das ich mir gesetzt hatte, zu erreichen. Meine Kameraden sahen keinen Sinn darin, weiter zu den Nuer an der Grenze zum Sudan vorzudringen. Entlang des Baro-Flusses kam ich nach zwei Tagesmärschen bei diesen Eingeborenen an und lebte vier Tage bei dem Stamm. Danach kehrte ich zu meinen Gefährten zurück.

Auf unserem gemeinsamen Rückmarsch bauten wir ein Floß, um mit dem alten Geländefahrzeug überzusetzen. Dabei wurde ich vermutlich von einer Tsetse-Fliege gestochen, denn ich verfiel in einen drei Tage währenden Dauerschlaf, aus dem mich meine Kameraden trotz aller Bemühungen nicht wachbekamen. Als ich danach wieder auf die Beine kam, nahmen wir die Route weiter südlich am Gilo-Fluß. In dieser Gegend sahen wir einige Eingeborene, die die Schlafkrankheit hatten. Sie schlafen in den Hütten und nehmen bis zu ihrem Tode keine Nahrung zu sich. Die meisten waren schon sehr abgemagert.

Seite 156: Eine schwankende Hängebrücke im Hochland von Neu-Guinea wird auf Sicherheit überprüft.

Seite 157 oben: Glückliche Menschen, diese Ironasciteri-Indianer im Dschungel von Brasilien.

Seite 157 unten: Die Ironasciteri-Indianer freuen sich, wenn man Kontakt mit ihren Kindern aufnimmt.

Mit dem Häuptling der Ajoreindianer im Gran Chaco von Paraguay rauche ich ein undefinierbares Gras. Freundschaft mit dem Häuptling bedeutet Freundschaft mit dem Stamm.

Nicht nur die Führung der Expeditionen oblag mir, sondern auch meistens die Krankenbehandlung, da wir keinen Kontakt zur Zivilisation hatten. Bei drei Expeditionen lediglich wurde ich von der Krankenbehandlung verschont, denn an einer Expedition nahm ein Arzt und an zwei anderen Sanitäter der Bundeswehr teil. Ausbildung auf diesem Gebiet erhielt ich als ständiger Assistent des Tierarztes der Stuttgarter Wilhelma und auf einem Lehrgang für Erste Hilfe bei der Bundeswehr. So war ich notdürftig gerüstet für Krankheitsfälle, wie Durchfall, Fieber, Infekte oder Prellungen.

Medikamente für alle Fälle führten wir mit, und da sich kein anderer bereit erklärte, diese Verantwortung zu übernehmen, war es meine Sache, auch den „Medizinmann" zu spielen. So blieb mir – unter den Dschungelumständen – bei meiner letzten Expedition auf der Insel Ceram (Molukken) nichts anderes übrig, als bei einem Kameraden selbst eine Operation vorzunehmen.

Wolfgang Nieder wurde von einem unbekannten Insekt am rechten Oberschenkel gestochen. Dies führte nach drei Tagen zu einer starken Anschwellung und inneren Entzündung – er konnte kaum noch laufen, schleppte sich jedoch trotz starker Schmerzen zu unserem Ausgangspunkt und Ziel an der Bandasee. Dort mußten wir vier Tage pausieren, bis ein kleines Schiff vorbeikam und uns nach Amborn übersetzte.

Da Wolfgang es vor Schmerzen nicht mehr aushielt, entschloß ich mich mit seinem Einverständnis, den stark geschwollenen Oberschenkel mit einem Skalpell aufzuschneiden. Da ich zur Schmerzlinderung keine Mittel hatte, trank Wolfgang vorher etwa zwei Liter Palmwein, den ich von einem Eingeborenen besorgt hatte. Als der Palmwein Wirkung zeigte, schnitt ich die entzündete Geschwulst auf, aber es kam nur Blut – bei einem weiteren, doppelt so langen und tieferen Schnitt war ich am Entzündungsherd. Der Eiter quoll aus der Wunde, die ich anschließend mit Mullbinden versorgte.

Ich verabreichte Wolfgang zwei Penicillinspritzen und gab ihm Penicillintabletten. Er mußte von nun an ruhen, und nach zwei Tagen trat tatsächlich eine Besserung ein. Nach vier Tagen konnte er schon zum Schiff marschieren. Operation geglückt – Patient wohlauf.

Daß es öfter zu Auseinandersetzungen und Zwischenfällen während der Expedition kam, ist nur natürlich – bedingt durch schwere Strapazen, die Zivilisationsferne und die Isolation einer Gruppe, die ganz auf sich selbst gestellt ist. Nichtsdestotrotz kamen unsere Expeditionen unter extremen Bedingungen zu einem guten Abschluß. Mit allen Gefährten dieser Unternehmungen stehe ich heute noch in Verbindung, und unsere Meinungsverschiedenheiten sind im Dschungel geblieben.

Alles in allem habe ich bei diesen fünfzehn Expeditionen von Eingeborenenstämmen viel gelernt, was mir bei meinem heutigen Zusammenleben mit den Wölfen zugute kommt. Naturvölker haben eine ähnliche Organisation wie ein Wolfsrudel. Der Häuptling ist wie der Alpha-Wolf der anerkannte Führer, und alle anderen richten sich nach seinen Anweisungen. Das gleiche habe ich auch als Expeditionsleiter praktiziert. In seinem Buch „Unternehmen Kopfjäger" hat der Journalist Walter Wolter, der uns mehrmals auf Expeditionen begleitete, diese Abenteuer dokumentiert.

Die Tatuyo-Indianer im kolumbianischen Dschungel stellen das am schnellsten wirkende Curare-Gift in ganz Südamerika her.

Stadt der Wölfe

Im Jahre 1972 wurde das Fallschirmjäger-Bataillon 262 nach Merzig im Saarland verlegt. Damals marschierte beim Einzug in die Stadt an der Spitze der Truppe die russische Braunbärin Kalinka mit mir. Wer hätte damals gedacht, daß Merzig einmal die „Stadt der Wölfe" werden würde! Auf mein Anraten hin ließ die Stadt Merzig 1977 das erste 1,2 Hektar große Wolfsgehege errichten. Ohne Unterstützung des Stadtrates wäre dies nicht möglich gewesen, denn er bewilligte die Mittel dafür.

Später folgten zwei Gehege, die meine Frau und ich finanzierten. 1983 wurden zwei weitere Gehege durch den Förderverein Wolfsfreigehege Merzig e. V. gebaut. In diesen Anlagen leben jetzt fünf Rudel mit fünfzehn europäischen Wölfen, sechs Arktiswölfen und fünf Timberwölfen. Inzwischen ist die Stadt Merzig durch meine Wölfe und die Ver-

haltensforschung, der ich mich widme, weltbekannt.

Merzig im Saarland ist meine zweite Heimat geworden, und die Wölfe ziehen viele Besucher aus dem In- und Ausland an. In dieser dicht bewaldeten Gegend fühle ich mich wohl und habe zu den hier lebenden Menschen gute Kontakte. Bei der Fleischversorgung für meine Wölfe helfen mir Bauern, Forstleute und Jäger.

Nach 32 Dienstjahren bin ich aus der Bundeswehr im Rang eines Stabsfeldwebels am 1. März 1986 ausgeschieden und widme mich seitdem ausschließlich den Wölfen. Wenn ich an meine Expeditionen zurückdenke, überkommt mich manchmal das Fernweh. Aber das Leben mit den Wölfen fasziniert mich heute mehr als alles andere. Es ist für mich eine andere Welt, in die ich eingedrungen bin und in der ich jetzt lebe.

Raubtiere als Schauobjekte –
Betrug und Verstümmelung

Früher ließ man auch in Deutschland Bären zur Volksbelustigung tanzen. Als man schließlich die Vorführungen als Tierquälerei erkannte, wurden sie verboten – in der Türkei und in Indien werden jedoch heute noch Tanzbären gezeigt. Die Lehrzeit dieser Bären ist grausam: Jungbären werden gefesselt und bekommen einen Ring durch die Nase, an dem sie geführt werden. Um sie für das Tanzen vorzubereiten, bindet man sie eng an einen Baum. Dann werden ihnen heiße Eisenplatten unter die Vordertatzen geschoben, zur gleichen Zeit spielt man ein Musikinstrument. Natürlich stellen sich die gequälten Tiere auf die Hintertatzen, dabei bekommen sie mit einem spitzen Eisenstab abwechselnd von links und rechts Stiche in die Hüften, damit sie sich tanzend aufrecht bewegen. Ein auf diese Art abgerichteter Bär fängt, sobald die Musik ertönt, aus Angst vor Schmerzen zu tanzen an, und sein Besitzer kassiert. In unserer heutigen „aufgeklärten" Zeit wird die Verstümmelung von Raubtieren zum Zwecke des Geldverdienens unauffälliger und raffinierter betrieben.

So sah ich vor einigen Jahren bei einem Zirkus, wie ein Tierpfleger seine Hand in einen Käfig streckte, in dem ein Jaguar und ein Leopard lebten. Beide waren ausgewachsene Raubkatzen. Schockiert fragte ich die neben mir stehende holländische Dompteuse Tina Bermann: „Mensch, ist der Kerl verrückt geworden?" Sie gab mir zur Antwort: „Das kannst du auch machen; denn das sind Filmtiere aus Hollywood, die man hauptsächlich in Tarzanfilmen verwendet. Um sie ungefährlich zu machen, hat man ihnen Zähne und Krallen herausoperiert. Da sie mittlerweile

zum Filmen nicht mehr gebraucht werden, gehören sie jetzt einem Schausteller."

Ich war konsterniert, als ich das hörte. Die Tiere wurden mit Hackfleisch gefüttert, da sie sonst nichts beißen konnten. Jetzt ging mir ein Licht auf! Oft hatte ich mich gewundert, wie leichtfertig die Menschen in Filmen mit Raubtieren umgehen. Ich kannte die Raubtiere ganz anders. Von nun an betrachtete ich die Daktari-Filme besonders kritisch und stellte ein völlig unnatürliches Verhalten des Löwen „Clarence" fest. Nach mehrmaligem genauen Beobachten des Filmbären „Ben" war mir klar, daß ihm zumindest die vorderen Zähne fehlten.

Nach einer Expedition auf der Insel Palawan (Philippinen) hielten wir uns anschließend noch drei Tage in Manila auf. Auch hier hatte ich ein ähnliches Erlebnis. Am ersten Abend sagte Helmut Kreinsiek, ein Expeditionsgefährte, zu mir: „Werner, ganz in der Nähe ist ein Nachtlokal. Dort hat ein Deutscher zwei junge Tiger!" Natürlich gingen wir gleich los, um uns die Tiere anzusehen. Was wir in dem Nachtlokal vorfanden, war deprimierend. Den beiden etwa neun Monate alten Tigern hatte man die Krallen herausoperiert. Beide waren in einem kleinen dunklen und feuchten Raum eingesperrt. Mehrmals während des Abends wurden die Gäste über Mikrofon aufgefordert, zwei Hähnchen zu bezahlen, dann könnten sie den Tigern auf dem Tanzparkett beim Fressen zusehen. Auf diese Art ernährte der Besitzer die Tiere. Doch vor der Fütterung mußten die spärlich bekleideten Mädchen, die dort auf der hell beleuchteten Glastanzfläche als „Sexware" für die Männer tanzten, das flimmernde Parkett räumen.

Der Besitzer zeigte mir Fotos und Zeitungsartikel, die über Ismelda Marcos, die Frau des inzwischen gestürzten Diktators Ferdinand Marcos, im Umgang mit ausgewachsenen Tigern berichteten. Auch hier wurde das Volk mit diesen Aufnahmen von verstümmelten Tieren und der damaligen „mutigen" First Lady des Landes getäuscht. Denn wenn Raubkatzen angreifen oder sich verteidigen, verwenden sie als erstes ihre Krallen. Doch die waren natürlich bei diesen Exemplaren gar nicht mehr vorhanden.

Auch der Wolf gehört zu diesen mißbrauchten armen Kreaturen. Zunehmend bekomme ich telefonische Anfragen oder Briefe von Leuten, die mir mitteilen, daß sie sich einen jungen Wolf gekauft haben oder einen kaufen wollen. Letzteres kann ich meist verhindern, indem ich vor den Konsequenzen warne. Im ersteren Fall werden mir die Wölfe angeboten, wenn es zu Schwierigkeiten gekommen ist. Ich kann diese Wölfe nicht in eines meiner Rudel eingliedern, sie würden als fremde Eindringlinge zerrissen werden. Diese bedauernswerten Anschaffungen gehen in den meisten Fällen den schon abzusehenden, immer gleichen Weg – sie werden eingeschläfert oder erschossen.

Einige Leute wollten auch von mir einen jungen Wolf käuflich erwerben. Dazu angeregt wurden sie durch mehrere Zeitungsartikel, in denen von einem deutschen Tierarzt berichtet wurde, der vorgab, einen Wolf wie einen Polizeihund auszubilden. Daß ein solches Vorhaben zum Scheitern verurteilt ist, läßt sich voraussehen.

Bei Gesprächen zeigt sich immer wieder, daß Menschen mit einem Hang zur Extravaganz allzugerne in den Besitz exotischer Tiere gelangen möchten. Geld spielt dabei keine Rolle – ein übliches Haustier ist ihnen zu alltäglich. Ein Herr sagte mir am Telefon, daß er gerne ein „rustikales" Tier haben wolle, am liebsten einen Wolf. Zuerst war ich darüber empört, hinterher mußte ich doch lachen. Die Frau eines Rennfahrers wollte für ihren achtjährigen Sohn zum Geburtstag einen Wolf kaufen. Wie sie mir sagte, hielt ein mit ihnen befreundeter Rennfahrer einen Geparden. Also hätte sie auch gerne ein ausgefallenes Haustier – „und warum nicht einen Wolf?". Zum Glück konnte ich ihr den Wunsch nach einem ausführlichen Gespräch ausreden.

Mir ist bekannt, daß von einem Freigehege jährlich Wolfswelpen an Hundezüchter abgegeben wurden, die sie später mit Schäferhunden kreuzen und so für die Zucht verwenden wollen. Sämtliche Wölfe mußten früher oder später getötet werden, da man sie wie Hunde behandelte und damit unweigerlich zu Angstbeißern machte.

In einer deutschen Fachzeitschrift werden immer wieder Raubtierbabys, darunter in den letzten zwei Jahren auch Wölfe, angeboten. Der Inserent, ein skrupelloser Tierhändler, ist mir bekannt. Ihn interessierte nicht das Tier, sondern nur der Profit. Mit diesen bedauernswerten Tierkindern läßt sich offensichtlich ein gutes Geschäft machen. Daß sich die naiven Kunden bald wieder von den erworbenen Tieren trennen müssen, erfahren sie beim Kauf nicht. Typisches Beispiel: Ein Student erwarb bei diesem Händler einen Wolfswelpen. Man versicherte ihm, daß er mit ihm später wie mit einem Hund umgehen könne. Der junge Mann glaubte es und war stolz auf den Kauf. Viel darüber nachgedacht hat er offensichtlich nicht, denn es fehlte an Futtergeld und einer geeigneten Unterkunft. Als der Wolf sich nicht mehr an die Leine nehmen ließ, legte er sie ihm mit Gewalt an, so daß der Wolf schließlich aus Angst wild um sich biß. Das gewaltsame Ende mußte dann wieder die Todesspritze herbeiführen.

Durch Einschreiten des Tierschutzvereins wurde einem Hundezüchter ein einjähriger Löwe weggenommen, der unsachgemäß gehalten wurde. Auch hier bildete die Todesspritze den Abschluß des Dramas, da kein

Zoo das Tier abnahm. Als ich später diesen Herrn auf den Vorfall ansprach, gab er lapidar zur Antwort: „Wenn es mir gefällt, hole ich mir wieder einen jungen Löwen zum Spielen für meine Kinder!" Das mit Sicherheit wieder notwendige Einschläfern nimmt der Herr in Kauf, es berührt ihn nicht. Auch ein „Tierfreund".

Ein Bekannter von mir bat mich eines Tages darum, einen jungen Löwen zu begutachten, den sich Freunde von ihm gekauft hatten und der in ihrer Wohnung mit seiner Pranke den Mann verletzte. Kurz entschlossen fuhr ich dorthin. Unter dem Tisch im Wohnzimmer fand ich einen fauchenden, etwa neun Monate alten Löwen vor. Es handelte sich um ein von Menschen aufgezogenes männliches Tier, das sich nach kurzer Zeit von mir anfassen ließ. Angeblich war ein Angestellter eines kleinen Zirkus der vorherige Eigner, von dem die Leute drei Tage zuvor den Löwen für 1.200 DM erworben hatten. Daß die neuen Besitzer von Tieren keine Ahnung hatten – und schon gar nicht von Raubtieren –, hatte der Verkäufer offenbar gleich bemerkt. Er überließ ihnen eine schriftliche Futter- und Verstümmelungsanleitung und gab an, man könne den Löwen wie einen zahmen Hund auf der Straße spazieren führen, wenn man all diese Anweisungen befolge. Die auf dem Handzettel angegebene Futtermenge hätte vielleicht gerade für eine Hauskatze gereicht. Krallen und Reißzähne sollten von einem Fachmann gezogen werden, das mache jeder Tierarzt. Das Ganze war ein ausgemachter Schwindel, und machte mich ausgesprochen wütend. Der Verkäufer hätte mir nicht zwischen die Finger kommen dürfen.

Prestigesucht, Naivität und Imponiergehabe sind die üblichen Gründe, sich ausgefallene Tiere zuzulegen. Zum Glück konnte ich diesen Löwen in den Zoo nach Kaiserslautern vermitteln, wo er heute noch lebt. Gegen den Verkäufer erging zwar eine Anzeige gegen Unbekannt, aber er tauchte nicht mehr auf. Das Ehepaar war seine 1.200 DM los und wird dieses „Bußgeld" wohl immer in bleibender Erinnerung behalten.

In einem saarländischen Kurort hielt sich ein Vertreter in seinem Zimmer in einer Tanzgaststätte einen jungen Puma, den er aus seinem Spanien-Urlaub mitgebracht hatte. Auch er hatte keine Ahnung von Raubtieren. Das kleine Schmusekätzchen gefiel ihm und auch manch tierliebender Dame aus dem Tanzlokal, die sich das interessante Exemplar in seinem Zimmer ansehen durfte. Auch hier war Geltungssucht der Grund für eine nicht artgerechte Tierhaltung. Der kleine Puma erfüllte für einige Wochen seinen Zweck.

Als er älter und größer wurde, kam „Herrchen" nicht mehr mit ihm zurecht. Er hatte auch keine Vorstellung, was aus der Großkatze einmal werden sollte. Ich wurde verständigt. Auch diesmal half wieder der Leiter des Tiergartens Kaiserslautern, ein Freund von mir, und nahm auf meinen Rat hin den Puma auf. Soviel Glück haben diese „Hobby-Tiere" aber selten. Die Zoos ziehen selbst genügend Raubtiere nach. Ein Schuß oder eine Spritze beendet meist das kurze Leben dieser Schmusetiere.

Als ehemaliger Raubtierpfleger in der Stuttgarter Wilhelma und Besitzer eines neunjährigen Pumas, bei dem ich seit seiner „Kindheit" täglich einige Zeit im Gehege verbringe, kenne ich das Wesen von Raubkatzen bestens. Als im Weihnachtsprogramm 1984 von der ARD ein Film über die beiden deutschen Zauberer Siegfried und Roy aus Amerika ausgestrahlt wurde, lagen die Tiger teilnahmslos auf dem Steinboden der Villa, sie machten den Eindruck, als wären sie lebende Denkmäler. Der Reporter konnte ungefährdet zwischen ihnen umherspazieren, sie zeigten überhaupt keine Reaktion. Sogar ins Schwimmbad stieg man und veranstaltete dort Ringkämpfe mit ihnen. Die Tiger schienen überhaupt kein Temperament und keine Krallen zu haben. Vor kurzem traten die beiden Künstler mit zwei neun Monate alten weißen Tigern im deutschen Fernsehen auf. Die

Raubkatzen verhielten sich wie zwei Stofftiere und waren völlig teilnahmslos. Das gibt zu denken.

Apathische Tiere sind auch in spanischen Touristenzentren anzutreffen. Die Fernsehzeitschrift HÖRZU veröffentlichte in ihrer Ausgabe vom 28. März 1987 einen Artikel mit der Überschrift: „Der traurige Sommer von Tiger Rambo". In Spanien müssen jedes Jahr hunderte von Raubkatzen und Affenkindern für Urlaubsschnappschüsse gedankenloser Touristen leiden. Für ein Erinnerungsfoto sollte der HÖRZU-Reporter 1.000 Peseten (etwa 15 DM) bezahlen. Daß der völlig apathische Tiger mit Drogen vollgepumpt war, bemerkte niemand. Der Reporter fand heraus, daß dem Jungtier jeden Morgen zwei Tabletten Librium (ein starkes Beruhigungsmittel) in die Milch gegeben wurden. Außerdem flößte der Besitzer dem Tiger billigen Weinbrand ein, der ihn noch zusätzlich betäubte. Der deutsche Tierschutzbund bestätigt: „Es stimmt, daß diese Fototiere unter schweren Drogen stehen. Sie nehmen ihre Umwelt kaum noch wahr. Das ist in etwa so, als würde man einen Menschen mehrmals am Tage k.o. schlagen." Der Direktor des Zoos von Teneriffa konstatiert: „Entweder verenden die Tiere, oder sie werden einfach lebend ins Meer geworfen, wenn die Foto-Saison vorbei ist. Kein Zoo der Welt kann diese bedauernswerten Kreaturen aufnehmen. Was da geschieht, ist eine bestialische Hinrichtung auf Zeit!"

Die Natur kennt keine Bestien; sie werden von Menschen gezüchtet

Immer wieder sagen Leute über einen bissigen Hund, er sei „so scharf wie ein Wolf". Mehrmals erzählten mir ältere Menschen: „Wir hatten früher einen Hund, der von Wölfen abstammte – er war sehr scharf."

Solche Stammtischgeschichten hört man häufig bei der Landbevölkerung überall in Deutschland. Unverständlicherweise werden diese Behauptungen ernst genommen und weitergegeben. Ein Grund mit, daß dem Wolf noch heute der Ruf einer Bestie anhaftet.

Andere wiederum sagen, wenn Wölfe satt seien, würden sie keine Menschen angreifen, wogegen hungrige Wölfe das immer zu tun pflegten. So etwas ist im Volksglauben tief verwurzelt. Von Schulklassen bekomme ich es immer wieder zu hören, selbst manche Lehrer teilen diese Meinung. Besonders in russischen, amerikanischen und englischen Unterhaltungsfilmen, die im Fernsehen oder im Kino laufen, stellt man den Wolf gewöhnlich als menschenverfolgendes Monster dar. So wird ein altes Feindbild erneuert und frisch aufpoliert. Wen wundert es da noch, daß der Wolf für viele Menschen der Inbegriff einer Bestie ist!

Da ich selbst mit einer Lippenbärin in dem Fernsehfilm „Wilde Spiele" für Klaus Wilke, den späteren Hauptdarsteller der Fernsehserie „Percy Stuart", gedoubelt habe, weiß ich, wie solche Szenen gedreht werden. In einem sowjetischen Film konnte ich z. B. deutlich die vermeintlichen menschenangreifenden Wölfe als dressierte deutsche Schäferhunde erkennen.

Durch jahrtausendelange Entwicklung und Züchtungen hat sich bei einigen Hunderassen eine Andersartigkeit herausgebildet, und zwar von der Art, daß sie auf Befehl einen Menschen angreifen, wenn sie aufgrund ihrer Veranlagung darauf dressiert worden sind. Besonders eignen sich dafür sogenannte „Kampfhunde". So sind die Mastini wie auch die deutschen Doggen oder die englischen Mastiffs Nachfahren der Molosser-Hunde, nämlich aus Züchtungen, die schon im Altertum zum blutigen Kampf abgerichtet wurden. „Wenn es sein Herr befiehlt", heißt es in einem italienischen Standardwerk über den Mastino-Hund, „greift er an und zerfleischt alles in kürzester Zeit."

Solch eine aggressive Beißlust legen Wölfe Menschen gegenüber nicht an den Tag. Das zeigt, daß sogenannte „Bestien" erst durch Züchtung und Ausbildung von Menschen geschaffen werden. Wölfe unternehmen direkte Angriffe nur auf ihre Beutetiere und bei Rangkämpfen um die männliche oder weibliche Alpha-Position im Rudel. Letztere werden zwar heftig ausgetragen, sind aber keineswegs mit der Tötung von Beutetieren zu vergleichen.

Die noch heute weithin verbreitete Vorstellung vom Wolf als Bestie stammt aus dem 17. Jahrhundert. Zu dieser Zeit herrschte vielerorts eine Tollwut-Epidemie, und wie heute Füchse, waren damals hauptsächlich die Wölfe von der Krankheit befallen. Vielfach wurden Menschen auf den Feldern und in den Wäldern angegriffen. Einzelne Wölfe suchten auch die Dörfer auf, nachdem sie infolge des Tollwutbefalls ihre angeborene Scheu vor dem Menschen verloren hatten, und bissen auf ihre Opfer ein. Es kam zu dramatischen Vorfällen und zum unerbittlichen Haß gegen den Wolf.

Familienmitglieder wurden in der fortgeschrittenen Phase des Krankheitsverlaufes regelrecht wahnsinnig und mitunter durch Tötung von ihren Leiden erlöst. Die am häufigsten angewandte und wirksamste Methode war das sofortige Ausbrennen der Verletzung mit einem glühenden Eisen, was jedoch bei den tiefsitzenden Bißwunden, die Wölfe zufügen, nicht immer erfolgreich verlief. In ländlichen Gegenden, in denen vor allem Füchse

die Tollwut verbreiten, ist nach wie vor eine Gefährdung der Menschen gegeben. So werden gefährdete Gebiete zum „Tollwutsperrbezirk" erklärt. Bei sofortiger Impfung vermag die moderne Medizin jedoch heute diese schlimme Krankheit bei Mensch und Tier wirksam zu bekämpfen. Die großflächige Immunisierung von Füchsen durch ausgelegte Köder hat sogar erstmals nach langer Zeit wieder tollwutfreie Zonen geschaffen.

Die Vorgänge im 17. Jahrhundert sind uns durch Überlieferungen bis heute gegenwärtig. Nur, daß der Auslöser die Tollwut war, wußte man freilich nicht. So ist der Wolf im Volksmund die reißende Bestie geblieben. Oft höre ich von Besuchergruppen, die sich mit derben Bemerkungen an unseren Merziger Wolfsfreigehegen äußern, manch wohlgenährten Mitmenschen können man ja an die Wölfe verfüttern. Auf das Gelächter in der Gruppe hin kommt dann meist die makabre Frage, wie lange sich Wölfe von genannter Person ernähren könnten. Kaum zu glauben, solche Fragen stellen mir ständig Besucher jeden Alters und aus allen Gesellschaftsschichten. Das zeigt ganz deutlich, wie verkannt der Wolf ist.

Wolf ist Wolf, und Hund ist Hund. Durch jahrtausendelange Züchtung sind verschiedene Hunderassen zum Gebrauchsobjekt oder zur Waffe für ihre Besitzer geworden. Der Wolf hingegen ist ein Wildtier geblieben, und sein Naturell widersetzt sich der Macht des Menschen, der versucht, alles im Tierreich zu beherrschen und auszubeuten. In diesem Sinne wird der Wolf in unserer auf Profitstreben ausgerichteten Gesellschaft als nutzloses oder gar schädliches Geschöpf angesehen.

Enttäuschend verlief früher wie noch heute für gewisse Hundezüchter die Einkreuzung eines Wolfs oder einer Wölfin in eine bestimmte Hunderasse. Sie hatten erwartet, daß die „Schärfe" des Wolfs bei den Kreuzungswelpen weiterwirkt. Doch das Gegenteil war der Fall. Denn es zeigte sich, daß die Menschenscheu des Wolfs genetisch tief verwurzelt ist und als dominierende Eigenschaft vererbt wird. Mit diesen scheuen Tieren, die sich dem menschlichen Unterwerfungswillen widersetzten und unter Zwang zu Angstbeißern wurden, war nichts anzufangen. Sie ließen sich partout nicht darauf dressieren, andere Menschen anzugreifen, waren somit für die Züchter nicht als Gebrauchshunde zu verwenden und galten damit als minderwertig.

Ein Bekannter von mir, der in der zweiten Generation aus der Kreuzung eines Schäferhundes mit einer Wölfin einen eineinhalbjährigen Rüden hat, wurde auf dem Dressurplatz von den anderen Schäferhundbesitzern ausgelacht, als der Rüde nicht in den gepolsterten Arm des Figuranten biß. „Daß in diesem Hund Wolfsblut fließen soll, glauben wir nicht", war die einhellige Meinung. Gleiche Erfahrungen machte auch ein Ehepaar, das mit ihrem von Hand aufgezogenen Timberwolf den Dressurplatz regelmäßig aufsuchte.

Würden Wölfe oder Wolfskreuzungen auf Befehl oder aus eigenem Antrieb Menschen angreifen, wäre der ihnen anhaftende Ruf berechtigt; das ist aber nicht der Fall. Probleme entstehen jedoch, wenn ein ganzer Wurf von Menschenhand aufgezogen wird und man die Veränderungen der älter werdenden Wölfe sowie deren Entwicklung im Sozialverband nicht erkennt bzw. die Rudelgesetze nicht beachtet. Ebenso muß es zwangsläufig zu Problemen kommen, wenn jemand beabsichtigt, Wölfe zu dressieren, nachdem er sie als Welpen großgezogen hat. Das führt unweigerlich zu einem vom Alpha-Wolf eingeleiteten Angriff auf diesen Menschen, und zwar spätestens beim Erreichen der Geschlechtsreife im Alter von zwei Jahren. Der Mensch ist im ersten Fall nur als schwacher „Wolf" im Rudel integriert, im zweiten Fall (Dressur) gilt er als Fremdkörper im Rudel. Dabei tritt das Wolfsgesetz des „Abbeißens" in Kraft.

Wenn ein Mensch ein Rudel Wolfswelpen aufzieht, verliert es die angeborene Scheu vor Menschen. Das vererbte und sich mit zunehmendem Alter entwickelnde Rudelverhalten gegenüber Schwachen oder sich anders Verhaltenden kann dann fatale Folgen haben. Wie im folgenden Kapitel geschildert, kam es auf diese Weise vor einigen Jahren zu einem Angriff auf einen Hundedresseur, der in der Presse für Schlagzeilen sorgte.

Ein Holländer namens Leendert Searloos hatte es sich zur Lebensaufgabe gemacht, eine neue Hunderasse zu züchten. Er kreuzte 1918 einen Schäferhundrüden mit einer europäischen Wölfin. Die Nachkommen wurden wahllos gekreuzt, allerdings nur innerhalb der Familie. Erst 1963 kreuzte er wieder eine Wölfin ein. 1968 verstarb Leendert Searlos. Seine Hunderasse nannte er „Europäische Wolfshunde".

Alle diese Mischlinge haben die dominante Scheu und Vorsichtigkeit des Wolfs behalten. Als deutsche Soldaten sie während des Kriegs als Gebrauchshunde beschlagnahmen wollten, ließen sie sich nicht anbinden. Und als Searloos die Hundezwinger öffnete, liefen sie ängstlich weg und kamen erst zurück, als die Soldaten das Gelände verlassen hatten.

In den fünfziger Jahren wollte ein bekannter Verhaltensforscher aus dem Ausland ein Paar dieser Wolfshunde kaufen, Searloos willigte jedoch nicht ein. Er hat gerichtlich festgelegt, daß sie nicht außerhalb Hollands verkauft werden dürfen. Sein Lebenswerk übernahm ein Verein. Er nennt sich „Nederlandse Vereniging von Searloos Wolfshonden" und änderte den Namen „Europäischer Wolfshund" in „Searloos Wolfshonden" um.

Es gibt jetzt etwa 200 davon, und da eine neue Hunderasse in Holland nur anerkannt wird, wenn es Gebrauchshunde sind, bildete man einen Teil dieser Tiere als Blindenhunde aus. Das Ergebnis war vorzüglich, nur kann nicht jeder Blinde einen solchen Hund führen; es bedarf einer engen Gefühlsbindung zwischen beiden. Durch die ererbte Vorsichtigkeit des Wolfes zeichnen sich die „Searloos Wolfshonden" von anderen Hunderassen aus. Sonstige Versuche, sie als Gebrauchshunde auszubilden, schlugen fehl.

Wolfsdressur

Da ich mich den Wölfen verschrieben habe und vieles aus ihrer Sicht betrachte, fühle ich mich gezwungen, zur Wolfsdressur im Wildpark Kleinauheim bei Hanau Stellung zu nehmen. Nach all meinen Erfahrungen ist eine Wolfsdressur, praktiziert von einem Hundeabrichter, ein abstruses und unnatürliches Unterfangen. Die Dressur verstößt grundsätzlich gegen die Art des Sozialverhaltens des Canis lupus. Wölfe lassen sich diesen Zwang, der naturgemäß durch eine Dressur hervorgerufen wird, von einem gewissen Alter an nicht mehr gefallen.

Am 7. März 1984 verbreitete die Deutsche Presseagentur in verschiedenen Tageszeitungen die Meldung: „Dem Mythos vom bösen Wolf auf der Spur – Experiment in Hanau soll neue Aufschlüsse über die Ethologie der Wölfe geben". Auf die Idee, ein in Europa einmaliges Experiment zu starten, kam der passionierte Jäger, Hundeführer und Veterinärmediziner Dr. Dirk Neumann.

Dirk Neumann hat im Verhalten der viel im Freien lebenden Jagdhunde „wolfsartige Züge" beobachtet. Die Studie soll Aufschluß darüber geben, wie sich der Hund von seiner Wildform hin bis zum heutigen Haustier entwickelt hat. Dazu sollen Wolfswelpen in einer „Wolfsschule" die Eigenschaften beigebracht werden, die den Haushund auszeichnen. Das erinnert mich an ein Erlebnis im Dschungel von Paraguay: Dort sollten eingefangene Guayaki-Indianer von einem amerikanischen Missionar das Jagen von Dschungeltieren und zivilisierte Umgangsformen erlernen.

Die Hanauer Studie geht nach Angaben Dirk Neumanns einen Schritt weiter als das Wolfsexperiment im Bayerischen Wald durch den schwedischen Verhaltensforscher Dr. Erik Zimen, der das Rudelverhalten wissenschaftlich analysiert hatte. Gesicherte Erkenntnisse und Langzeitbeobachtungen über das Zusammenleben von Wolf und Mensch lägen nach Dirk Neumanns Wissen in ganz Europa nicht vor. Diese kesse Äußerung Neumanns gegenüber der Presse machte mich stutzig, denn Erik Zimens Wolfsforschung sowie meine Arbeit mit echtem Sozialkontakt (Akzeptanz als Artgenosse im Rudel) haben wesentliche Erkenntnisse über das Zusammenleben von Wolf und Mensch erbracht.

Ein Hundeabrichter gibt sich also von heute auf morgen als „Wolfsforscher" aus, und das in Zusammenarbeit mit der „Gesellschaft für Haustierforschung". Erfahrungen fehlen ihm. Er kommt von dem Hund auf den Wolf – und zwar in einer sagenhaften Eile, wo doch Tausende von Jahren die Entwicklung vom Wolf zum Hund bestimmt haben. Ich war mir sicher, daß ein Unternehmen in dieser Form scheitern mußte.

Im Juli 1984 besuchte ich erstmals den Wildpark in Kleinauheim, um mir diese „Wolfsschule" anzusehen. Was ich dort vorfand, war das Einleiten einer Zirkusvorstellung in einem kleinen Gehege von etwa zehn Metern Durchmesser. Die zur Dressur verwendeten dreizehn Wölfe aus verschiedenen Unterarten wiesen teilweise auch erhebliche Entwicklungsunterschiede auf – und das auf engstem Raum.

Im GEO-Heft 6/1986 schildert Dirk Neumann, daß der afghanische Bergwolf in seiner Entwicklung den anderen Wolfsarten voraus sei. Dagegen bleibt für ihn der weiße kanadische Wolf hinter der durchschnittlichen Sozialisation der anderen Wölfe zurück. Dirk Neumann meinte weiter, der weiße Wolf sei tollpatschig und verspielt und stelle sich beim Unterricht ungeschickt an, also „ein dummer Wolf". Hier wurde anscheinend der Wolf mit einem Gebrauchshund verglichen, den man mehr oder weniger abrichten kann. Gerade diese Arktiswölfe, mit denen ich seit fünf Jahren in einem Rudel zusammenlebe, sind in ihrer Entwicklung, ihrer Lebensart und in ihrem Sozialverhalten nicht mit anderen Wolfsunterarten auf eine Stufe zu stellen. Ein „Wolfsforscher" sollte eigentlich wissen, daß sich diese sanftmütige Wolfsunterart in einem zusammengewürfelten Rudel nicht natürlich entwickeln kann, was zwangsläufig zu Verhaltensstörungen führt.

Wie es weiter in E. Trumlers Artikel heißt, hatte – laut D. Neumann – dieser Arktiswolf keine Überlebenschance und wurde später vom Rudel angegriffen und getötet. Gleiches geschah mit dem afghanischen Bergwolf. Daß die Tiere auf engstem Raum in einer kleinen Stallung untergebracht waren und mit zunehmendem Alter natürlich ausgeprägte Aggressionen entwickelten, wobei sich die aggressivere Art durchsetzt, darüber wurde in dem GEO-Artikel nichts berichtet. Professor Konrad Lorenz schildert in einem seiner Bücher am Beispiel von Ratten, wie sich Lebewesen gegenseitig umbringen, wenn sie unerträglich eng zusammengeferched sind.

Man konnte sich in diesem Wildpark nach einer Vorstellung mit einem verängstigtem Jungwolf von etwa zwölf Wochen im Arm fotografieren lassen. Ein zum Kauf angebotenes Poster war mit der Aufschrift versehen: „'Wildpark alte Fasanerie' präsentiert dreizehn dressierte Wölfe aus drei Erdteilen." Die Schau erlebte ich als eine geschickte Manipulation und gut verpackt unter dem Deckmantel „Wolfsschule". Die Tiere wurden als reines Verbrauchsmaterial benutzt, was sich auch bald herausstellte. Durch meine Erkenntnisse aus dem jahrelangen Zusammenleben mit Wölfen war mir klar, daß die Wölfe mit zunehmenden Alter die Neumann-Dressur nicht mehr über sich ergehen lassen und den Hundedresseur angreifen und abbeißen würden. Diese voraussehbare Entwicklung habe ich öffentlich bekundet.

Aus folgendem Grund: Der Hundedresseur Dirk Neumann beachtete während seines Zusammenseins mit den Wölfen nicht die Stimmung im Rudel, was er mangels Wissens über die Lebensart der Wölfe und deren Rangordnung freilich auch nicht konnte. Er erkannte nicht die Gefahr des ihm drohenden Abbeißens durch den Alpha-Wolf Timmi, der

schon darauf lauerte und nur noch den richtigen Moment abwartete.

Der „wissenschaftliche" Artikel im GEO-Heft liest sich zum Teil wie ein Kinderbuch:

„Timmi, der älteste, aber zierlichste Wolf, trat mit einenhalb Jahren als Boss des Rudels auf. Er nahm sich gegenüber dem ‚Lehrer' immer mehr heraus. Während der Vorführungen stellt er sich oft neben Dirk Neumann, beobachtete die Rudelmitglieder bei der ‚Arbeit' und forderte dafür vom ‚Lehrer' seinen Futterbrocken, quasi wie ein Manager. Wenn Dirk Neumann das übersah, riskierte er, sehr kräftig am Arm gepackt zu werden. Als Timmi älter war, hat er dem ‚Lehrer' zur Erinnerung einmal tief in die Hand gebissen.

In dem GEO-Artikel steht weiter: „Zugleich forderte er Leistungen von den Tieren, wie etwa Wolfseltern es tun würden!" Meine Antwort: Leistungen, die in einem Wolfsrudel von den rangoberen Tieren gefordert werden, sind auch nicht im geringsten mit den Forderungen eines Hundeabrichters innerhalb dieses Rudels zu vergleichen!

Noch ein Zitat aus dem GEO-Heft: „Am 10. April saß Dirk Neumann im Gehege, hatte mit Timmi geschmust und stand auf, um wegzugehen. Das paßte dem Leitwolf nicht, so müssen wir heute vermuten. Einer, der mit zur Gruppe gehört und rangniedrig ist, kann nicht machen, was er will. Als Timmi seinen ‚Lehrer' angriff und die anderen Wölfe ihm dabei halfen, ging es darum, Dirk Neumann zur Ordnung zu rufen. Nicht etwa, ihn schwer zu verletzen oder gar zu töten!"

Im Vorspann des Artikels steht: „Der Caniden-Experte Eberhard Trumler, Vorsitzender der Gesellschaft für Haustierforschung und erfahrener Berater des Projektes, erklärt, wie es zu diesem Zwischenfall kommen konnte. Er glaubt freilich, daß es in Dirk Neumanns „Wolfsschule" zu einem Rollenwechsel gekommen. Der Forscher hat beim Unterricht nicht aufgepaßt, und seine Wolfsklasse hatte ihm eine Lektion erteilt."

Meiner Meinung nach hat jedoch das von mir vorausgesagte „Abbeißen" des Hundedresseurs aus dem Wolfsrudel stattgefunden. Durch die Dressurversuche und das nichtwölfische Verhalten wurde Dirk Neumann mit zunehmendem Alter der Wölfe im Rudel als schwacher Wolf oder sogar als ein nicht zum Rudel gehörender Wolf angesehen.

Nach den Gesetzen eines Wolfsrudels verläßt ein abgebissener Wolf das Rudel für immer. Daß die Wölfe den Dresseur nicht töten wollten – damit stimme ich mit Eberhard Trummler überein. Aber daß das Rudel ihm nur eine Lektion erteilen wollte, halte ich grundweg für falsch.

„‚Der Hundedresseur' machte nach seiner Genesung aus dem Krankenhaus weiter" – so war in der Presse zu lesen. Nach Dr. Neumanns Aussagen mußte Timmi „büßen". Weil ihn der Wolf zuerst angefallen hatte, wurde er getötet. Denn Neumann wäre beim erneuten Betreten des Geheges wieder von Timmi und dem ganzen Rudel angefallen worden. Also die Bestätigung: keine Lektion, sondern Abbeißen – das war das Ergebnis. Bis zum Spätherbst wurden noch vier Wölfe aus dem Rudel genommen, die sich Dirk Neumanns Spielen widersetzten bzw. eine Gefahr für ihn bedeuteten. So wurden die Vorführungen nur noch mit den übriggebliebenen vier „Omegas" veranstaltet. Das sind wesensschwache Wölfe, die in freier Natur nur selten oder überhaupt nicht aufwachsen, da sie bereits von den anderen Welpen oder Jungwölfen bei der Futternahme abgedrängt werden. In der freien Natur setzen sich nur die stärksten Wölfe durch. Und solche lassen sich nicht durch einen Hundeabrichter dressieren, wie ja die Erfahrungen Dirk Neumanns gezeigt haben.

Ein Wolf, der – laut GEO – auf Neumanns Stichwort nicht reagierte, galt als einer, der beim Jagen versagte. Ich sage, gerade das Gegenteil entspricht der Wirklichkeit, denn ein wesensstarker Wolf läßt sich nicht wie ein Hund behandeln. Er beharrt auf seinen von Natur ererbten Eigenschaften und Aufgaben.

Auf einem Anschlag am Zaun der Wolfsschule Neumanns ist zu lesen: „Untersucht werden soll auch, über das Modell einer Wolfsschule neue Wege zu finden, der immer aktueller werdenden Beschäftigungslosigkeit von Wildtieren in Gefangenschaft abzuhelfen, um Verhaltensstörungen zu vermeiden. (Bisher liegen aber noch keine Untersuchungen dieser Art von Wölfen vor.)" Als ich dies las, verschlug es mir die Sprache; denn diese der Art von Wölfen widerstrebende Behandlung und dazu noch das Halten von verschiedenen Wolfsunterarten auf engstem Raum übertrifft selbst die Unterbringung von Wölfen in den kleinen Gehegen mancher Zoologischer Gärten. Was bei so einem Experiment herauskommt, ist wieder die Mär vom „bösen Wolf".

Ich zitiere folgende Überschriften von Zeitungsartikeln über die Wolfsschule Dr. Dirk Neumanns: „Im Blutrausch fielen die Wölfe über ihren Lehrer her" – „Tierforscher von seinen Wölfen zerfleischt" usw. Die Medien hatten wieder ihre Sensation. Und von dreizehn Wölfen blieben letztendlich nur noch vier übrig. Das von anderen Forschern und von mir in Langzeitbeobachtungen mühsam erarbeitete natürliche Bild des Wolfes wird durch Presseberichte über das Hanauer Unternehmen wieder zunichte gemacht.

Der wie ein Dompteur arbeitende Dirk Neumann hat die Wölfe unterschätzt. Er wollte sie bezwingen, dem menschlichen Willen unterordnen, wie es bei Hunden üblich ist. Das instinktgesteuerte, angeborene Rudelverhalten – über Jahrtausende in freier Natur bewährt – erteilte ihm eine Absage.

Wölfe greifen in freier Natur keine Menschen an. Ihrem angeborenen Urinstinkt entsprechend weichen sie aus. Gefährlich können sie nur Menschen gegenüber werden, die in ihrem Verband leben, ihre Gesetze nicht wahrnehmen und das disziplinierte, gut organisierte Rudelverhalten nicht erkennen. Das war eindeutig der Auslöser dieses Angriffs in Neumanns „Wolfsschule".

Die Jahrtausende bestehenden Rudelgesetze funktionieren nach wie vor. „Die Menschheit", so ein französischer Farbrikdirektor, der mich kürzlich besuchte, „hat nichts Besseres entgegenzusetzen!"

Eine kürzlich in der Illustrierten BUNTE erschienene Publikation (25/1988 vom 25. Juni) betrachte ich als nahezu unglaubliche Anmaßung. Wo hat der Verfasser dieses Beitrages seine „Erkenntnisse" her? Lebt er noch in der Denkweise des 17. Jahrhunderts, oder schreibt er dies, weil er meint, daß Leser solche Horrorgeschichten gerne lesen?

„Mörder machen Männchen. Wölfe galten bisher als Menschenfresser. Unzähmbar. Jetzt beweist der Wolfsforscher Dr. Dirk Neumann, daß man sie wie Hunde abrichten kann. Wie macht er das?" Ein weiteres Zitat aus dem Artikel: „Drei Wochen war der Wolfsforscher nach dem blutigen Zwischenfall im Krankenhaus. Dann ging er wieder in den Käfig. Von den ursprünglich neun (Anfangs waren es dreizehn! Anmerkung des Verfassers) Wölfen behielt er drei. Die sanfte-

sten. Die anderen Tiere wurden an Zoos gegeben, zwei davon mußten eingeschläfert werden."

Neumann macht im Prinzip die gleiche Aussage wie ich. Nur spricht er von den sanftesten Wölfen; ich nenne sie Omega-Wölfe. Nur diese lassen sich, weil es schwache Charaktere sind, bedingt einen menschlichen Willen aufzwingen; dieser Vorgang ist allerdings in keiner Weise mit dem Verhalten von Hunden zu vergleichen. Deshalb müssen sich Menschen, die mit großer Mühe beweisen wollen, daß ein Wolfsrudel zu dressieren ist, damit abfinden, daß die Wolfsrudelgesetze nicht zu brechen sind. Versuche gleicher Art werden in derselben Sackgasse enden. Wird eine Wölfin mit im Rudel aufgezogen, dann erfolgt das Abbeißen des Dresseurs früher und aggressiver als in einem Junggesellenrudel.

Sollte solch eine Rudeldressur doch einmal irgendwo gelingen, dann nur durch Verstümmelung der Tiere, sprich Kastration oder Einsatz von Medikamenten. Mit anderen Raubtieren wurde ja so etwas schon praktiziert, um sie gefügig zu machen, wie bereits an anderer Stelle in diesem Buch geschildert.

Das Erbgut des Wolfes im Hund

Bei meinen Fahrten zu den verschiedenen Naturvölkern – in Südamerika, Afrika und Asien – beobachtete ich, daß diese Jäger und Sammler mit ihren Hunden eine Jagdgruppe bildeten. Obwohl die Hunde in der Ernährung von den Eingeborenen abhängig sind und meistens sehr mager aussehen, jagen sie Beutetiere gleichberechtigt mit den Menschen. Die Verteilung der Beute übernimmt der Mensch, der natürlich die besten Brocken für sich behält.

Eine Dressur und ein Abrichten des Hundes, wie es bei unseren Jägern üblich ist, kennen die Eingeborenen nicht. Die Hunde lassen ihrem Naturinstinkt freien Lauf, werden in keiner Phase der Jagd angebunden und befolgen auch keine Kommandos, wie Hinlegen, Sitz usw. Die Jagd geht lautlos vor sich, nur an der gerissenen oder erlegten Beute setzen sich die Jäger lautstark oder mit Körpergewalt gegenüber den Hunden durch, um den besten Teil für sich zu bekommen. Die Hunde warten dann hungrig und gierig auf die Abfälle. So verbinden sich menschliche Intelligenz und tierischer Instinkt zu einer erfolgreichen Jagdgemeinschaft, wie auch die folgende Überlieferung eines Zigeunerstamms unterstreicht.

Unter meinen Wölfen fühle ich mich am wohlsten.

Hunde jagen für Zigeuner

Diese Überlieferung bekam ich von einem alten Zigeunerfreund kurz vor seinem Tode. Ich hatte Glück, denn gewöhnlich geben Zigeuner Geheimnisse ihrer Sippe Außenstehenden nicht preis. Da sich ihre Lebensart aber in unserer Zeit grundlegend verändert hat, gehören ihre Jagdmethoden, über die bisher wenig öffentlich bekannt wurde, der Vergangenheit an. Die Zigeuner lebten oft in bitterer Armut, in Großfamilien mit vielen Kindern, so daß es ein Problem war, „alle Mäuler zu stopfen". Deshalb wurden Hunde großgezogen, die sie zum Töten von Wildtieren für ihre eigene Fleischversorgung einsetzten. Für die Jagd verwendeten die Zigeuner eine Kreuzung zwischen Schnauzer-, Schäfer- und Boxerhunden. Im Volksmund wird diese Mischung schlichtweg „Dorfköter" genannt.

Im Alter von vier bis sechs Wochen wurden die für die Jagd vorgesehenen Hunde mehrere Stunden lang der Mutter weggenommen. Sowie die Welpen sehr hungrig wurden und förmlich nach Nahrung gierten, brachte man sie wieder an das Gesäuge der Mutter. Die Zigeuner beobachteten nun, welche Welpen die anderen Geschwister am rücksichtslosesten von den Zitzen wegdrängten. Im gleichen Moment wurden die, die sich am energischsten durchsetzten, vom Gesäuge weggerissen, um ihre Reaktion darauf zu testen. Diejenigen, die gleich zu knurren anfingen und „giftig" wurden, waren die geborenen Kopfhunde, von denen man sich später beim Jagen von Wildtieren viel versprach.

Diese ausgewählten Welpen trainierte man im Alter von zehn bis zwölf Wochen an einem Fell, das man ihnen immer wieder wegzog, um ihre Zähigkeit und Wendigkeit, vor allem aber ihre Ausdauer bis zur Erschöpfung zu stählen. Den Junghunden wurden später zunächst kleine, dann auch größere Katzen zum Töten überlassen.

Mit einem Kopfhund wurde auch jeweils ein wesensschwacher Hund großgezogen. Letzterer war der Treiber und wurde vom erstgenannten geführt. Die anderen Welpen eines Wurfes wurden in der gleichen Zusammensetzung an befreundete Zigeuner verkauft oder getötet.

Die jungen Hunde wurden bereits mit auf die Jagd genommen, damit sie von den älteren Hunden perfektes Jagdverhalten lernten. Um die Hunde vom Fressen der von ihnen gerissenen Jagdbeute abzuhalten, wandte man Finessen zur Abschreckung an. Fleisch wurde in die Brühe von ausgekochter Eichenrinde oder in Essig und Salz gelegt, anschließend in ein Rehfell verpackt. Man ließ die Hunde eine gewisse Zeit hungern und warf ihnen dann das verschnürte Päckchen mit dem Rehfell als Außenhaut vor. Beim gierigen Aufreißen der Beute bekamen sie schnell einen Ekel, sie merkten, daß der Inhalt für sie ungenießbar war und ließen davon ab. Hunde, die trotz mehrmaliger Rehfell-Päckchen-Lektion ein Beutetier aufrissen, waren nicht zu gebrauchen und wurden beseitigt.

Wenn auf der Jagd der Treiberhund dem Kopfhund die Beute zugetrieben hatte, gaben die Hunde kurze, helle Laute von sich. Ein Zeichen dafür, daß die Tötung des Beutetieres bevorstand. Die Zigeuner liefen dann sofort in diese Richtung. Nach erfolgreicher Jagd kehrten die brauchbaren Hunde zu ihren Besitzern zurück. An ihrem Verhalten (sie stießen ihren Besitzer mit der Schnauze, wedelten mit der Rute) konnten die Zigeuner den Jagderfolg erkennen und folgten den wieder weglaufenden Hunden, die sie zum erlegten Wild führten. Hunde, die auf einer Wildspur Laute von sich gaben, waren ebenfalls für die Jagd nicht geeignet und wurden als „Klopper" bezeichnet. Ein besonders befähigter Hund, so erzählte man mir, wurde als Schmuggelhund über die Landesgrenze eingesetzt. Bepackt mit Konterbande wechselte er von einer Zigeunerfamilie zur anderen. Man ließ ihn vorher hungern, und so wußte er, daß nach der Ankunft beim anderen Stammesteil Futter als Belohnung bereitstand.

Ein Team von zwei jagenden Hunden war in der Lage, Rehkitze und Hirschkälber zu reißen. Beim Bejagen von Rotwildrudeln und Wildschweinrotten bedurfte es einer längeren Vorbereitung, und es kam vor, daß Hunde, die im Zweiertrupp jagten und einen starken Hirsch oder Keiler angriffen, schwer verletzt oder sogar getötet wurden. Für solch größere Jagden wurde ein Hunderudel von mehreren Besitzern zusammengestellt, denn eine Zigeunerfamilie konnte höchstens für zwei Hunde das Futter beschaffen.

Die Stammesangehörigen brachten ihre Hunde zusammen, die sich untereinander verbissen, bis sich der Stärkste durchgesetzt hatte und als Führungshund waltete. Die Jagd konnte beginnen. Starke Beutetiere wurden von der Hundemeute gestellt und oft von den herbeieilenden Zigeunern mit der sogenannten Saufeder getötet, wenn der Kampf zwischen Hund und Beutetier zu lange andauerte. Der Führungshund packte vorne oder biß sich am Hals fest, während die anderen das Beutetier niederrissen und die Sehnen und Läufe durchbissen – ähnlich verläuft der Angriff eines Wolfsrudels. Es kam oft vor, daß trotz der Rudelzusammenstellung bei einem Angriff auf starke Hirsche oder Keiler Hunde auf der Strecke blieben. Das dürfte bei einem Wolfsrudel nur sehr selten vorkommen, da die Jagd strategisch erfolgreicher durchgeführt wird und jeder einzelne Wolf von Natur her aufs Beutemachen fixiert und äußerst durchtrainiert ist.

Wildernde Hunde

Viel verbreitet ist auch das Jagen von Hunden, ohne daß sie mit Menschen eine Jagdgemeinschaft bilden. Man nennt diese Tiere „wildernde Hunde". Sie jagen, um sich zu ernähren, da sie von Menschen nicht gefüttert werden, da keine oder wenig Bindung zu ihren Haltern besteht und sie sich selbst überlassen sind.

In der Sowjetunion wurde das Wolfsvorkommen in einigen Teilen des Landes stark dezimiert. Das hatte zur Folge, daß sich einzelne Wölfe mit verwilderten Hunden paarten. Die daraus resultierenden Kreuzungen zwischen Wolf und Hund richteten großen Schaden bei Haus- und Weidetieren an, da die sonst angeborene Scheu vor Menschen nicht mehr so groß ist und sie ihr Jagdgebiet unmittelbar in die Nähe von Siedlungen verlegen.

Hier im Saarland versorge ich meine Wölfe mit verendeten Nutztieren, ferner mit Fallwild, das ich von Förstern und Jägern bekomme. Aber immer öfter werden mir in den letzten Jahren zur Wolfsfütterung Schafe zur Verfügung gestellt, die von Hunden gerissen worden sind. Welche Hunde reißen nun Schafe? Hier Auszüge aus Presseberichten: „Zwei mittelgroße streunende Dorfhunde rissen kurz hintereinander achtunddreißig Schafe" – „Zwei zur Bewachung eines Fischweihers gehaltene mittelgroße undefinierbare Dorf-Kreuzungen gruben sich unter dem Zaun durch und töteten fünf Schafe auf einer nahegelegenen Weide" – „Zwei im Zwinger gehaltene Doggen brachen aus und rissen in verschiedenen Koppeln mehrere Schafe" – „Eine streunende große Mischlingshündin riß zusammen mit einem Junghund vier Schafe" – „Eine belgische Schäferhündin riß vier Schafe und sechs Lämmer" – „Neun Schafe wurden nachts auf der Weide gerissen –; die Hunde und deren Besitzer konnten nicht ermittel werden" – „Zwei zur Bewachung eines Schrottlagers gehaltene, freilaufende Rottweiler brachen aus und töteten sechs Schafe".

Alle diese Hunde gehörten zu Leuten, die entweder unfähig waren, mit Hunden umzugehen, sie sich selbst überließen, die sie nur als Zwingerhunde hielten oder zu ihnen außer Wasser- und Futterbringen kaum einen Kontakt hatten und sie abends zur Bewachung ihres Grundstücks dann frei laufen ließen. Durch diese Haltung bzw. Behandlung, Nichtbeschäftigung und Nichtbindung an den Menschen brach der Urtrieb durch, und der wesensstärkste der Streuner übernahm die Führung. In einigen Fällen ist es auch nur ein Hund, der auf Beutejagd geht. Wie die Wölfe töten auch diese Hunde die am leichtesten für sie zu erreichenden Tiere, und das sind nun einmal die Schafe, die sich unbewacht auf Viehkoppeln befinden. Diese Art zu jagen haben die Hunde vom Wolf ererbt, und das Töten der Beutetiere erfolgt nach Wolfsart. Da eingezäunte Herdentiere nicht weglaufen können, entsteht bei den Hunden ein Tötungsrausch, und sie beißen solange zu, wie sich etwas in der Koppel bewegt. Es sei denn, sie ermüden vorher oder werden gestört.

Ein Beispiel von wildernden Hunden habe ich als zwölfjähriger Junge in Oberhessen erlebt; es ist mir gut in Erinnerung geblieben. Einem Schäfer, der mit seinen Hütehunden nicht umgehen konnte, sie laufend anschrie und auf sie einschlug, lief einer der Hunde weg. Dieser Hund hielt sich dann meist im Wald auf, und wir Jungen beobachteten, wie er mit einem kleinen streunenden Dorfhund die Gegend unsicher machte. Eines Tages vernahm ich die Klagelaute eines Rehs. Ich lief in die Richtung und sah, daß die Hunde ein Reh gerissen hatten. Die Taktik solcher Hunde-Duos ist immer die gleiche, der eine treibt, und der andere fängt ab. Bei den über 400 von Menschen gezüchteten Hunderassen ist der vom Wolf ererbte Jagd- und Tötungstrieb bei manchen Rassen und Kreuzungen noch weitgehend erhalten, bei anderen hingegen aufgrund der Statur und Behandlung ganz verloren gegangen.

Eine Dorfhundkreuzung, die allein durch das Revier stöberte und Rehe riß.

Jagd auf Wölfe und andere Raubtiere

Für gewisse Jäger war es schon immer ein Triumph, ein starkes Lebewesen erlegt zu haben. Bei dem Naturvolk der Ajores im Gran Chaco von Paraguay galt nur der als Mann, der einen Menschen oder einen Jaguar getötet hatte. Über solche Taten wurde ein Leben lang geredet. Immer wieder brüstet man sich damit, ein gefährliches Raubtier überlistet zu haben, und meist wird mit jeder neuen Erzählung ein wenig dazugesponnen, so daß aus dem Raubtier schließlich ein blutrünstiges Schreckensgespenst wird.

Während meiner Expedition zu den Ajores sah ich, wie einige Jäger ihren Stammesangehörigen mit der Lanze vorführten, wie sie einen Jaguar töten. Sie gerieten dabei in Ekstase, zeigten, wie sie zustachen, stampften wie wild mit den Füßen auf den Boden und gaben dabei jauchzende Töne von sich.

Diese Art Jagd sieht bei zivilisierten Raubtierjägern ganz anders aus. So wurden in Paraguay zahlungskräftige amerikanische Kunden von staatlich angestellten einheimischen Jagdführern für viel Geld zum Jaguarabschuß herangeführt. Als Köder für die Raubkatze band man eine Ziege an. Griff der Jaguar die Beute an, schoß der „tapfere, tollkühne Jäger" aus einem vom Jagdführer vorbereiteten Versteck darauf los. Schlechten Schützen verhalf der Jagdführer durch Nachschießen zu ihrer Trophäe. Mit der erlegten „Bestie" ließ sich dann der Urwald-Tourist fotografieren, um den Lieben zuhause mit seiner „Heldentat" zu imponieren.

Ein anderes Beispiel: In Bulgarien weilte eine zahlende deutsche Jagdgesellschaft. Die wenigen unter Schutz stehenden Bären waren nicht zum Abschuß freigegeben, es sei denn, es drohte Lebensgefahr durch sie. Dennoch schoß ein Jagdteilnehmer einen Bären, angeblich aus Notwehr. Die Forstbehörde konnte ihm jedoch nachweisen, daß dieser Schuß aus weiter Entfernung abgefeuert wurde – also nicht aus Notwehr. Die Bulgaren waren mit Recht entrüstet.

Aus Portugal wird von dem Wolfexperten Dr. Francisco Petrucci Fonseca folgendes berichtet: „In Portugal gilt – unter dem fadenscheinigen Vorwand der Selbstverteidigung – das Erlegen von Wölfen als eine Art Sport, der in den Medien oft als Heldentat deklariert wird. So wurde der Jäger José Goncalves dos Santos in einer Zeitung in Porto als Held präsentiert und demonstrativ mit Gewehr und zwei erschossenen Wölfen abgebildet."

Die Psyche des Wolfes

Gibt es eine spezielle Wolfs-Psyche, und was wissen wir darüber? Um Aufschlüsse zu gewinnen, führte ich während meiner Langzeitbeobachtungen über viele Jahre hinweg genau Tagebuch, indem ich Vergleiche zwischen Welpen, Jungwölfen und ausgewachsenen Wölfen verschiedener Rudel in den jeweiligen Lebensabschnitten anstellte. So verdichteten sich allmählich anfängliche Vermutungen zu festen, Erkenntnissen. Das war die wichtige Voraussetzung, um in den Rudeln anerkannt und als Oberwolf akzeptiert zu werden. Was ich von den Wölfen lernte, habe ich als Mensch umgesetzt.

Die wichtigsten Erfahrungen machte ich während der Aufzucht von Welpen zusammen mit der europäischen Wölfin Else und dem Vaterwolf Otto. Beides anhängliche, von Menschenhand aufgezogene Wölfe, die am Zaun Leute begrüßten, die sie von jung an kannten. Ihre Welpen hingegen machten das später als Jungwölfe in keiner Weise nach, sondern ergriffen bei menschlicher Annäherung die Flucht.

Der Lebenskampf beginnt bei den Welpen schon kurz nach der Geburt und äußert sich zuerst im Drang zur Milchquelle. Wenn die Wölfin die Höhle verläßt, erfolgt ein dichtes Zusammenrücken, durch das jeder Welpe die Körperwärme der anderen optimal zu nutzen versucht, und zwar möglichst in der Mitte des „Nestes". Dabei werden die anderen beiseite geschoben. Bereits von diesem Zeitpunkt an schälen sich die Wesensstärkeren heraus, indem sie sich im Gerangel um den besten Platz durchsetzen. Das war besonders gut beim Wurf der Arktiswölfe 1987 zu beobachten.

Jeder Wolf ist ebenso wie ein Mensch von Geburt an ein Individuum, das sich durch bestimmte Eigenschaften von seinen Artgenossen unterscheidet.

Im Rudel sind Wölfe Egoisten und Einzelkämpfer. Da sie auf Dauer nur im Verband Überlebenschancen besitzen, haben sie Anordnungen ihres Alpha-Wolfes zu befolgen. Fürsorglich verhalten sich ältere Tiere gewöhnlich nur Welpen und Jungwölfen gegenüber, die während der Zeit des Heranwachsens Narrenfreiheit genießen. Erst im Spätherbst weist der Alpha-Wolf sie in ihre Rolle innerhalb des Rudels ein, indem er Disziplin von ihnen verlangt – was sie auch prompt akzeptieren.

Eine langwierige Erziehung von Welpen kennen Wölfe nicht, die Fähigkeiten sind angeboren. So rissen die „Wilden Fünf", nachdem sie von früh auf an Beutetiere herangeführt wurden, bereits im Alter von acht Monaten ein größeres Kalb. In freier Natur vermitteln ihnen die älteren Wölfe lediglich das Aufspüren von Beutetieren und ihre Jagdmethoden.

Wölfe machen eine schnellere und zielsicherere Entwicklung als Hunde im vergleichbaren Alter durch. Nach meinen Beobachtungen geht die Welpenzeit zwischen der zehnten und zwölften Lebenswoche zu Ende. Bald erkennen sie das Geschlecht der anderen Rudelmitglieder ebenso wie ihr eigenes. Das ließ sich deutlich beobachten, als ich die europäische Wölfin Kathrin zu den elf Wochen alten Timberwölfen Iff und Natascha ins Gehege brachte. Zuerst vertrugen sie sich gut miteinander, nach vier Wochen gab es die ersten kleineren Auseinandersetzungen zwischen den beiden Wölfinnen. Nach etwa drei Monaten wurde Natascha, die Stärkere, immer aggressiver gegenüber Kathrin. Ähnliche Beobachtungen machte ich bei anderen Rudeln. Gerade diese dominante Natascha hat dann im Alter von neun Monaten die dreijährige Ronja als Alpha-Wölfin abgelöst.

Eine Züchtigung in den ersten Lebensmonaten von seiten der Alpha-Wölfin oder des Alpha-Wolfs könnte ich weder erkennen, als Else und Otto ihre Jungen aufzogen, noch als ich selbst aufgezogene Jungwölfe in das Rudel der Timberwölfe und der Arktiswölfe eingliederte. Nur wenn die Jungwölfe am Fang der Alpha-Tiere zu stürmisch wurden, knurrten diese und schoben sie mit der Schnauze weg oder packten sie am Hals und drückten sie zu Boden, wie es Welpen und Jungwölfe auch untereinander tun. Oft liefen die Alpha-Tiere einfach davon, wenn die Jungwölfe zu aufdringlich wurden.

Ältere und auch einjährige Wölfe lassen sich von Wolfswelpen und Jungwölfen Fleisch und kleinere Beutetiere aus dem Fang reißen. Nach kurzer Gegenwehr geben sie meistens dem Verlangen der Jungtiere nach. Es macht den Eindruck, als wenn die älteren Wölfe hier auf einen Auslösereiz reagieren. Diese Phase endet, wenn die Jungwölfe ein Alter von etwa fünf Monaten erreicht haben.

In der Welpenzeit spielen die Wolfseltern mit ihren Jungen vor dem Bau, was aber mit dem zunehmendem Alter seltener wird. Dann spielen die Jungwölfe meist unter sich und oft mit ein- oder zweijährigen Artgenossen im Rudel. Dabei kristallisiert sich meist ein Onkel oder eine Tante heraus, zu der die Jungwölfe eine besondere Zuneigung entwickeln.

Hier handelt es sich um eine Art „Kampfspiel", in dem die Kräfte gemessen werden. Im Spiel üben die Jungwölfe auch den Sprung an und den Biß in den Hals der älteren Wölfe, die sich das geduldig gefallen lassen. Dieser spielerische Ablauf ist die Vorbereitung für das Jagen und Töten von Beutetieren in ihrem späteren Leben. Erst im Spätherbst beendet der Alpha-Wolf die Spielereien, indem er die Jungwölfe in grober Art am Hals packt und zu Boden drückt. Darauf reagieren sie sofort diszipliniert. Nun beginnt der Ernst des Lebens, nämlich die Jagd auf Beutetiere.

Abwehrbereit gegenüber einem ranghöheren Wolf.

Warum habe ich mich den Wölfen verschrieben?

Das ist eine Frage, die mir immer wieder gestellt wird. Um sie zu beantworten, muß ich auf meine ersten Erlebnisse mit diesen Tieren zurückgreifen.

Als achtzehnjähriger Tierpfleger sah ich in der Stuttgarter Wilhelma zum ersten Mal zwei europäische Wölfe in einem kleinen 4 m x 5 m großen Gehege. Zuvor kannte ich Isegrim nur aus Märchen und schaurigen Erzählungen.

Soldaten aus unserem Dorf, die aus Rußland auf Heimaturlaub weilten, schwadronierten, daß dort nachts die Wölfe fürchterlich heulen. Manchmal bekam ich den Eindruck, daß die Frontkämpfer nachts mehr Angst vor den Wölfen als vor dem Feind hatten. Sie erzählten auch, daß Wölfe direkt vor den Stellungen abgeschossen würden. Heute weiß ich, daß diese Geschichten (wie meistens) von starken Übertreibungen lebten.

Die Zoodirektion in Stuttgart hatte nicht viel für unsere beiden Wölfe übrig. Sie stellte sie nur aus, damit die Besucher den sogenannten „bösen Feind" ihrer Vorfahren begaffen konnten. Die Tiere waren in ihrem Gehege, das eher die Bezeichnung Käfig verdiente, durch die vielen Besucher ständigem Streß ausgesetzt und rannten hechelnd hin und her – eine Ausweichmöglichkeit hatten sie ja nicht. Keine andere Tierart im Zoo zeigte solche Angst vor Menschen wie die beiden Wölfe.

Als mir die Verantwortung für die Raubtiere in der Wilhelma übertragen wurde, zählten auch die Wölfe zu meinen Pfleglingen.

Ich sollte ihnen auch das schlechteste Fleisch, nämlich Aas, vorsetzen, denn man sagte mir, die Wölfe würden das am liebsten fressen, was sich aber bald als falsch erwies. Sie bekamen daraufhin von mir frisches Fleisch, das ihnen sichtlich besser schmeckte. Wenn es um das Wohl der Tiere ging, setzte ich mich über Anordnungen hinweg. Und wenn der Zoo abends für Besucher geschlossen wurde, machte ich meine Rundgänge und beobachtete stundenlang die Raubtiere.

Obwohl ich mit den meisten mehr oder weniger engen Kontakt hatte, dauerte es sehr lange, bis die Wölfe zumindest mir gegenüber keine Fluchtdistanz mehr einhielten – allerdings nur, wenn ich alleine am Gehege war. Bald schnappten sie auch Fleisch aus meiner Hand, das ich ihnen, wenn ich hineinging, entgegenhielt. Also war es nicht mehr Flucht, sondern Annäherung, die die Wölfe mir gegenüber suchten – eine gewisse Vertrauensbasis war geschaffen. Darüber freute ich mich besonders, da ein solches Verhältnis schon lange vorher bei den Löwen, Leoparden, Bären, Tigern, der Streifenhyäne und dem Puma zustande gekommen war.

Nur bei der Sumatra-Tigerin, die als Wildfang in den Zoo gekommen war, klappte das nicht. Sie sprang an das Gitter, wenn ich das Raubtierhaus betrat oder die Schieber betätigte. Das konnte ich jedoch gut verstehen, zumal die Tigerin nur schlechte Erfahrungen mit dem Menschen gemacht hatte. Sie war in einer Falle in freier Wildbahn gefangen worden und durch das Eingesperrtsein in einem engen Gehege so übernervös und gereizt, daß sie mit Notangriffen reagierte.

Über die Anschaffung und den Verkauf der Tiere hatte ich nicht zu entscheiden. So wurden eines Tages auch die beiden Wölfe veräußert, ohne daß man mich fragte. Als ich deswegen ärgerlich wurde, kanzelte man mich damit ab, daß ich als Tierpfleger lediglich für die Fütterung und die Sauberkeit in den Gehegen zuständig sei. Mein guter und vertrauensvoller Kontakt zu den Tieren war nicht gefragt. Daß die Zooverwaltung ihre Aufgabe anders als ich sah, hatte sie mir somit deutlich demonstriert.

Die von meinen Vorfahren übernommenen und von früher Jugend an praktizierten Umgangsweisen mit Tieren kamen seit dieser Zurechtweisung, die mich empfindlich traf, erst recht zur Geltung. Hatte ich schon den Tieren zuliebe den aussichtsreichen Beruf des Gärtners aufgegeben, so konnten mich die Berufsschausteller von feinfühligen Zootieren nun nicht mehr überzeugen. Nichtsdestotrotz entwickelte sich durch diese Tätigkeit im Zoo bei mir die ausgeprägte Liebe zu Raubtieren.

Die beiden Wölfe in der Wilhelma gingen mir auch in meinem späteren Leben nicht mehr aus dem Kopf. Als ich Jahre danach in einem englischen Zoo, 40 Kilometer von London entfernt, wieder Wölfe sah, war es für mich wie eine Offenbarung. Ich beobachtete die Tiere in dem sehr schönen und großen Freigehege über zwei Stunden lang. Aus einer starken Intuition heraus beschloß ich, mich eines Tages mit diesen von Menschen geächteten Geschöpfen intensiv zu beschäftigen.

Inzwischen ist es mir gelungen, mehr noch: Ich bin einer von ihnen geworden, in fünf Wolfsrudeln integriert und in den Sozialverband aufgenommen worden.

Ihre Gesetze habe ich mir in mehr als 15 Jahren des Zusammenlebens aufgrund eingehender Verhaltensstudien zueigen gemacht. Mein extremes Leben mit den Wölfen und meine Langzeitbeobachtung haben sich gelohnt. Ähnlich wie bei Jane Goodall, die im Verband von Schimpansen in Tansania geduldet wird, und Heinz Meynhardt aus der DDR, der sich unter Wildschweinen bewegt, ist es mir gelungen, Oberwolf in verschiedenen Wolfsrudeln zu werden. Für Menschen wie uns war wohl Prof. Konrad Lorenz mit seinen Graugänsen das entscheidende Vorbild. Auch Lorenz ist anfangs von manchen Zeitgenossen belächelt worden, bis er schließlich aufschlußreiche Erkenntnisse lieferte, die in ihrer Methodik bahnbrechend auf dem Gebiet der Verhaltensforschung sein sollten.

Nur durch engste Kontakte, liebevolle Einfühlung und geduldige Beobachtung war es möglich, den Wolf als Individuum aufgrund seiner angeborenen Wesensstärke oder Wesensschwäche innerhalb des Rudels und damit seine Art kennenzulernen. Das Verhalten der Wölfe hat sich durch mein Zutun in keiner Weise verändert. Lediglich die Welpenaufzucht mußte ich selbst vornehmen. In allen anderen Phasen habe ich mich den Gesetzen der Wölfe unterworfen und von ihnen gelernt, mich als Oberwolf durchzusetzen. Nur diese Stellung ermöglicht die jahrelange Integration in einem Wolfsrudel.

Teilergebnisse unterschiedlicher Art sind schon von anderen Wolfsforschern veröffentlicht worden. Meine Methode, die so noch kein anderer versucht bzw. gewagt hatte, mußte ich allen Warnungen von Zoodirektoren und Verhaltungsforschern zum Trotz alleine durchziehen. Die Experten hielten mein Leben mit Wölfen, sobald sie die Geschlechtsreife erlangen, grundweg für gefährlich, ja, für undurchführbar.

Hätte man mich vor zehn Jahren gefragt ob es möglich sei, so wie beschrieben in einem oder mehreren Wolfsrudeln zu leben, hätte ich das ebenfalls schlichtweg verneint. Inzwischen fasziniert mich das Leben mit meinen Wölfen mehr als alles andere, sonst hätte ich gewiß nicht das gewohnte, bequeme Leben in der menschlichen Zivilisation so weit eingeschränkt. Nun bin ich selbst ein glücklicher zweibeiniger Wolf, der schon fast seine Mitmenschen wie die Wölfe im Rudel beurteilt.